教育部发展报告项目（编号:13JBGP16）资助
中国地质调查"地质工作促进生态文明建设评价研究"（编号 12120114056501）资助

地质矿产工作促进生态文明建设研究

DIZHI KUANGCHAN GONGZUO CUJIN SHENGTAI WENMING JIANSHE YANJIU

编写人：成金华　吴巧生　余国合　孙　奇　陈　军
　　　　徐德义　张　欢　陶　岚　高　苇　陈志凌
　　　　王　然　戴　胜　朱永光　胡　乐　刘虹利
　　　　叶　念　汪金伟

中国地质大学出版社
ZHONGGUO DIZHI DAXUE CHUBANSHE

图书在版编目(CIP)数据

地质矿产工作促进生态文明建设研究/成金华,吴巧生,余国合,孙奇等编. —武汉:中国地质大学出版社,2018.1
ISBN 978-7-5625-4203-2

Ⅰ.①地…
Ⅱ.①成… ②吴… ③余… ④孙…
Ⅲ.①地质-工作-研究-中国 ②生态环境建设-研究-中国
Ⅳ.①F426.1 ②X321.2

中国版本图书馆 CIP 数据核字(2017)第 315439 号

地质矿产工作促进生态文明建设研究	成金华 吴巧生 余国合 孙 奇 等编	
责任编辑:龙昭月 谌福兴		责任校对:徐蕾蕾
出版发行:中国地质大学出版社(武汉市洪山区鲁磨路388号)		邮政编码:430074
电 话:(027)67883511	传 真:67883580	E-mail:cbb@cug.edu.cn
经 销:全国新华书店		http://cugp.cug.edu.cn
开本:787毫米×1092毫米 1/16	字数:314千字	印张:12.25
版次:2018年1月第1版	印次:2018年1月第1次印刷	
印刷:武汉市籍缘印刷厂	印数:1—1000册	
ISBN 978-7-5625-4203-2		定价:48.00元

如有印装质量问题请与印刷厂联系调换

前　言

　　地质矿产工作是我国资源保障、环境保护、工程建设的基础性和先行性工作，是促进我国国土空间开发格局优化、土地资源节约集约利用、生态系统和环境保护等战略的重要支撑。因此，通过建立地质矿产工作促进生态文明建设评价指标，并进行评价，根据评价结果分析我国地质矿产工作未来需求与战略部署，对促进地质矿产工作行业工作内容、方式的转变和工作绩效的优化，促进地质矿产工作全面发展和我国生态文明建设整体水平的提高，具有重要的理论与现实意义。

　　本书首先根据地质矿产工作的主要内容、特点及生态文明建设的主要任务和具体要求，分析地质矿产工作与生态文明建设的内在关系和理论进展；在明晰地质矿产工作与生态文明建设内在机理的基础上，总结我国各部委、城市、学者提出的生态文明建设的评价指标体系，分析生态文明建设与地质矿产工作的联系，以此为依据制定区域生态文明评价模型与指标。其次，通过模型分析我国地质矿产工作促进生态文明建设的区域差异，并根据模型结果探究我国地质矿产工作促进生态文明建设区域差异特点与总体判断。接着，通过对基础地质工作促进生态文明建设、矿产地质工作服务生态文明建设、水工环地质工作支撑生态文明建设进行研究，建立指标体系并评价，分析基础地质工作、矿产地质工作、水工环地质工作的未来需求与战略部署。再者，分析在国土空间开发格局优化、矿区生态文明建设、地质灾害防治这些领域，地质矿产工作与生态文明建设的关系。最后，提出生态文明视角下我国地质矿产工作的结构转化与空间布局建议，通过分析我国地质矿产工作面临的形势与挑战、定位与定向，提出未来地质矿产工作结构转化与空间布局的建议。

编　者

2017 年 9 月 26 日

目 录

第一章　地质矿产工作促进生态文明建设的内在机理 …………………… (1)
　　第一节　地质矿产工作的基本内容及其特点 ……………………………… (1)
　　第二节　生态文明建设的主要任务与具体要求 …………………………… (5)
　　第三节　地质矿产工作与生态文明建设的内在关系 ……………………… (11)
　　第四节　地质矿产工作与生态文明建设的理论进展 ……………………… (15)
　　第五节　地质矿产工作服务生态文明建设的现实意义 …………………… (22)

第二章　地质矿产工作促进生态文明建设的评价方法和指标体系 ……… (25)
　　第一节　生态文明建设评价指标体系中与地质矿产工作有关的指标分析 …… (25)
　　第二节　地质矿产工作促进生态文明建设的评价模型和指标体系 ……… (29)
　　第三节　区域生态文明建设评价指标体系与地质矿产工作 ……………… (35)

第三章　地质矿产工作促进生态文明建设的区域分析 …………………… (48)
　　第一节　地质矿产工作促进生态文明建设的区域判断 …………………… (48)
　　第二节　省域生态文明建设与地质矿产工作的演变态势 ………………… (49)
　　第三节　地质矿产工作促进生态文明建设的区域差异分析 ……………… (58)
　　第四节　地质矿产工作促进生态文明建设的总体判断 …………………… (67)

第四章　基础地质工作促进生态文明建设研究 …………………………… (70)
　　第一节　基础地质工作促进生态文明建设的评价 ………………………… (70)
　　第二节　基础地质工作促进生态文明建设的需求分析 …………………… (75)
　　第三节　基础地质工作促进生态文明建设的对策建议 …………………… (80)

第五章　矿产地质工作服务生态文明建设研究 …………………………… (84)
　　第一节　矿产地质工作服务生态文明建设评价 …………………………… (84)
　　第二节　矿产资源资产负债表编制研究 …………………………………… (94)
　　第三节　矿产地质工作结构转型建议 ……………………………………… (101)

第六章　水工环地质工作支撑生态文明建设研究 ………………………… (106)
　　第一节　水工环地质工作支撑生态文明建设的表现形式 ………………… (106)
　　第二节　水工环地质工作促进生态文明建设的需求分析 ………………… (112)
　　第三节　新时期水工环地质工作的战略部署 ……………………………… (116)

第七章　地质矿产工作促进国土空间开发格局优化研究 ………………… (119)
　　第一节　地质矿产工作促进资源环境承载力和城市管理的评价研究 …… (119)

第二节　资源环境承载力促进国土空间治理研究………………………………（122）
　　第三节　地质矿产工作促进国土空间开发格局优化的科学规划……………（131）
　　第四节　地质矿产工作促进国土空间优化的未来战略部署…………………（135）

第八章　矿山地质工作促进矿区生态文明建设评价研究……………………（139）
　　第一节　矿山地质工作促进矿区生态文明建设评价研究……………………（139）
　　第二节　矿区生态文明评价实证研究…………………………………………（142）
　　第三节　生态文明视角下矿山地质工作需求性分析…………………………（149）
　　第四节　新时期内我国矿山地质工作的战略部署……………………………（153）

第九章　地质灾害防治与生态文明建设研究…………………………………（155）
　　第一节　地质灾害防治效益评价………………………………………………（155）
　　第二节　地质矿产工作促进地质灾害防治的现状与成效分析………………（162）
　　第三节　生态文明视角下我国地质灾害防治工作的未来需求分析与战略部署…（168）

第十章　生态文明视角下我国地质矿产工作结构转化与空间布局的建议……（171）
　　第一节　我国地质矿产工作的未来定位与定向分析…………………………（171）
　　第二节　我国地质矿产工作结构转化的建议…………………………………（172）
　　第三节　我国地质矿产工作空间布局的建议…………………………………（175）

参考文献………………………………………………………………………………（183）

第一章　地质矿产工作促进生态文明建设的内在机理

随着工业化、城镇化的加速推进，我国面临着资源约束趋紧、环境污染严重、生态系统退化的严峻形势。党的十八大报告提出，必须树立尊重自然、顺应自然、保护自然的生态文明理念，坚持节约优先、保护优先、自然恢复为主的方针，从国土空间开发格局优化、资源节约利用、自然生态系统和环境保护以及生态文明制度建设等领域出发，大力推进生态文明建设，建设"美丽中国"。党的十八届三中、四中、五中全会先后出台了《中共中央关于全面深化改革若干重大问题的决定》《关于加快推进生态文明建设的意见》和《生态文明体制改革总体方案》，提出紧紧围绕建设"美丽中国"，深化生态文明体制改革，加快建立生态文明制度，健全国土空间开发、资源节约利用、生态环境保护的体制机制，坚持绿色发展，推动形成人与自然和谐发展现代化建设新格局。近年来，地质矿产工作主动适应中国经济新常态，把握经济社会发展和生态文明建设对地质矿产工作的新需求，从保障我国资源能源供应、生态环境保护、重大工程建设及经济社会发展等角度，服务于我国生态文明建设、国土资源开发和主体功能区战略的深入实施，服务于经济建设和社会发展的全过程及各方面。本章主要通过对地质矿产工作的主要内容及生态文明建设的重要任务进行系统梳理与分析，深入剖析地质矿产工作与生态文明建设的内在关系，从而明确地质矿产工作在生态文明建设中的重要作用，找准地质矿产工作促进生态文明建设的着力点与努力方向。

第一节　地质矿产工作的基本内容及其特点

生态文明建设是我国今后发展的重要方向、关键领域和重大任务。党的十八大以来，关于生态文明建设的相关理论与实践在我国引起了广泛反响，凝聚了强烈共识。随着"五位一体"总体布局的实施和"五大发展理念"的提出，地质矿产工作转型面临着适应经济发展新常态，以服务国家重大战略和国土资源中心工作的主要任务以及国家大力推进生态文明建设的重大机遇。

一、地质矿产工作的基本内容及特点

我国地质矿产工作是区域地质调查、矿产勘查、水工环地质（水文地质、工程地质和环境地质）调查、地球物理与地球化学勘查及其相关地质科学与技术方法研究等诸多工作的总称。它主要是指运用地质科学的相关理论、技术、方法、手段等，调查、研究和认识地球，解决人类生存和发展所需的各类矿产资源、能源、水资源等问题，改善居住环境，为经济建设和社会发展以及人们生活质量的提升服务。地质矿产工作的服务对象是人类赖以生存和发展的地球，观察和

研究它的形状及其形成和演化规律。地质矿产工作的具体内容随着时代的发展需求而不断变化,不仅仅是寻找和发现自然资源,还涉及到国土开发利用、生态环境保护、地质灾害防治、重大工程建设等经济社会发展的各个领域。

关于地质矿产工作的特点,原国务院总理温家宝曾经作了全面的概括,他指出,地质矿产工作是实践、认识、再实践、再认识的反复深化过程,它的特点是科学与技术一体化、调查与研究一体化、野外工作与室内工作一体化、宏观思维与微观认识一体化,多学科综合,多工种集成。同时,由于地质矿产工作的对象是地球,服务对象是全社会,加之地质矿产工作的工作范围极其广泛,所涉及的学科较多,类型较为复杂,因此,不同类型的地质矿产工作都具有各自不同的特点(表1-1)。

表1-1 地质矿产工作的基本内容及其特点

地质矿产工作类型	基本内容	特点
基础地质调查（区域地质调查）	主要任务是通过地质填图、找矿、矿产资源远景调查和综合研究,阐明区域内的岩石、地层、构造、地貌、水文地质、地球物理、地球化学等基本特征及其相互关系,研究矿产的形成条件和分布规律,为经济建设、国防建设、国土整治、环境地质、科学研究和进一步的地质找矿工作提供基础地质资料	是地质矿产工作的先行步骤,又是地质矿产工作的基础性工作;体现了调查与科学研究相结合的工作;基础地质调查的成果,具备信息的明显特点,直接的成果就是地质调查报告和一系列数据以及图件
矿产资源勘查	主要是找矿和评价,就是寻找可供人类利用的资源,查明矿产的种类、质量、数量、开采利用条件,开展技术经济评价和应用前景论证,提供国家规划和矿山建设所需要的全部地质勘查资料	以点上工作为主,以点的集合来评价区域,对资金的投入要求较大;具备一定的风险性,体现了地质矿产工作的挑战性
水工环地质调查	水文地质调查:为查明一个地区的水文地质条件而对地下水及与它有关的各种地质作用所进行的调查研究工作	区域性工作与点上工作相结合,既有不同精度的扫描性调查(路线、测线),又有动态监测;地下水工作以地下水流域或经济区(行政区)部署与基础地质条件密切相关;根据不同的目的要求,水工环地质分为综合性地质调查和专门性地质调查;具有明显的公益性特征,地质矿产工作的这些成果一般不能直接转化成经济效益
	工程地质调查:为查明一个地区的工程地质条件而对地形、地貌、地层岩性、地质构造、岩(土)体天然应力状态、水文地质条件、各种自然地质现象、岩土物理力学特征及天然建筑材料等及与其有关的各种地质作用所进行的调查研究工作	
	环境地质调查:为查明一个地区的环境地质条件对基本环境地质条件、环境地质问题与地质灾害进行调查研究,并进行相应的分析与评价等及对与它有关的各种地质作用所进行的调查研究工作	
其他地质工作	地质科学技术研究:主要有基础理论研究、应用研究、技术方法研究	较强探索性和不可定性;地质矿产工作的特点与一般科学研究的特点相结合
	地质信息工作:主要包括数据库建设、软件开发、软件应用、数据加工	计算机技术的运用;大数据的处理

二、不同阶段地质矿产工作的需求特点

地质矿产工作作为经济社会发展的先行性和基础性工作,具有明确的需求导向,在不同的经济发展阶段和不同区域表现出不同的需求规律,在时间上的演进表现为动态调整的过程,而在空间分布上则表现为差异化和不均衡。在经济发展的长期过程中,对地质矿产工作的总体需求是相对稳定的,与之相适应的地质矿产工作在惯性作用下逐渐从需求驱动演变为供给驱动。经济发展的不同阶段对地质矿产工作的需求结构会发生变化,地质矿产工作要随着以新的主导需求取代原来的供给驱动,才能适应经济发展新阶段的要求(表1-2)。

表1-2 经济社会发展各阶段呈现的地质矿产工作需求特点

工业化阶段	经济发展特点	地质矿产工作需求特点
前工业化阶段	主要表现为数量扩张,工业增长以外延为主;优先发展重工业和国有经济;从农业经济向工业经济转变;粗放型开发资源,缺乏环境保护意识	为工业化寻求矿产资源,以"矿产型"地质工作为主;地质调查工作呈分散状态
工业化初期	经济快速发展;从工业经济向知识经济转变;基本还依靠物质和资本投入的增加推动工业化;农业发展向现代农业转变,城市化进程速度加快	经济发展对矿产需求有所增长;对地质矿产工作科学化、职业化提出要求;矿产开发、工程建设对地质信息需求提升
工业化中期	经济处于快速发展阶段,重工业发展还处于主导地位,资源消耗量大;工业化、城镇化进程加快;资源、环境保护意识增强;部分主要矿产品对外依存度高	出现资源"瓶颈",找矿任务迫切;矿产资源开发利用技术要求提升;基础地质、环境地质、海洋地质需求提升;地质信息社会化服务需求提升;需要完善的矿产勘查体系
工业化后期	知识和技术创新对经济增长的贡献有所提高;经济走上可持续发展的道路;产业结构中第三产业比第二产业比重大	资源约束仍然较大;地质矿产工作开始面向大地质、大市场、大资源、大环境,成为可持续发展的重要支柱

以工业化通常的阶段划分:在工业化初期,工业经济的发展需要大量的矿产资源、能源等作为原料,地质矿产工作的主要任务是为工业化寻求矿产资源(包括矿物能源等),以探矿找矿等"矿产型"地质矿产工作为主,重点解决的是资源的数量瓶颈约束问题;在工业化的中期阶段,随着工业化速度的加快,地质矿产工作的重点转移至资源供给的质量约束问题,主要服务于产业升级和国土空间格局的优化,重点解决的是资源的质量约束问题;在工业化的中后期,过度的开发和利用给自然资源带来了严重的资源环境问题。在资源约束趋紧、环境污染加剧、生态破坏严重的形势下,地质矿产工作的重点逐渐与生态文明建设相统一,重点解决资源供给的生态约束问题,以提高生活质量,实现地质矿产工作"两个更加"目标,更加紧密地与国民经济和社会发展相结合,更加主动地为经济与社会发展服务,实现人与自然的和谐发展。

三、新常态下地质矿产工作的内涵延伸

经济发展新常态是中央全面把握国际经济政治发展格局、深刻认识我国基本国情和发展阶段所做出的重大科学判断,是对我们党治国理念和发展思想的进一步深化与创新,是当前和今后一个时期指导我国经济持续健康发展的重要战略思想。认识新常态、适应新常态、引领新常态,需要调整地质矿产工作的重点,丰富地质矿产工作的内涵(表1-3)。

表1-3 新常态下经济社会发展各阶段呈现的地质矿产工作需求特点

特点	具体表现	内涵延伸
经济增速换挡、经济结构调整	中国经济由粗放的速度增长型向高质量的效益型转变,大宗矿产资源需求增速明显放缓;以低碳、绿色、环保为特征的新能源、新材料等战略性新兴产业的迅速崛起,将带动并提升以锂、钴、"三稀"等为代表的新型能源材料矿产品需求	地质调查工作顺应新常态需要,及时进行调整,持续做好找矿支撑
高水平引进来、大规模走出去	全球能源资源供需格局发生了深刻变化,能源资源消费重心由西向东转移,新兴发展中国家的占比与发达国家日渐齐平;能源资源供应出现多元分化,新型清洁能源占比快速上升,对传统能源生产国产生较大的冲击	地质调查工作必须紧紧围绕"一带一路"倡议和参与全球能源资源治理的战略需求,用全球视野,统筹谋划国内外的地质调查工作,不断提升服务和支撑国家重大战略的能力
资源环境约束加剧,承载力已经达到或接近上限	人多地少、人均资源相对不足是我国的基本国情,有限的土地资源要承载人口、建设、生态多重功能,矛盾尖锐,压力空前。多年大规模矿产资源开发造成储量过多过快消耗,而且带来严重的生态破坏。国土开发空间布局失衡加剧,重生产空间、轻生活生态空间问题突出	地质调查必须适应新形势、新要求,着力开展资源环境综合调查、综合评价,为自然资源产权制度和用途管制制度的建立提供基础支撑,为资源节约集约、高效合理利用提供技术服务,为区域国土规划、城镇发展规划和重要基础设施选址、选线规划提供信息服务
经济增长将更多依靠人力资本质量和技术进步	我国是一个发展中大国,正在大力推进经济发展方式转变和经济结构调整,必须把创新驱动战略实施好。经济发展新常态下,要素规模驱动力减弱,经济增长将更多依靠人力资本质量和技术进步,这是重要的趋势变化	提升地质调查工作质量和服务水平,必须全面落实科技创新驱动发展战略,主动适应世界科技革命大潮,全面深化地质科技体制改革,努力实现地质科技与地质调查工作紧密结合和深度整合,发挥好地质科技的支撑和引领作用

四、地质环境与社会经济的相互作用关系

地质环境与社会经济是紧密联系、相互作用的系统。一方面,社会经济从地质环境中获取所需要的物质资源,如化石能源、金属矿产、建筑材料、地下水资源等,形成了地质环境向社会

经济的输入物质流;另一方面,活动在生产和消费的过程中排出大量的工业污水、废气、生活垃圾等,形成社会经济向地质环境的输出物质流。伴随着输入输出的物质流,地质环境不断发生变化,引发诸如地面沉降、泥石流、海水入侵、土壤污染、地下水污染等各类地质环境问题。通过加强地质矿产工作对地质环境的管理、保护与防治,促使地质环境破坏状况逐步改善。地质环境与社会经济作用的过程包含如下3个关键环节(图1-1)。

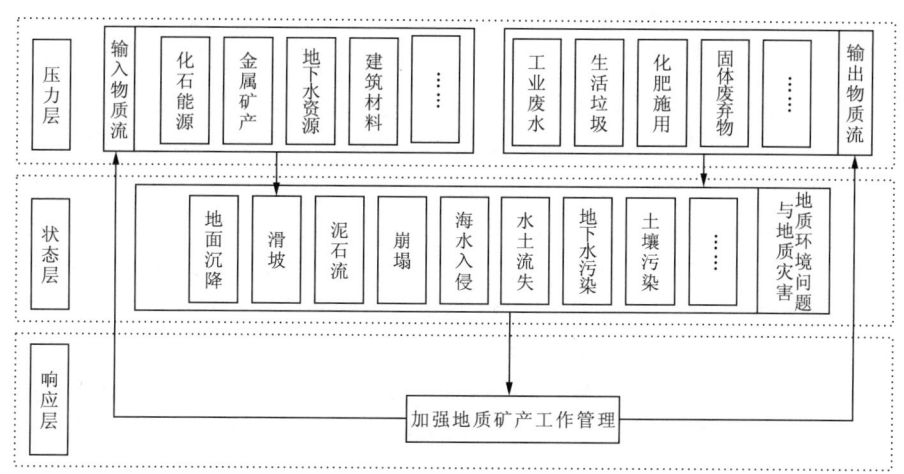

图1-1 地质环境与社会经济相互作用(PSR,Pressure-State-Response)关系图

压力层:经济社会活动往往伴随着矿产开发、城市化、重大工程建设、农业生产等,这些活动均会在一定程度上对地质环境施加压力,其表现为各种输入和输出物质流。

状态层:表示地质环境所处的状态。在各种自然驱动因子和人类活动的作用下,地质环境状态处于不断变化的过程中,主要表现在地下水位、地下水质量、土壤质量等要素随着时间不断变化,当平衡被打破时,便会出现各种地质环境问题。

响应层:表示当人们意识到经济社会活动对地质环境造成不利影响后,所做出的诸如加强地质矿产工作管理等响应措施。

因此,地质调查工作应该着眼于地质环境与经济社会相互作用的整个过程,地质矿产工作要解决经济社会发展过程中出现的地质环境问题,通过采取资源承载力调查、评价、监测以及预警等措施,加强地质环境管理,改善地质环境问题与地质灾害等。

第二节 生态文明建设的主要任务与具体要求

当前,我国正处于工业化的中期向后期迈进的伟大进程中,资源环境约束加剧,人多地少、人均资源相对不足,有限的土地资源要承载人口、建设和生态多重功能,矛盾尖锐,压力空前。多年大规模矿产资源开发造成储量过多过快消耗,而且带来严重的生态破坏。国土开发空间布局失衡加剧,重生产而轻生活空间、生态空间问题突出。针对上述问题,党和国家审时度势,根据我国的现实国情,从战略高度提出了大力推进生态文明建设的目标与要求,先后出台了一系列重大决策部署,推动生态文明建设取得了重大进展和积极成效。

一、生态文明战略的提出

党的十六大报告提出,"必须坚持全面协调可持续发展""坚持生产发展、生活富裕、生态良好的文明发展道路"。党的十七大报告提出了实现全面建设小康社会奋斗目标的新要求,首次把生态文明概念写入党的报告,并指出:"建设生态文明,基本形成节约能源资源和保护生态环境的产业结构、增长方式、消费模式。循环经济形成较大规模,可再生能源比重显著上升。主要污染物排放得到有效控制,生态环境质量明显改善。"党的十八大报告首次专题论述生态文明,从国土空间开发格局优化、资源节约集约利用、生态环境保护与修复以及生态文明制度建设等方面提出了生态文明建设的重点任务。党的十八届三中全会提出紧紧围绕建设美丽中国深化生态文明体制改革,加快建立生态文明制度,健全国土空间开发、资源节约利用、生态环境保护的体制机制,推动形成人与自然和谐发展现代化建设新格局。

在党的十八大和十八届三中、四中全会精神的基础上,中共中央、国务院颁布的《关于加快推进生态文明建设的意见》(以下简称《意见》)和《生态文明体制改革总体方案》(以下简称《方案》),以"五位一体、五个坚持、四项任务、四项保障机制"为内容架构,进一步明确了我国生态文明建设的总体要求、目标愿景、重点任务和制度体系,进一步明晰了我国生态文明建设顶层设计、总体部署的时间表和路线图。《意见》和《方案》突出体现了我国生态文明建设的战略性、综合性、系统性和可操作性,成为当前和今后推动我国生态文明建设的行动纲领。党的十八届五中全会,提出必须牢固树立并切实贯彻创新、协调、绿色、开放、共享的发展理念,坚持绿色发展。

二、生态文明建设的重要任务与具体要求

加快推进生态文明建设是加快转变经济发展方式、提高发展质量和效益的内在要求,是坚持以人为本、促进社会和谐的必然选择,是全面建成小康社会、实现中华民族伟大复兴中国梦的时代抉择,是积极应对气候变化、维护全球生态安全的重大举措。具体来看,我国生态文明建设的重要任务、主要目标与具体要求如表1-4所示。

1. 国土空间开发格局优化

国土是生态文明建设的空间载体。《意见》指出,我国经济、人口布局要向均衡方向发展,陆海空间开发强度、城市空间规模得到有效控制,城乡结构和空间布局明显优化。健全空间规划体系,科学合理布局和整治生产空间、生活空间、生态空间,积极实施主体功能区战略。全面落实主体功能区规划,健全财政、投资、产业、土地、人口、环境等配套政策和各有侧重的绩效考核评价体系。推进县市落实主体功能定位,推动经济社会发展、城乡、土地利用、生态环境保护等规划"多规合一",形成一个市县一本规划、一张蓝图。区域规划编制、重大项目布局必须符合主体功能定位。对不同主体功能区的产业项目实行差别化市场准入政策,明确禁止开发区域、限制开发区域准入事项,明确优化开发区域、重点开发区域禁止和限制发展的产业。编制实施全国国土规划纲要,加快推进国土综合整治。构建平衡适宜的城乡建设空间体系,适当增加生活空间、生态用地,保护和扩大绿地、水域、湿地等生态空间。严守生态保护红线,严禁任意改变用途,防止不合理开发建设活动对生态保护红线的破坏。完善覆盖全部国土空间的监测系统,动态监测国土空间变化。

表 1-4 我国生态文明建设的重要任务、主要目标与具体要求

重要任务	主要目标	具体要求
国土空间开发格局优化	经济、人口布局向均衡方向发展,陆海空间开发强度、城市空间规模得到有效控制,城乡结构和空间布局明显优化	构建以空间规划为基础、以用途管制为主要手段的国土空间开发保护制度,推进形成主体功能区,形成合理的城镇化发展格局、农业发展格局、生态安全战略格局以及自然岸线格局;推进实现大中小城市平衡发展,形成共生城市群体系;促进城市生产空间、生活空间、生态空间有机融合,形成生产空间集约高效、生活空间宜居适度、生态空间山清水秀的空间格局;统筹城乡结构,促进城乡一体化发展
生态城市的建设和管理,提升资源环境承载力	资源承载能力显著提高,环境质量有效改善	开展不同区域的环境资源承载力评价、监测与预警;根据不同区域的资源环境承载能力、现有开发强度和发展潜力,统筹谋划人口分布、经济布局、国土资源利用和城镇化格局
资源节约集约利用	资源利用更加高效,形成节约资源和保护环境的空间格局、产业结构、生产方式	大力推进深入找矿,提升国内资源保障水平;对矿产资源、能源、水资源、土地资源等进行总量和强度双重控制;大力推进循环经济、低碳经济,提升资源利用效率,全面节约和集约利用资源
污染物控制,环境管理	建立严格的环境保护管理制度,向水、土壤、大气的污染宣战,加强对污染物的监测	全面推进污染防治,落实水、土壤、大气污染等防治计划;加快水、土壤、大气环境监测工作,促进解决突出环境问题;完善和健全环境管理制度
生态环境保护,建立生态屏障	建立生态屏障保证水源地安全,土壤环境质量总体保持稳定,环境风险得到有效控制	保护和修复自然生态系统,加快生态安全屏障建设,实施重大生态修复工程;加快灾害调查评价、监测预警、防治和应急等防灾减灾体系建设;积极应对气候变化,加强监测、预警和预防,提高农业、林业、水资源等重点领域和生态脆弱地区适应气候变化的水平
自然资源资产产权管理	归属清晰、权责明确、监管有效,着力解决自然资源所有者不到位、所有权界定模糊等问题	对自然资源确权和统一登记,促进自然资源产权明晰;建立自然资源产权市场,推进自然资源市场化管理;分级行使自然资源所有权,推进自然资产核算;编制自然资源资产负债表,实施党政干部自然资源资产离任审计

2. 资源环境承载力提升

资源与环境是人类赖以生存的条件,资源环境承载力是生态文明建设的基础。十八届五中全会提出要建立"资源环境可承载的区域协同发展新格局"。在把握资源环境承载力演化规律的基础上,人类可以能动地、有目的地改造资源环境,使资源环境承载力控制在"阈值"范围内,从而改善区域资源环境承载力,为区域生态文明建设提供更广阔的空间。要完善资源环境承载力评价系统,建立资源环境承载动态监测预警体系。要突破单一资源、环境要素的承载力评价,开展地质条件、矿产资源、水资源、土地资源、生态阈值、环境容量、碳峰值、灾害风险等多要素的资源环境承载力评价,并依据"水桶理论",科学地确定城市群资源环境承载能力;突破资源环境承载的本底特征分析,开展基于资源环境本底特征的资源环境人口承载力、资源环境经济承载力等评价。要突破现有动态监测系统的现有体制依赖,建立跨部门、动态更新的资源环境动态监测预警机制,减少动态监测预警机制的人为干扰;突破水、土地、气候、地质、生态、环境等资源环境要素的破碎化管理,整合水资源水环境、土地利用、地球化学、气候地质以及经济社会等信息资源,集成城市群资源环境数据库;突破单一要素预警的难诊断或伪科学性,形成体现"山、水、林、田、湖"及它们与经济社会发展等内在互动、耦合关系的动态预警,不断增强资源环境承载动态监测预警的科学性。探索多类型的资源环境承载动态预警机制。统筹协同耕地及基本农田保护数量、取水量、用能权、碳峰值等刚性预警,与用地强度、用水效率、单位GDP环境污染等柔性预警,充分发挥动态预警机制引导资源环境优化配置的功能;空间预警与量质预警相结合,突出主体功能约束有效,以主体功能区规划为基础,将空间预警与资源环境要素的量质预警相结合,增强资源环境动态预警对于区域空间发展的有效约束。

3. 资源能源节约利用

节约资源是破解资源瓶颈约束、保护生态环境的首要之策。《意见》指出,我国单位国内生产总值二氧化碳排放强度比2005年下降40%~45%,能源消耗强度持续下降,资源产出率大幅提高,用水总量力争控制在6700亿 m^3 以内,万元工业增加值用水量降低到 $65m^3$ 以下,农田灌溉水有效利用系数提高到0.55以上,非化石能源占一次能源消费比重达到15%左右。要完善最严格的耕地保护制度和土地节约集约利用制度。完善基本农田保护制度,划定永久基本农田红线,按照面积不减少、质量不下降、用途不改变的要求,将基本农田落地到户、上图入库,实行严格保护。加强耕地质量等级评定与监测,强化耕地质量保护与提升建设。完善耕地占补平衡制度,对新增建设用地占用耕地规模实行总量控制,严格实行耕地占一补一、先补后占、占优补优。实施建设用地总量控制和减量化管理,建立节约集约用地激励和约束机制,调整结构,盘活存量,合理安排土地利用年度计划。完善最严格的水资源管理制度,建立健全节约集约用水机制,促进水资源使用结构调整和优化配置,保障用水安全。完善规划和建设项目水资源论证制度。完善水功能区监督管理,建立促进非常规水源利用制度。建立能源消费总量管理和节约制度。加强对可再生能源发展的扶持,逐步取消对化石能源的普遍性补贴。逐步建立全国碳排放总量控制制度和分解落实机制,建立增加森林、草原、湿地、海洋碳汇的有效机制,加强应对气候变化国际合作。

4. 生态环境保护

良好生态环境是最公平的公共产品,是最普惠的民生福祉。《意见》指出,主要污染物排放总量继续减少,大气环境质量、重点流域和近岸海域水环境质量得到改善,重要江河湖泊水功能区水质达标率提高到80%以上,饮用水安全保障水平持续提升,土壤环境质量总体保持稳定,环境风险得到有效控制。森林覆盖率达到23%以上,草原综合植被覆盖度达到56%,湿地面积不低于8亿亩(1亩=666.667m^2),50%以上可治理沙化土地得到治理,自然岸线保有率不低于35%,生物多样性丧失速度得到基本控制,全国生态系统稳定性明显增强。要严格源头预防、不欠新账,加快治理突出生态环境问题、多还旧账,让人民群众呼吸新鲜的空气,喝上干净的水,在良好的环境中生产生活。要加快生态安全屏障建设,实施重大生态修复工程,扩大森林、湖泊、湿地面积,提高沙区、草原植被覆盖率,有序实现休养生息。加强森林保护,将天然林资源保护范围扩大到全国;大力开展植树造林和森林经营,稳定和扩大退耕还林范围,加快重点防护林体系建设;实施地下水保护和超采漏斗区综合治理,逐步实现地下水采补平衡。强化农田生态保护,实施耕地质量保护与提升行动,加大退化、污染、损毁农田改良和修复力度,加强耕地质量调查监测与评价。实施生物多样性保护重大工程,建立监测评估与预警体系,加强自然保护区建设与管理,加快灾害调查评价、监测预警、防治和应急等防灾减灾体系建设。

5. 资源环境管理制度

党的十八大报告明确提出生态文明制度建设是我国生态文明建设的主要任务之一。党的十八届三中全会通过的《中共中央关于全面深化改革若干重大问题的决定》(以下简称《决定》)首次确立了生态文明制度体系,提出了7个源头严防的制度,包括:①健全自然资源资产产权制度;②健全国家自然资源资产管理体制;③完善自然资源监管体制;④坚定不移实施主体功能区制度;⑤建立空间规划体系;⑥落实用途管制;⑦建立国家公园体制。此外,构建了5个过程严管的制度,包括:实行资源有偿使用制度、实行生态补偿制度、建立资源环境承载能力监测预警机制制度、完善污染物排放许可制、实行企事业单位污染物排放总量控制制度。《决定》分别对领导干部和企业个人,重点提出了2个后果严惩的制度,主要包括建立生态环境损害责任终身追究制、实行损害赔偿制度。此外,《决定》在资源节约集约使用、退耕还林、耕地河湖休养生息、环保市场、环境保护、管理制度、区域联动机制、国有林区经营机制和集体林权、环境信息公开等方面提出了改革要求。为建成资源节约型、环境友好型的美丽中国,改善我国资源约束趋紧、环境污染严重的现状,需要资源环境管理制度的改革。生态文明制度建设包含资源环境管理制度的改革,生态文明制度是改善我国资源环境的催化剂,符合绿色的发展理念,为促进我国经济发展与社会进步提供制度保障。

三、地质矿产工作在生态文明建设中的定位与作用

地质矿产工作是国土资源空间管理的重要基础支撑,是生态文明建设的重要基础和支撑性工作。为了进一步研究工业化进程中地质矿产工作的发展与演变,我们对工业化进程的特点、产业结构演变的特征及分阶段地质矿产工作的重点进行梳理总结,如图1-2所示。

从图1-2中可以看出,整个工业化过程中,从工业结构来看,画出了从以劳动集约型工业为主到以资本集约型工业为主,进而发展到以技术集约型工业为主的发展轨迹。整个工业化过程可以归纳为3个阶段:①工业结构由以轻工业为中心的发展向以重工业为中心的发展推进,这就是所谓的"重工业化";②在工业结构"重工业化"的过程里,工业结构又表现为由以原材料工业为中心的发展向以加工、组装工业为中心的发展演进,此即所谓的"高度加工化";③在工业结构"高度加工化"的过程里,工业结构将进一步表现为"技术集约化"的趋势。

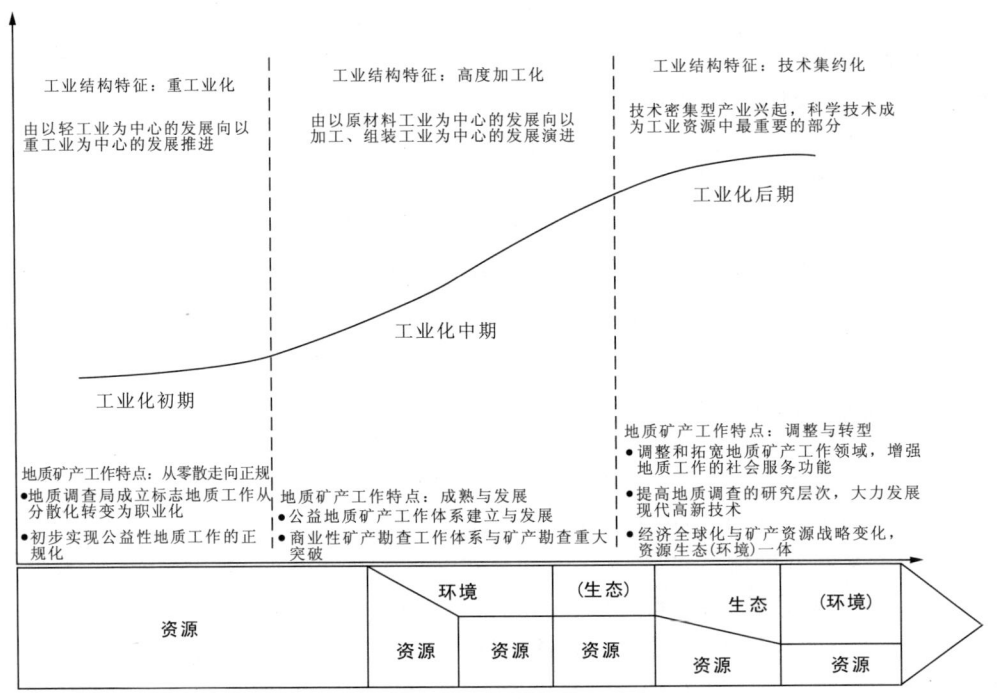

图 1-2　工业化进程中地质矿产工作与产业结构演变趋势

从地质矿产工作发展阶段和趋势来看,随着进入后工业化阶段,环境问题更加突出。发达国家对地质矿产工作做出结构性调整,更好地适应了经济和社会发展的需求。因此,从地质矿产工作部署来看,我们必须统筹考虑资源与环境问题,以生态文明为指导框架,在解决矿产资源问题的同时,较好地解决环境问题,以避免走先期工业化国家的老路。进入后工业化阶段,以美国为代表的发达国家经济和社会的发展对矿产资源仍然存在强大的需求,只是由于科技的进步,使单位 GDP 的矿产资源消耗有所降低,但能源消费变化保持稳中有升。因此,矿产勘查工作始终是地质矿产工作的重要组成部分。尽管近年来由于环境问题的突出,环境地质调查与评价日益得到重视,但丝毫不影响矿产勘查工作的地位。

工业化后期,是我国经济社会新型工业化、城镇化的关键时期,地质调查工作的业务重心有望从"资源与生态(环境)并重"向"资源生态(环境)一体"转变;业务范畴将由传统的基础地质、资源调查评价,向环境地质、工程地质、灾害地质、生态地质、地理和空间调查等领域拓展;支撑面也将由单一的资源型支撑向资源与环境、生态服务支撑型转变。现代地质矿产工作具有"大地质"特征,贯穿整个经济建设全过程,服务于经济社会的方方面面,以服务"生态文明建设""国土空间开发格局优化"和"产业结构调整"等为重点领域,提高为生产、生活、生态("三生一体")的服务能力,提升地质调查工作及其成果在经济社会发展中的影响。由此可见,在工业化阶段中后期,经济社会对地质矿产工作的需求由以资源为主缓慢转向以生态(环境)为主,地质环境调查工作越来越成为地质矿产工作的主流。

第三节　地质矿产工作与生态文明建设的内在关系

党的十八大以来,国务院总理李克强、副总理张高丽多次深刻阐述国家经济社会发展对地质矿产工作的需求,强调地质矿产工作要为国家能源安全、粮食安全做好服务和支撑。国土资料部姜大明部长要求地质调查工作做好"五个服务"。在国家大力推进生态文明建设的进程中,地质矿产工作的作用不容忽视,地质矿产工作对生态文明建设的服务与支撑作用随着地质矿产工作的转型将更加重要。本节主要试图通过上文分别对地质矿产工作以及生态文明建设内容的分析,找出地质矿产工作与生态文明建设内容的结合点,从而分析二者相互作用的内在机理。

一、生态文明建设的资源环境因素与响应

根据十八大报告关于建设生态文明的主要内容:我国生态文明建设的资源环境响应包括促进资源节约利用、加大自然生态系统和环境保护3个方面。

在土地资源节约集约利用方面,党的十八大以来,习近平总书记、李克强总理多次系统深刻地阐述了国土资源问题,提出了一系列新论述、新要求,强调必须坚持最严格的耕地保护制度,严防死守18亿亩耕地红线;坚持最严格的节约用地制度,以土地利用方式转变促进经济发展方式转变和结构调整;积极稳妥推进土地制度改革,切实维护广大群众的土地权益,为新时期国土资源工作指明了方向。

地质矿产工作在土地资源调查和动态监测中起到基础保障作用;通过土地利用调查与动态遥感监测、土地整理与复垦遥感监测、国家级开发区遥感监测、土地快速应急反应监测,实现土地利用本底数据库建设,为国土资源信息化建设提供基础数据,为生态文明建设的资源响应土地资源节约集约利用的提高以及为制订国民经济发展规划、计划及宏观决策提供重要依据。

在矿产资源节约和综合利用方面,以矿产资源合理利用与保护为主线,以转变资源开发利用方式为核心,以技术创新和制度创新为动力,以矿山企业为主体,以市场需求为导向,强化政策引导和制度约束,严格资源开发利用效率准入,加强资源开发利用过程监管,扩大资源节约与综合利用规模,确保资源的高效开发和有效保护,全面提高矿产资源开发利用水平,推动矿业走节约、绿色、高效的可持续发展之路。

地质矿产工作在促进我国矿产资源节约和综合利用方面起到了基础性、先行性的作用;地质矿产工作开展的煤炭、石油、铁等22个重要矿产"三率"(开采回采率、选矿回收率、综合利用率)调查评价工作,是关于矿产资源节约和综合利用的国情调查;此外,矿产地质工作目前加大了对清洁能源页岩气、煤层气、天然气水合物、地热的勘查开发力度,这些都为建立科学合理的矿产资源开发利用评价体系、制定节约与综合利用政策奠定了坚实基础。

在自然生态系统和环境保护方面,十八大报告明确提出要实施重大生态修复工程,推进荒漠化、石漠化、水土流失综合治理。加快水利建设,加强防灾减灾体系建设。以解决损害群众健康突出环境问题为重点,强化水、大气、土壤等污染防治。《决定》对加强自然生态系统和环境保护的制度建设提出要求,主要包括:①建立和完善严格的污染防治监管体制;②建立和完

善严格的生态保护监管体制;③建立统一的核与辐射安全监管体制;④建立和完善严格的环境影响评价体制;⑤建立权威的环境执法体制;⑥完善国家环境监察制度。十八届五中全会提出坚持绿色发展,必须坚持节约资源和保护环境的基本国策,提出要加大环境治理力度,以提高环境质量为核心,实行最严格的环境保护制度,深入实施大气、水、土壤污染防治行动计划,实行省以下环保机构监测监察执法垂直管理制度。筑牢生态安全屏障,坚持以保护优先、自然恢复为主,实施山水林田湖生态保护和修复工程,开展大规模国土绿化行动,完善天然林保护制度,开展蓝色海湾整治行动。

地质矿产工作为自然生态系统和环境保护提供技术与数据参考;基础地质工作在填图、遥感监测等方面为我国生态功能区的划分与环境监测保护提供数据;矿产地质工作服务于矿区生态文明建设,为矿区环境保护与生态修复保驾护航;水工环地质工作服务于城市建设、重大工程开发等,为减少环境污染、提升资源环境承载力提供支撑。

二、地球关键带:地质矿产工作的主战场,生态文明建设的主要对象

地球关键带或临界带,是岩石圈、水圈、生物圈与大气圈的交会处,是人类活动最为频繁、人与自然相互作用和影响最为显著的区域,被视为地球上最大的生态系统。人、环境、地球、天体相互作用,构成了一个整体。地球系统科学新体系应是由内系统和外系统组成,外系统是由与地球相互作用的天体构成,内系统是由大气圈、水圈、陆圈和生物圈各子系统组成。临界带物质、能量的交换控制着土壤的发育、水的质量和流动、化学循环等,进而影响资源和环境的演化,而这一切对地表生命非常重要。这个地球关键带既是生态文明建设的主要对象,也是现代地质矿产工作的主战场,推进生态文明建设需要加强地质矿产工作基础和支撑(图1-3)。

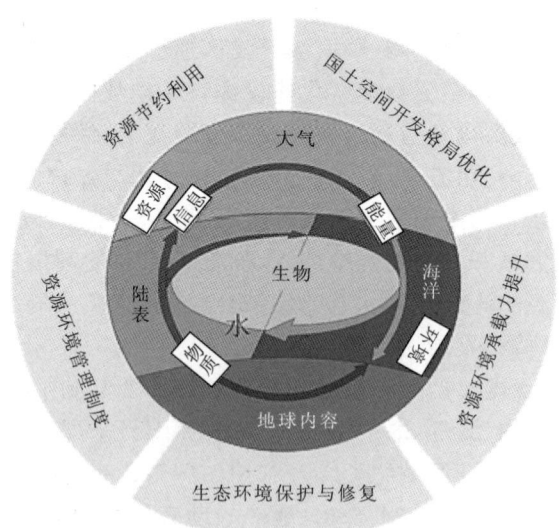

图1-3 地质矿产工作与地球关键带的关系示意图
(资料来源:中国地质调查局发展研究中心,2014;略作修改)

地质矿产工作是人们认识、利用和保护地质环境的重要基础。地质矿产工作是获取地层岩性、地质构造、地下水、地质灾害等地质环境时空分布信息及其规律的基础性工作,有着极高

的应用服务价值,在满足政府管理地下水资源与水环境、保障地质环境安全、优化国土空间、防治地质灾害等决策支撑信息服务需求的同时,有利于指导国家重大工程项目建设、矿产开发、农业灌溉等经济活动。随着经济社会的发展,围绕着资源、环境与生态问题,以"地球关键带"为重点,地质矿产工作的重要性日益凸显。

三、地质矿产工作的转型发展:生态文明建设的必然要求

新时期围绕服务国家的"五大需求",地质矿产工作内容的深度广度发生着重大变革,工作领域得到充分拓展(图1-4)。通过实施"九大计划",地质矿产工作的转型发展对于保障国家能源资源安全,服务生态文明建设,服务新型城镇化、工业化、农业现代化和重大工程建设,服务防灾减灾,服务海洋强国战略具有重要意义。

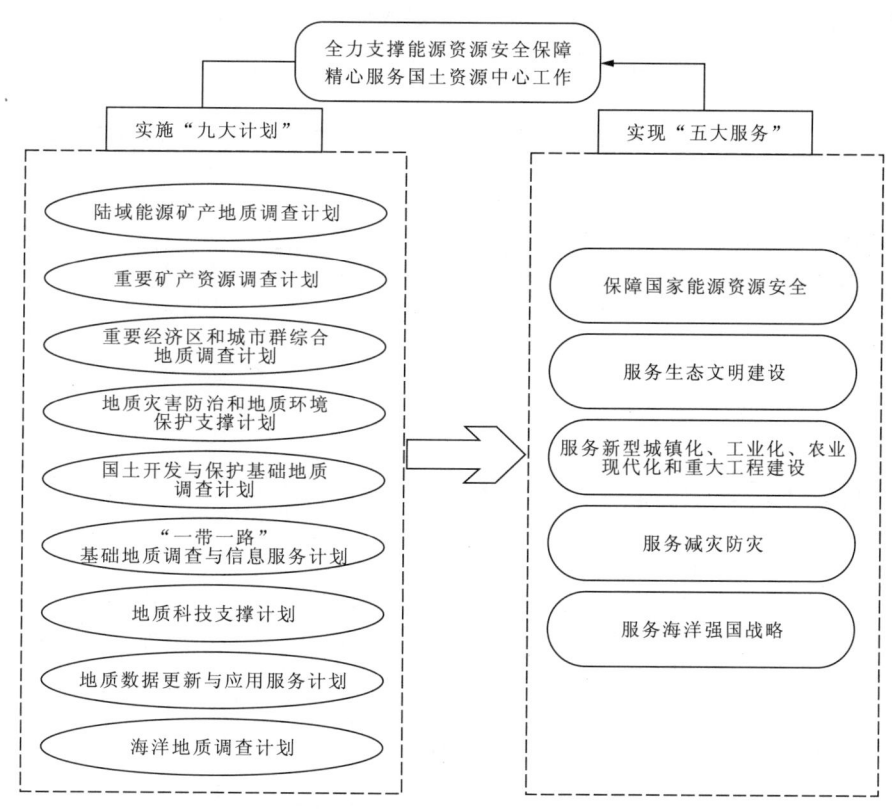

图1-4 地质矿产工作"九大计划"总体框架图

生态文明战略下的地质矿产工作亟需转型发展,不断拓展业务领域。基础地质调查,调查内容由基岩填图为主拓展到森林、沼泽、湿地、海岛、海岸带等特殊地质地貌区填图;调查方式由以"网格式"为主向以"目标式"为主转变;调查手段和用途由单一向综合转变;成果表达与服务由"二维"向"三维""四维"转变。资源调查,工作重心逐步向"三稀金属"、非金属重要优势矿产、新兴矿产转移;能源资源调查由常规油气向非常规、清洁能源调查转移;单矿种、单元素评价向多矿种、多元素兼探与综合评价、集约节约与综合利用转变,生态地球化学调查领域拓展。

水工环地质调查,拓展与人类生存密切相关的城市群、重要经济区带和生态功能区等领域,进行水循环、荒漠化、石漠化、湿地等与生态环境相关性研究,全球气候演化与变化规律研究;地下水、地质灾害监测预警体系建设,由被动治理向主动预防转变。海洋等新兴领域,旅游地质、农业地质、地质灾害防治、土地修复与地热能开发利用等新兴产业的研究与开发等服务于生态经济和新兴产业的发展。

围绕着地质矿产工作服务生态文明建设的目标,将地质矿产工作放到经济社会发展的全局中,通过建立和完善相关技术支持体系,促进生态文明建设。在国土资源领域,通过统筹资源、产业、生态,统筹产业聚集度、密度,建立相应的技术支持体系,服务国土空间规划;在资源勘查开发领域,通过统筹绿色发展、低碳发展、综合回收与循环利用,建立与生态管护相适应的技术支持体系,引导产业规划调整,转变资源消费观念、方式,促进经济发展与资源消费强度、总量脱钩。在生态综合管护领域,通过构建生态地球化学动态监测体系、生态环境修复体系,在调查与动态监测的基础上,通过建立起生态地球化学元素迁移过程的动态模拟模型、预警模型和修复模型等,为集约节约、高效合理利用资源和"三位一体"的资源管护提供坚实的技术支撑。

四、生态文明战略下的地质矿产工作:地质矿产工作与生态文明建设的结合

通过前文对地质矿产工作主要工作内容的总结回顾,结合生态文明建设的具体要求,我们不难发现,地质矿产工作其实在生态文明建设中大有作为,地质矿产工作与生态文明建设的结合主要表现在地质矿产工作服务于生态文明建设(图1-5)。

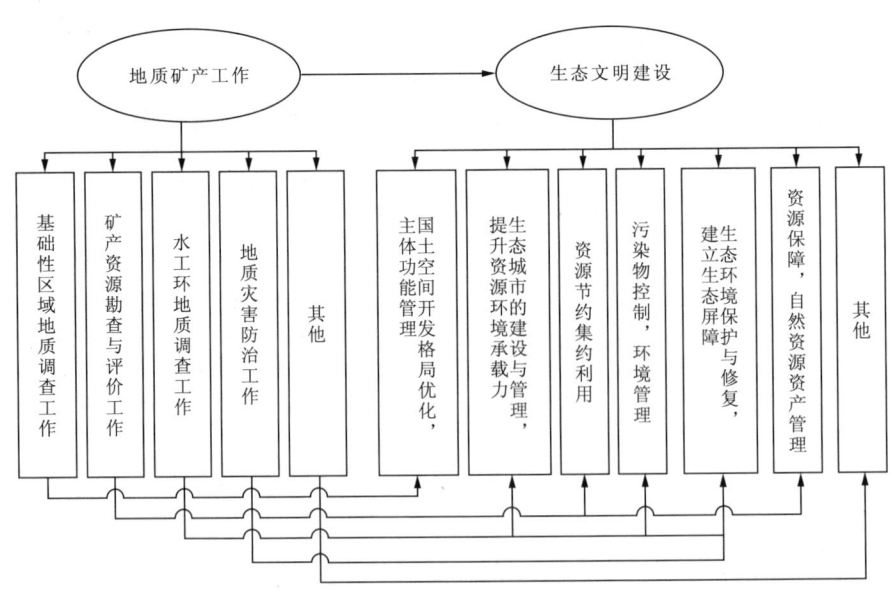

图1-5 地质矿产工作促进生态文明建设的内在关系图

从生态文明战略需求来看,生态文明建设提出了调整优化国土空间开发格局,加强自然资源资产核算与管理,提升资源节约集约利用水平,加大自然生态系统和环境保护力度以及提升城市群资源环境承载力等需求。

从地质矿产工作供给侧来看,地质矿产工作的内容与领域十分广泛,包含为国土空间开发

格局优化以及自然资源资产核算提供基础性支持的基础性区域地质调查工作,提升资源保障与促进资源节约集约利用的矿产资源勘查与评价工作,促进生态环境保护与修复、改善环境质量的水工环地质调查工作以及地质灾害防治工作等。

第四节 地质矿产工作与生态文明建设的理论进展

一、不同发展阶段地质矿产工作与生态文明建设的关系

为了实现小康社会建设目标,1979年12月,邓小平提出"三步走"的发展战略。第一步目标,实现国民生产总值比1980年翻一番,解决全国人民的温饱问题,这在20世纪80年代末已基本实现;第二步目标,到20世纪末,国民生产总值比1980年翻两番,这也已在1995年提前完成;第三步目标,到21世纪中叶基本实现现代化,人均国民生产总值达到中等发达国家水平,人民过上比较富裕的生活。以江泽民为主要代表的中国共产党人在1997年党的十五大提出了"新三步走"战略,他指出:"展望下世纪,我们的目标是,第一个10年实现国民生产总值比2000年翻一番,使人民的小康生活更加宽裕,形成比较完善的社会主义市场经济体制;再经过10年的努力,到建党100年时,使国民经济更加发展,各项制度更加完善;到下世纪中叶建国100年时,基本实现现代化,建成富强民主文明的社会主义国家。"以习近平为核心的新一代中国共产党人更细化了第三步目标,提出了两个百年目标:在第一个百年,即中国共产党成立100周年时,全面建成小康社会,这是中国梦的第一个宏伟目标。第二个百年,即中华人民共和国成立100周年时,基本实现现代化,这是中国梦的第二个宏伟目标。

地质矿产工作是经济社会发展重要的先行性、基础性工作。纵观"三步走"战略下的地质矿产工作与生态文明建设,我们同样可以将它划分为3个阶段(图1-6)。第一阶段:1981—1990年,主要工作为地质勘查与地质找矿,解决矿产资源供给。地质矿产工作得到了党和国家的高度重视,地质勘查和科学研究成就卓显,这为独立的工业体系建立提供了矿产资源保障,为我国经济社会发展做出了重要贡献。第二阶段:1991—2000年,主要工作是全面发展地

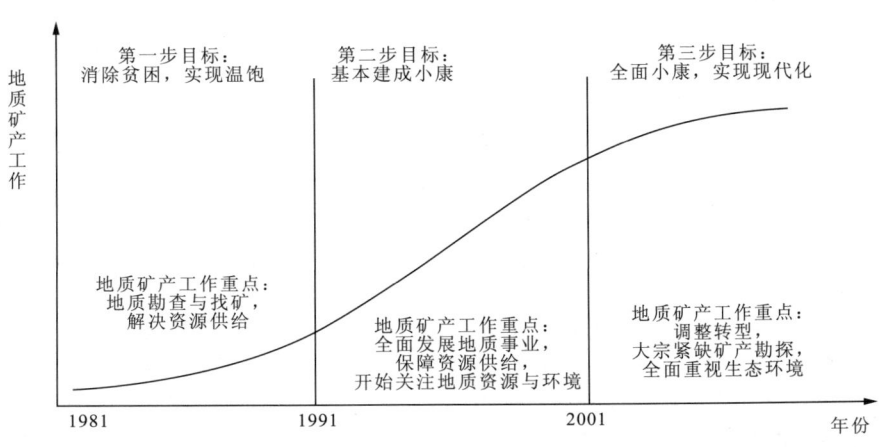

图1-6 "三步走"战略下地质矿产工作与生态文明建设

质事业,开始关注地质资源与环境。这一时期地质勘查队伍管理体制改革取得积极进展,地质事业有了新的发展,地质矿产工作重点由资源为主开始向关注地质环境转移。第三阶段:2000年以来,地质矿产工作重点进行调整转型,保障资源供给的同时更加关注环境污染控制,生态环境得到进一步重视。新时期,油气资源勘查发展势头良好,固体矿产勘查开始走出低谷,公益性地质矿产工作取得重要成果,商业性矿产勘查显露端倪,全面服务国土资源管理。

二、地质矿产工作管理文献中生态文明研究的演变趋势

选择准确有效的文献是进行某一理论领域研究综述的根本,本研究的数据搜集和分析分为3个步骤:①选择中文同行评议最好的数据库,即中国知网(CNKI),它包括三大引文库(CSSCI、CSCD和中国科技论文统计源期刊),可以利用引文有效地揭示科学研究之间的过去、现在和将来的内在联系;②执行数据搜索,按"主题=地质矿产工作 and 生态文明""时间跨度=1990 to 2016(搜索日期为2016年4月13日)""文件类型=期刊"将文献进行精简;③根据搜索所得结果进行文献的计量分析。

通过探究地质矿产工作促进生态文明建设研究的演变趋势,本章依据中文领域地质行业权威综合期刊《中国地质》《中国矿业》《中国国土资源经济》《地质通报》《资源与产业》《国土资源科技管理》统计。1981年1月—1989年12月之间,上述期刊中没有出现包含生态文明内涵的文献,各类期刊中出现的文章主要是资源勘探与找矿。因此,为了探究地质矿产工作对生态文明建设的促进作用,我们仅讨论1990年以后的文献(表1-5)。1990—2016年,六大期刊共发表有关"地质矿产工作"与"生态文明建设"的论文3768篇,如果以每年发表的文章篇数计,2008—2016年几乎是1990—2007年的1.5倍左右。这充分说明生态文明在地质矿产工作的研究中不断发展,以及地质矿产工作中对生态文明建设的关注越来越高。

表1-5 地质矿产工作中生态文明演变趋势(单位:篇)

主题	1990—1998年	1999—2007年	2008—2016年
地质灾害	98	175	215
可持续发展	60	593	698
环境保护	38	173	282
生态环境	23	281	429
资源集约节约利用	12	75	148
矿山地质环境	3	17	86
国土空间开发格局优化	0	2	12
生态保护	0	24	42
绿色矿业	0	17	76
生态文明	0	4	141
资源环境承载力	0	1	43

2008年之前地质矿产工作中生态文明的内涵主要表现在地质灾害、可持续发展、环境保护、生态环境和资源集约节约等方面；而在2008年之后，地质矿产工作领域中生态文明的内涵扩展为矿山地质环境、国土空间开发格局优化、生态保护、绿色矿业和生态文明等方面。其主要原因是随着"十七大"的胜利召开，人们对生态文明有了更深入的理解并产生了新的认识，扩大了地质矿产工作领域，这些内涵外拓也成为此后地质矿产工作的新方向。因此，从表1-5中可以看出地质矿产工作中生态文明内涵在不断演变，生态文明内涵范围也不断扩大。

由于地质矿产工作与土地工作之间的紧密关联性，我们又进一步对发表在《中国土地科学》上的学术期刊论文进行检索分析，探究地质矿产工作在土地工作领域的演变和趋势（表1-6）。1990—2016年，《中国土地科学》共刊发地质矿产工作领域的论文76篇，且多集中在2008年之后，其占比达到76.06%。土地工作领域研究关注点逐渐扩宽，越来越关注国土空间开发格局优化、土地污染防治、地质环境、生态环境和生态文明等领域。

表1-6 《中国土地科学》上地质矿产工作演变趋势（单位：篇）

主题	2000—2005年	2006—2010年	2011—2016年
地质矿产工作	0	1	1
地质调查	1	1	1
地质灾害	1	0	3
国土空间开发格局优化	0	0	5
资源集约节约利用	1	1	4
生态保护	1	4	7
环境保护	4	6	7
土地污染防治	3	3	6
地质环境	1	2	3
生态文明	0	3	3
资源环境承载力	0	2	1

三、地质矿产工作与生态文明关系的文献计量分析

1. 生态文明

以"生态文明"为关键词在上述期刊中进行检索，可以发现有关生态文明的研究主要是从2008年开始，这与中央提出生态文明战略的时间节点一致，并在2012年之后文章数量明显增加，其中2013年达到顶峰（图1-7）。其中，在2013—2015年间，《中国国土资源经济》发表有关生态文明的论文篇数为79篇，仅2013年就发表相关论文35篇，占比接近50%；《中国矿业》在2013—2015年间，共发表有关生态文明的论文21篇，其中2014年发表8篇，达到顶峰。

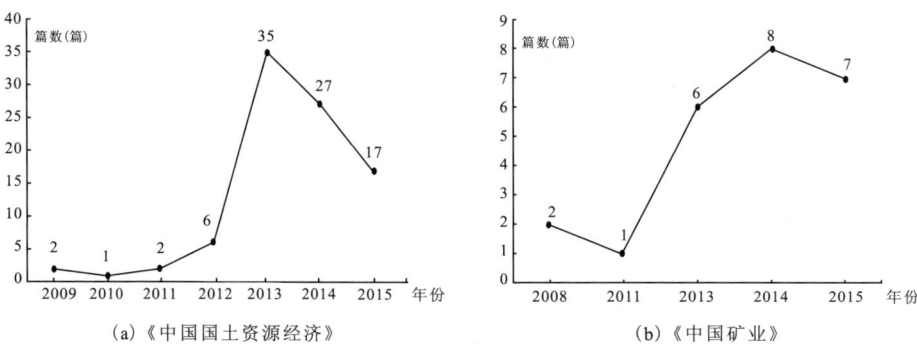

图1-7 "生态文明"研究统计

2. 地质灾害

地质矿产工作领域中有关地质灾害方面的研究,文献集中出现于2000年之后(图1-8)。其中,《中国地质》在2000年达到顶峰,刊出文献19篇,而在2000年之后每年平均刊出三四篇文献[图1-8(a)]。《中国矿业》刊登篇数则呈现波浪式上升趋势,在2011年刊出9篇文献[图1-8(b)]。至于《中国国土资源经济》每年平均刊出5篇文章,而在2015年仅仅刊出1篇文献[图1-8(c)]。2009年以来,《地质通报》共刊出了27篇文献,主要发表时间为2011—2013年[图1-8(d)]。

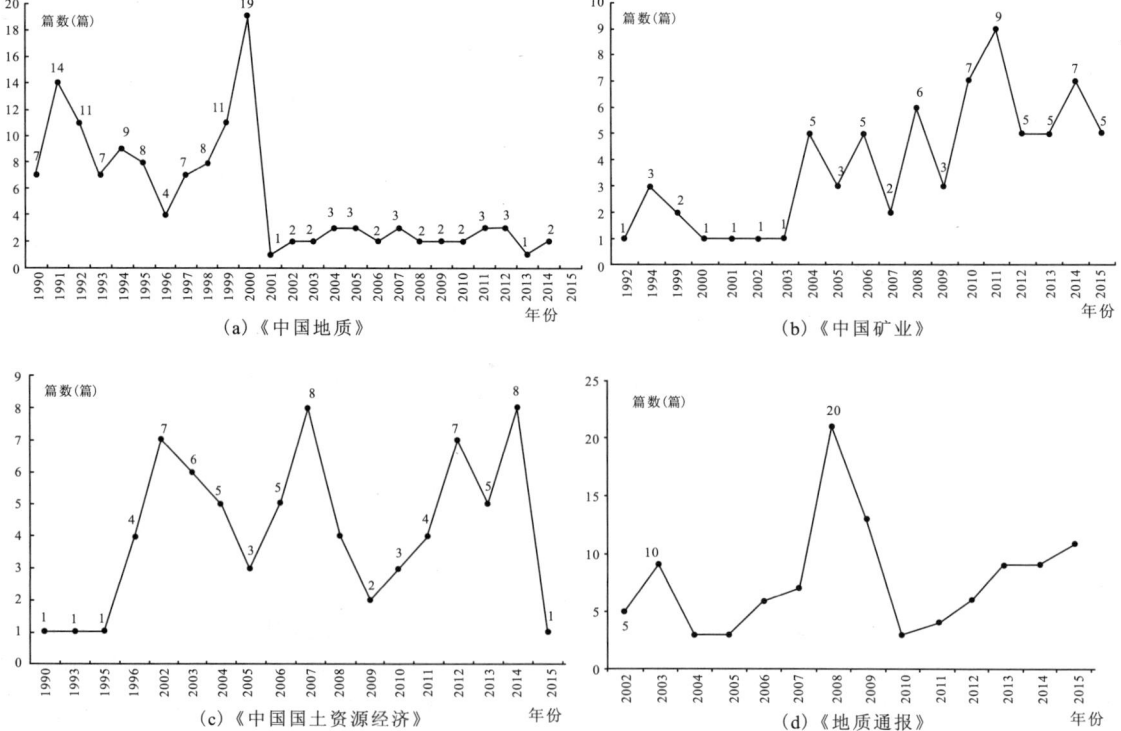

图1-8 "地质灾害"研究统计

从篇数的统计中可以看出,地质灾害相关研究仍然保持着一定的研究关注度。通过主题词共线图谱分析可知,地质灾害通常与地质环境保护、灾害防护、生态文明、经济发展、矿山保护等关联紧密。

3. 生态环境

地质矿产工作领域中有关生态环境方面的研究,虽然篇数频次规律不一,但是总篇数相对较多,说明在地质矿产工作中生态环境引起了大家的广泛关注(图1-9)。在《中国国土资源经济》收录的文章中,有关生态环境方面的文章呈现出上升的趋势,2000—2015年,年平均篇数超过10篇,其中2013年和2014年分别是19篇和20篇。《中国矿业》刊登篇数主要集中在2004年之后,年平均篇数超过15篇,其中2014年达到21篇。而《中国地质》除在2000年刊出文献20篇外,其他年份刊出数量波动相对平稳,均值为2篇。

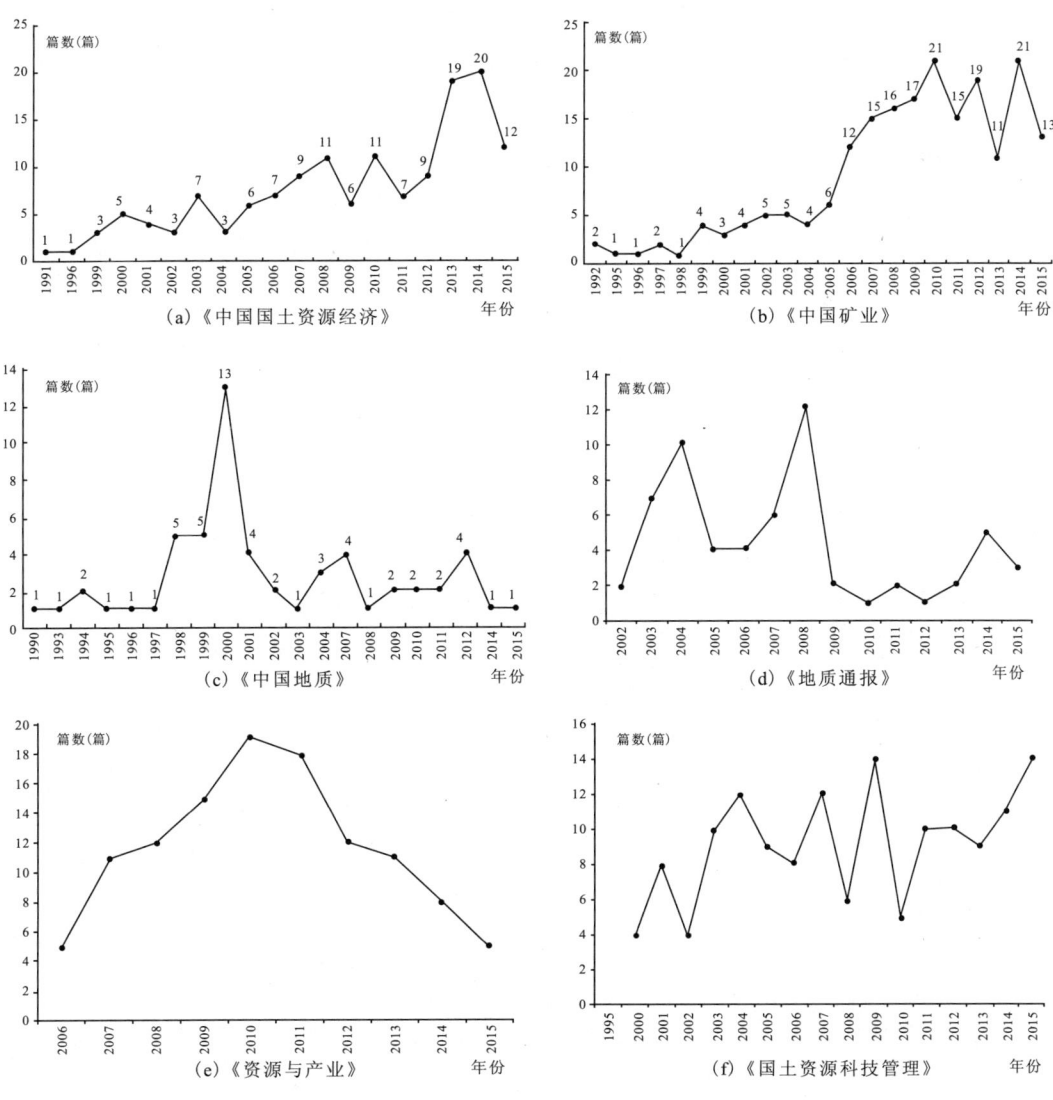

图1-9 "生态环境"研究统计

4. 绿色矿业

地质矿产工作领域中有关绿色矿业方面的研究,总体上篇数不多。统计期内,《中国地质》仅刊出3篇文章,分别是魏民与姚永慧1999年发表的《推广无废工艺发展绿色矿业》,寿嘉华分别于2000年、2001年撰写的《走绿色矿业之路——西部大开发矿产资源发展战略思考》和《新形势下地质调查工作的责任与任务》。《中国矿业》和《中国国土资源经济》刊发有关绿色矿业的文献主要集中在2006年之后(图1-10),其中《中国矿业》刊发篇数年平均为4篇,而《中国国土资源经济》则呈现连续上升趋势,2015年达到14篇。《地质通报》2014年刊发1篇文章,而《资源与产业》总共刊发的6篇文章主要集中在2010年之后,《国土资源科技管理》共刊发了3篇文章。

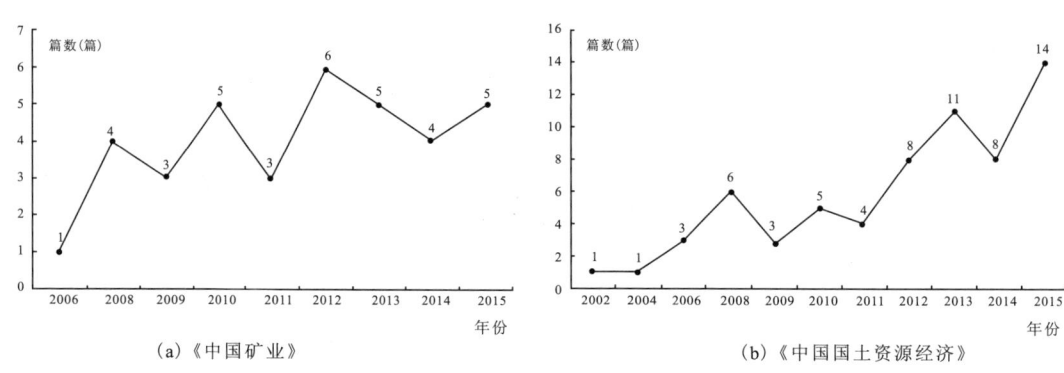

图1-10 "绿色矿业"研究统计

5. 矿山地质环境

三大期刊中,地质矿产工作领域中有关矿山地质环境方面的研究,文献多出现于2008年之后。在2014年,《中国国土资源经济》和《中国矿业》分别刊发了6篇和11篇文章(图1-11)。《中国地质》在检索期内,总共有8篇文献,2008年之后有4篇,2008年之前有4篇。《地质通报》共刊发9篇文章,2007年刊发2篇,2012—2014年刊发7篇。《资源产业》2013—2015年共刊发了14篇文章。《国土资源科技管理》2013年刊发了2篇文章。

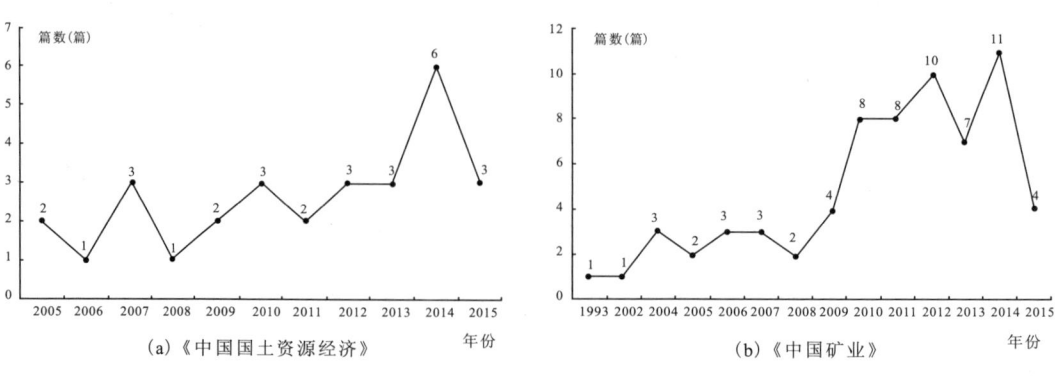

图1-11 "矿山地质环境"研究统计

6. 资源集约节约利用

地质矿产工作领域中有关资源集约节约利用方面的研究，篇数较少。统计期内，总共发现5篇文献。2004年潘锡辉与雷涯邻在《中国国土资源经济》上刊发的《开发区土地资源集约利用评价的指标体系研究》，2006年郑子敬在《中国国土资源经济》上发表的《完善国土资源管理体制刍议》，2007年兰平和在《中国国土资源经济》上发表了《矿产资源集约利用政策体系研究》。其他2篇文献均为最近几年发表的。2014年马建明在《中国矿业》上发表了《集约利用规模开发是提高矿产资源开发利用效率的抓手》，张宇2013年在《中国国土资源经济》发表了《重顺自然，珍惜资源——先秦道家生态经济思想的现代意义》。《资源与产业》2006年之后共刊发了5篇文章，2008年之后刊发了24篇文章，而《国土资源管理》共刊发了21篇文章。虽然研究文献不多，但是已有的文献足以说明资源集约节约利用在地质矿产工作中的地位。

四、地质矿产工作促进生态文明建设研究的复杂检索趋势

为了进一步探究地质矿产工作对生态文明建设的促进作用，我们按"主题=地质矿产工作 and 地质灾害""主题=地质矿产工作 and 可持续发展""主题=地质矿产工作 and 环境保护""主题=地质矿产工作 and 生态环境""主题=地质矿产工作 and 资源节约""主题=地质矿产工作 and 矿山地质环境""主题=地质矿产工作 and 国土空间开发""主题=地质矿产工作 and 生态保护""主题=地质矿产工作 and 绿色矿业""主题=地质矿产工作 and 生态文明"等规则进行再次检索。研究发现生态文明领域的地质矿产工作研究随着时间的推延而增加，表明地质矿产工作促进生态文明建设与研究的作用也在不断增加（图1-12）。

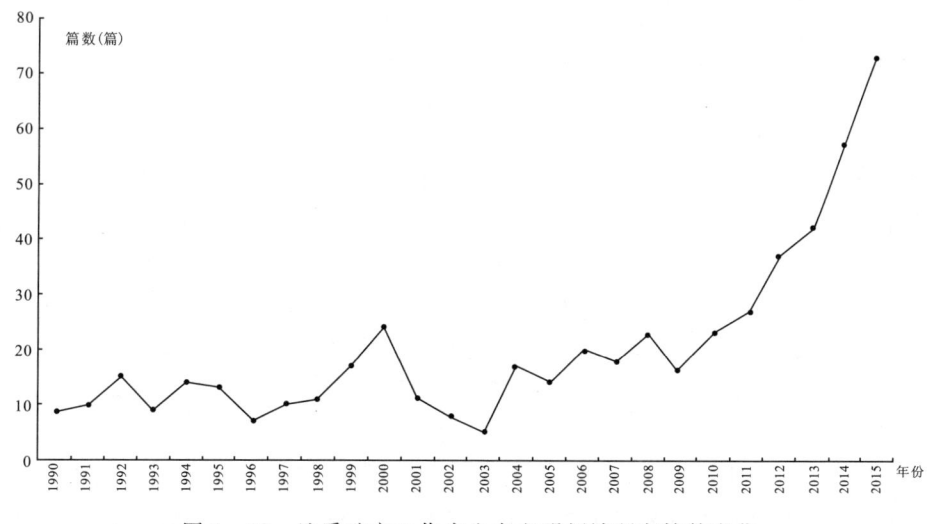

图1-12 地质矿产工作中生态文明领域研究篇数变化

地质矿产工作要不断主动适应生态文明建设的要求。加强生态文明建设，就是要尊重自然、保护自然和顺应自然。地质矿产工作要结合人民群众对于生态环境建设的需要，通过调查

研究,更好地认识自然、了解自然,为实现资源开发和环境保护的源头管控、推进生态文明建设提供重要支撑。地质矿产工作要由原来的以服务找矿为主,向服务生态文明建设乃至整个经济社会发展转变。聚焦城市规划和空间布局、地下空间开发和管理、地面沉降防治、水土环境调查和资源环境系统化监测等关键问题,积极探索地质矿产工作参与的新路子。深入推进土地全生命周期管理、建设用地减量化、地下空间开发利用等相关领域改革,当好改革开放的排头兵和先行者,为全国国土资源管理提供更多的经验。

第五节 地质矿产工作服务生态文明建设的现实意义

一、地质矿产工作促进国土空间开发格局的优化

国土是生态文明建设的空间载体,国家主体功能区战略和《国家新型城镇化规划(2014—2020)》的落实,以及生产空间、生活空间、生态空间的科学布局和整治等,都要求加强矿产地质、环境地质的调查研究,并在此基础上加强资源环境承载力评价,为资源消耗上限、环境质量底线、生态保护红线的设置与划定提供技术支撑。

地质矿产工作通过推进资源环境承载力评价、城市地下水监测和地下结构稳定性评价、土地质量监测评价等工作,合理高效地分配空间资源,统筹安排各区域的国土空间类型、规模、结构、时序以及开发方向,有利于高效利用国土资源。通过加大对土地的综合整治力度,拓展与人类生存密切相关的城市群、重要经济区带和生态功能区等领域,加强地质工程研究,为重大工程建设和选址服务,为危险废弃物处置提供安全的地下空间,有利于拓展国土空间开发深度与广度,促进国土空间开发格局优化。

二、地质矿产工作促进资源环境承载力的提升

资源环境承载力是生态文明建设的基础。地质矿产工作通过完善资源环境承载力评价系统,建立资源环境承载动态监测预警体系,开展地质条件、矿产资源、水资源、土地资源、生态阈值、环境容量、碳峰值、灾害风险等多要素的资源环境承载力评价。通过建立跨部门、动态更新的资源环境动态监测预警机制,对资源环境承载力超载与否做出科学预警。有利于突破水、土地、气候、地质、生态、环境等资源环境要素的破碎化管理,整合水资源水环境、土地利用、地球化学、气候地质以及经济社会等信息资源,集成城市群资源环境数据库,形成体现"山、水、林、田、湖"及它们与经济社会发展等内在互动、耦合关系的动态预警,不断增强资源环境承载动态监测预警的科学性。

地质矿产工作以主体功能区规划为基础,将空间预警与资源环境要素的量质预警相结合,增强资源环境动态预警对于区域空间发展的有效约束。有助于各地区充分认识该地区的开发前强度和发展潜力,根据资源环境承载力科学布局产业和人口,从而促进资源环境与社会经济集聚始终处于协调状态。

三、地质矿产工作促进矿产和土地的集约节约利用

资源集约和节约利用是资源开发利用生态文明建设的重中之重。对于矿产资源,主要手段包括高效采选、高效利用矿产资源,地质矿产工作可以通过对不同种类矿山的相关基础信息的调查、评价,分门别类地制定相关政策、法规,引导矿山企业提高矿产资源回采率、选矿回收率和综合利用率,以推动资源利用方式根本转变,提高资源利用效率和资源开发利用的社会经济效益。对于土地资源,通过规模引导、布局优化、标准控制、市场配置、盘活利用等手段,达到节约土地、减量用地、提升用地强度、促进低效废弃地再利用、优化土地利用结构和布局,实现土地资源的集约与节约利用,提高土地利用效率。通过完善矿产资源勘查开发的区域布局、生产格局、产业结构、产业运行模式和工艺流程、回收利用、循环发展的生产、消费模式,构建生态文明的矿产资源生产和消费体系,使有限的资源得到更好的利用。

地质矿产工作通过提供推进成矿理论、勘查技术和节约集约、综合利用技术创新,健全和实施地质找矿新机制,加快实现找矿突破,不断提高资源利用效率。从我国矿产资源总量大、优质矿少、共(伴)生矿多的赋存特点,以及保护资源和节约集约利用资源的根本要求出发,着力推进矿产资源综合调查评价与综合利用。另一方面,通过始终坚持"三条底线""在保护中开发、在开发中保护",积极实施找矿突破战略行动,加强优势矿产资源和矿山地质环境保护,落实最严格的节约用地制度,全面节约和高效利用资源,显著提升土地和矿产资源集约利用水平。把促进资源节约集约利用放在更加突出的位置,坚持开源与节流并重,把节约放在首位。通过严控增量、盘活存量、优化结构,鼓励土地的集中利用、复合利用、立体利用和矿产资源的综合利用、高效利用、循环利用。

四、地质矿产工作促进生态环境保护

生态环境保护是人类生存最根本的福祉,生态环境是承载中国梦的重要内容之一,保护环境、修复环境与重建环境是生态文明对于资源开发利用的具体要求。地质矿产工作对于全面提升矿产资源宏观管理能力,不断完善以市场为主导的矿产资源优化配置机制,不断完善资源开发运行机制和管理制度,推进绿色矿山建设、土地复垦等环境保护和重建工作,促进矿山绿色文明建设和加强废弃地的土地复垦治理,促进国土资源优化利用、矿地和谐,推动矿区生态文明建设,矿山地质环境状况,实现人与生态和谐发展作用明显。

地质矿产工作通过大生态观推进工作,统筹考虑土地、水、海洋、林业、矿产等各类资源环境,将大气圈、水圈、生物圈和岩石圈作为一个有机整体,着力加强自然资源和环境的综合调查与评价,研究地质作用过程对生态环境的影响和城乡建设的约束,以流域和构造体系为单元,系统开展环境地质、生态地球化学和资源环境承载力调查评价,推进城市、海岸带和荒漠化、石漠化地质调查,为国土规划和生态保护红线的划定提供依据,为资源合理开发利用奠定基础,全面服务生态环境建设。加强生态地质环境修复与保护工作,加强对矿山环境修复、生态环境体系维护、城市地质和工程地质等方面的恢复与综合治理工作,减少"三废"的环境影响,增强人与自然和谐相处能力的建设。通过加强生态地质环境的综合治理,对大气、地下水、土地、海洋、江河以及食物链等生态地质环境进行修复,突出城市地质、新农村地质、农业地质、医学地质、地下水开发与污染保护等工作,利用地质技术条件改善生态环境质量。

五、地质矿产工作促进资源环境制度完善

近30年的粗放式工业化、城市化进程,在推动我国经济社会快速发展的同时,也给资源、环境和生态造成了巨大的压力,如资源约束趋紧、环境污染严重、生态系统退化、气候变化问题突出、地质灾害频发等现象,延缓了生态文明建设的进程。资源环境制度完善是生态文明制度建设的重要一环。一个健全的资源环境保护制度,可以使社会在向自然索取资源和与自然和谐共处中达到一个平衡点。诚如前文论述的那样,十八届三中全会《决定》提出7个资源环境的源头严防的制度、5个资源环境开发过程严管的制度、2个破坏资源环境后果严惩的制度,这些都是生态文明制度建设的内容;十八届五中全会还提出"绿色"发展理念,是在制度完善的基础上,为我国自然生态系统和环境保护提供原则指引。地质矿产工作在资源环境制度的完善过程中起着至关重要的作用。如第五章第二节提出的鄂州市矿产资源资产负债表的编制,是服务我国自然资源资产产权制度建设和健全国家自然资源资产管理体制建设的内容。

为建立矿山地质环境责任追究制度、环境损害赔偿与恢复制度,将矿产资源开发造成的环境破坏限制在最低程度,地质矿产工作开展了全国"矿山复绿"行动,尤其是在矿山地质灾害调查与评价、矿山地质环境恢复治理力度方面,通过采用卫星遥感监测,为制度的建立及完善提供了数据依据。

第二章 地质矿产工作促进生态文明建设的评价方法和指标体系

上一章主要阐述了地质矿产工作促进生态文明建设的内在机理,本章在此基础上,对地质矿产工作促进生态文明建设评价模型与指标体系进行研究。首先,探究地质矿产工作与生态文明建设之间的联系,尤其是林业保护与地质矿产工作、城市建设与地质矿产工作等的关系与联系。其次,运用相关评价模型,建立地质矿产工作促进生态文明建设评价内容和地质矿产工作项目促进生态文明评价体系。最后,系统地总结省域层面、城市层面、县域和矿区等建设的生态文明建设评级指标体系。

第一节 生态文明建设评价指标体系中与地质矿产工作有关的指标分析

本节对生态文明建设评价体系中与地质矿产工作有关的指标进行分析,目的是在理解地质矿产工作促进生态文明内在机理的背景下,明晰地质矿产工作与生态文明建设的联系。

一、森林保护与林地地质矿产工作的联系

环境保护部有关"生态省"建设考核指标、北京林业大学生态文明省域评价指标、北京林业大学先行示范区生态文明评价指标体系、贵阳市生态文明评价指标体系等均考虑了有关森林覆盖率或森林保护这一评价指标体系,说明这一考核指标变量具有普适性。地质矿产工作与森林覆盖率或是森林保护存在联系,特别是在地质找矿与矿产资源开发利用阶段。具体见下文。

在地质找矿过程中,许多成矿区带在林区,勘查开发矿产资源和保护森林资源会存在一定的矛盾,具体如表2-1所示。

表 2-1 林地勘查与森林保护的矛盾

主要矛盾	林地勘查的状态	林地勘查产生的影响
林地勘查与森林保护存在天然矛盾	地质矿产工作中的槽探、钻探等施工	会影响森林生态
	地勘单位进入林区露宿、生活	引发森林火灾
	矿产资源开发阶段	对林区产生破坏,影响生物多样性
林地勘查与林农之间的经济利益冲突	林地勘查、矿产资源开发阶段	产生噪声,破坏林农养殖,毁坏林木,林农自身利益受损

如何在既能够加强林地地质矿产工作的同时，又可以实现减少对森林的破坏，是践行地质矿产工作服务生态文明建设的内容之一。

对矿产勘查开发和保护森林资源的冲突，美国采取了措施为"采矿与复垦并举"，15～20年后即可恢复到与采矿前一样。据估算，复垦费用占采矿综合总成本的15%；对于森林防火，加拿大政府规定，必须经过培训和具有资质的地质单位①才被允许在森林防火期进入林地作业。

二、自然保护区建设与地质矿产工作的联系

国家环境保护总局（2007）出台《生态县、生态市、生态省建设指标（修订稿）》（环发〔2007〕195号）中，受保护地区占行政区域土地面积是约束性指标，比例要大于15%；北京林业大学生态文明研究中心关于生态文明建设评价指标体系中，也将自然保护区的有效保护纳入；自然保护区建设对于保持物种多样性，对践行生态文明理念，优化国土资源空间开发格局有着较大的作用。地质矿产工作在促进自然保护区建设过程中，要通过对自然保护区的地质环境的调查与评价，促进自然保护区的建设，为自然保护区建设提供基础地质资料。

"十三五"规划明确提出，我国将"加大典型生态系统、物种、基因和景观多样性保护力度"。当前，我国有超过90%的陆地自然生态系统类型、约89%的国家重点保护野生动植物种类，以及大多数重要自然遗迹在自然保护区内得到保护，部分珍稀濒危物种种群逐步恢复。这说明我国自然保护区已初步形成布局基本合理、类型比较齐全、功能相对完善的体系；在全面提高自然保护区管理系统化、精细化、信息化水平，优化保护区空间布局的基础上，要加强自然保护区地质环境调查与评价，为保护生物多样性、筑牢生态安全屏障、确保生态系统安全稳定和改善生态环境质量提供基础地质资料。

我国西部及西南部各省（自治区、直辖市）的生态系统比较脆弱，地质矿产工作要对西部及西南地区的生态系统脆弱性进行调查与评价研究，尤其是对西部及西南部地区自然保护区的研究。

三、土壤、水环境保护与地质矿产工作的联系

土壤、水环境保护是生态文明建设的主要内容，在国家环境保护总局（2003）出台《生态县、生态市、生态省建设指标（修订稿）》（环发〔2007〕195号）的生态文明建设评价指标体系中，运用参考性指标地下水超采率、退化土地恢复率，约束性指标水环境质量综合考查土壤、水环境保护；北京林业大学有关省域生态文明建设评价指标体系中，运用农村人口获得改善水源比例、淡水抽取量占内部资源比重等评价省域土壤与水环境状况；国务院发展研究中心生态文明建设科学评价与政府考核体系中，通过地表水体质量、水土流失率考核区域水、土质量；国家发展和改革委员会、财政部、国土资源部、水利部、农业部、国家林业局六部委（2013）制定了《国家生态文明先行示范区建设方案（试行）》（发改环资〔2013〕2420号），在生态文明建设评价中，运用用水总量、水资源开发利用率、万元工业增加值用水量、农业灌溉水有效利用系数、非常规水资源利用率、水土流失面积、新增沙化土地治理面积，综合考核水、土综合利用状况；中共贵阳市市委发布的《贵阳市建设生态文明城市指标体系及监测办法》，运用主要饮用水源水质达标

---

① 加拿大"受过培训和有资质"的概念是指作业者应该具有：(a)防火方案；(b)控制火灾设备；(c)防火沟通政策以及在林区作业人员与公司或是加拿大自然资源部保持沟通的通讯设备；(d)至少25%的矿业公司员工达到自然资源部的防火培训标准。地质单位必须执行上述4个条件才能进行森林防火期的施工。

率这一指标变量考核水质量;中央编译局与中共厦门市市委发布的国内首个"生态文明建设(城镇)指标体系",运用城市污水综合利用率、生态用地比例,考核城市生态文明建设中的水、土质量问题;中央部委及各地方包括国内学者都将水体、土壤的综合情况纳入生态文明评价指标体系考核指标中。这充分说明水体与土壤保护对于生态文明建设的重要性;地质矿产工作在水体与土壤的保护中起到了较为重要基础的作用,通过对地下水、地表水的调查与评价,通过对土壤质量、土壤受污染物点、面分布的调查与评价,建立水体、土壤污染防治监测体系,对促进生态文明建设起到了不可磨灭的作用,主要内容如下。

(1)土壤污染的治理与调查。目前,我国的大面积生态地球化学调查主要是针对我国土壤污染状况的调查。多目标的生态地球化学调查能全面、系统、准确地掌握全国基本农田保护区和粮食主产区土壤环境质量的总体状况,查明重点地区土壤污染类型、程度和原因,评估土壤污染风险,确定土壤环境安全等级,筛选并试点示范污染土壤修复技术,构建适合我国国情的土壤污染防治法律法规及标准体系,提升土壤环境监管能力。

(2)水环境保护与治理。国家对地下水资源进行科学管理的基础是通过地下水的监测、数据采集、储存、处理、分析。在这一方面,我国相关的科技水平已不落后,目前重点在于完善遍及全国的地下水监测网。

(3)垃圾场的选址与地下水的污染防治。地质矿产工作在垃圾处理及垃圾场选址方面也开展了研究,主要目的是防止垃圾对地下水及地表水的污染,秉承的原则是依据现阶段的社会经济技术发展水平,尽可能地将垃圾转化为资源纳入经济与生态循环之中。

四、城镇化建设与地质矿产工作的联系

国家环境保护总局出台《生态县、生态市、生态省建设指标(修订稿)》(环发〔2007〕195号),要求"城市化水平"这项定位约束指标大于50%;北京林业大学生态文明研究中心的严耕教授团队,基于承担的中国国家林业局林业公益性行业科研专项经费资助项目——"生态文明建设的评价体系与信息系统技术研究"中,将"城镇化率"纳入生态文明建设评价的正向指标;在涉及到省域生态文明建设评价指标体系时,城镇化率是必不可少的指标变量之一。

地质矿产工作在推进城市化建设中扮演着举足轻重的地位,城市地质工作推动了城镇化建设与城市生态文明建设。在城市及其周围或潜在城市化地区开展地质矿产工作,需综合考虑各种地质要素,包括城市发展所需要的资源、所施加的约束条件以及城市发展对地质环境产生的影响,为城市的规划和建设管理提供服务。

城镇化地区主要地质矿产工作内容如下:

(1)国土开发要将资源环境承载能力评价作为制定当地城镇化建设和经济社会发展目标的先决条件,开发前要先做好地质资源承载力与地质环境风险性分析,根据资源环境承载能力确定开发强度。

(2)城镇化要求建立和完善城镇化进程中的水资源保护体系建设,完善地下水资源开发利用监管体系,实现地下水资源开采量和地下水环境质量的科学管控。

(3)制定城镇化区地质灾害防治规划,严格控制地质灾害高易发区的大规模开发,鼓励企业、个人或集体治理地质灾害。地质灾害防治属于民生地质的一种,是我国未来地质调查重点开展方向。

（4）对城市"三废"排放，进行科学管控；对已经遭受重金属污染的地区，进行长期土壤观测及土质化验，实施国土整治工程。

（5）城镇化建设过程中，为建设"生态""宜居"的城市，要对城市地下空间的开发建设（如地铁、地下通道等）开展地质环境适宜性评价，目的是在保障工程建设的安全性、对环境影响较小的前提下，为未来城市规划、建设提供基础地质资料。

五、农产品生产与地质矿产工作的联系

北京林业大学生态文明研究中心的严耕教授团队，基于承担的中国国家林业局林业公益性行业科研专项经费资助项目——"生态文明建设的评价体系与信息系统技术研究"，在关于生态文明评价体系中，有"化肥施用超标量""农药施用强度"这两项指标与农业生产有关；国家发展改革委员会联合财政部和国家林业局下发的《关于开展西部地区生态文明示范工程试点的实施意见》（发改西部〔2011〕1726号），《生态文明示范工程试点市县选择评价指标初审评分表》在关于生态文明指标体系中，有"绿色、有机及无公害农产品种植面积比重"耕地保有量、农业灌溉用水有效利用系数、农作物秸秆综合利用率4项指标是关于农业生产与农作物利用的；农产品生产区是我国主体功能区重点规划地区，为保障全国粮食安全，我国对农产品的安全与生产投入了较大的人力、物力。农产品生产与利用的安全保障是建设生态文明的重要内容，地质矿产工作在服务农产品生产与利用方面，也体现了较大的作用。

在农业主产区的生态文明建设中，主要涉及的地质矿产工作如下。

（1）在农业发展和农民生活方面。①通过农业地质调查评价，建立土地档案，对于富硒等元素的土壤加强土地资源的开发利用研究，助力我国部分地区农产品升级，发展特色农业。②通过对我国主要的3个粮食基地或13个粮食主产区（省）灌溉农业对地下水需求、依赖程度和灌溉农业的地下水保障能力展开调查与综合评价，以期查明灌溉农业对地下水的依赖现状和存在的主要问题，并提出应对对策，为国家粮食安全战略实施提供重要科学依据。

（2）粮食生产区环境保护方面。由于水和土壤是所有农作物生存的基本条件，所以农产品区应着力加强水资源的节约集约利用调查与评价；为服务地下水与地表水的适度开发、保护水资源，地质矿产工作开展粮食生产区地下水与地表水监测；在土壤修复方面，地质矿产工作开展土壤生态地球化学调查，对污染严重、不适宜农作物生长的区域，采取化学方法恢复土壤自身的功能。

六、自然生态系统和环境保护与地质矿产工作的联系

维护生态系统的稳定，保护环境，促进物种多样性是建设生态文明的内容，生态系统的稳定才能保障经济、社会的发展；在前文省域、市域层面生态文明指标体系评价中，均涉及了对生态系统的保护，十八大报告明确指示，加大自然生态系统和环境保护是生态文明建设的重要内容之一。地质矿产工作在服务自然生态系统和环境保护中，起到了较大的推动作用，具体内容如下。

（1）在生物保护与环境保护方面，地质矿产工作开展了地质遗迹等旅游资源调查，建立地质遗迹和旅游资源保护长效机制；此外，建立了地质遗迹数据库，编制了地质公园总体规划和年度计划，并以此为指导开展园区内地质遗迹保护与管理工作。

(2)在加大生态区水土流失综合治理方面,国土资源部、国家林业局等组织实施了天然林保护、退耕还林、农村能源建设等重点工程;中国地质调查局开展了重要生态区域的保护治理工作组织,实施了点(面)源污染控制、生态恢复,实现了生态区旅游开发与生态保护双赢。

(3)在服务生态补偿机制及监测机制的完善方面,地质矿产工作对生态功能区生物丰度、植被覆盖、水网密度、土地退化和环境质量状况进行了生态监测,科学地评价了地区生态环境状况,为国家采取相应的保护措施提供基础资料。

地质矿产工作开展整顿和治理生态功能区矿产资源开发秩序的工作,开展矿区修复工作。针对矿区可能产生的地质灾害,加强地质灾害防治;积极开展环境地质矿产工作调查,加快实现生态功能区矿区的复垦工作,实现生态功能区国家生态屏障的基本作用。

生态功能区扩大了地质调查扶贫脱贫工作的范围,加强地质灾害示范调查,健全群测群防体系,为防灾减灾和保护群众生命安全提供了技术支撑。同时,地质矿产工作在贫困地区开展绿色农业发展和优质土地资源利用,圈定富水地段,通过探采结合帮助解决了当地群众饮水困难。

第二节　地质矿产工作促进生态文明建设的评价模型和指标体系

前一节对生态文明建设评价指标综述、地质矿产工作与生态文明建设的联系进行了分析,根据前文分析,本节建立地质矿产工作促进生态文明建设的评价模型和指标体系,目的是为了践行地质调查局加强地质矿产工作服务生态文明建设的战略意图。

一、评价原则

按照"把生态文明建设放在突出地位,融入经济建设、政治建设、文化建设、社会建设各方面和全过程"的要求,对传统地质矿产工作的理念、模式、制度等进行调整,用生态文明的标准重新衡量和评价,具体评价原则如下。

(1)破除以找矿成果为中心的理念,将水文地质、环境地质、工程地质与矿产地质同等重视、同步安排。

(2)破除以经济效益论成败的理念,将地质矿产工作的经济效益与社会效益、生态效益同等重视,同样纳入评价体系中。

(3)通过建立全面科学的评价指标,引导地勘单位和地勘企业更加重视生态文明建设,更加自觉地将地质矿产工作与生态文明建设融为一体,相互促进、同步发展。

二、评价目标和评价重点

1. 评价目标

地质矿产工作促进生态文明建设的评价目标为:①土地资源是否节约集约利用;②矿产资源是否节约和综合利用;③地下水开发是否得到保护;④土壤、水体质量是否得到保证;⑤国土空间开发格局是否优化;⑥主体功能定位是否得到保障;⑦生态系统和环境是否得到有效保护。

2. 评价重点

地质矿产工作促进生态文明建设的评价重点为：①地质矿产工作促进生态文明制度建设的成效；②地质矿产工作领域生态文明建设工程绩效；③地质矿产工作推动区域和产业生态文明建设的绩效。

三、地质矿产工作促进生态文明建设评价模型简介

指标体系的评价步骤与评价方法种类繁多，概括起来主要有以下2类：一是专家主观评定和比较分析；二是数据统计分析，也可以综合应用几种方法来构建指标体系并进行相应的测算。此外，指标评价标准的确定也是一个至关重要的环节。指标评价标准是衡量地区地质矿产工作促进生态文明建设的定量参照系，是决策者明确发展目标与方向的标杆，目前采用的方法主要有：①凡已有国家标准的或国际标准的指标，应尽可能采用已明确规定的标准值；②参考国内外发展较好地区城市的现状值作为标准值或参考先行示范区、先行示范城市已明确的目标值；③依据现有资源环境承载力测算阈值作为参考值；④目前部分具有重要意义的指标存在数据难以获取的状况，在科学统计指标数据前，可暂用类似指标进行代替。指标权重是每个指标在整个指标体系中相对重要性的数量表示。权重确定合理与否对综合评价结果和评价质量将产生决定性的影响。目前权重确定的方法很多，大致可分为主观赋值法和客观赋值法两大类，前者如层次分析法和模糊聚类法等，后者如主成分分析法、因子分析法、灰色关联度法、人工神经网络定权法、熵值法、回归分析法等。表2-2对上述介绍的多指标综合评价方法进行了比较。

表2-2 多指标综合评价方法的比较

评价方法	优点	缺点
指数法与综合指数法	突出了生态环境质量评价的综合性、层次性、客观性和可比性	存在难以赋权与准确定量，并且对环境质量的描述仍停留在静态上
相对差距和法	直观、易懂、计算简便，可以直接用原始数据进行计算，避免因其他运算而引起的信息损失	没有提出一个反应整体数据鸿沟状况的综合指标，难以形成一个整体印象
主成分分析法	可以消除指标之间的相关影响，又可以减少指标选择的工作量而不会漏掉关键指标	综合评价值对不同样本集合中的同一样本可能不唯一，不便于横向和纵向比较；用线性方法进行处理可能会导致对现实关系反映上的偏差
TOPSIS法	能明显提高多目标决策分析的科学性、准确性和可操作性	其权重受迭代法的影响，同时由于其对中性指标的转化尚无确定的方法，致使最终结果不是很准确
人工神经网络法	具有自学习和自适应能力，能够类似人一样具有简单的决定能力和简单的判断能力	收敛速度比较慢，在有限的时间内难以到达预定的目标，以及完成训练的网络的推广能力不强、局部极小等问题
蒙特卡洛模拟综合评价法	可以直接处理每一个风险因素的不确定性，减少不确定因素在很多情况下所做决策的偏差或失误	所有的元素都同时受风险不确定性的影响。该技术的难点在于对风险因素相关性的辨识与评价

续表 2-2

评价方法	优点	缺点
模糊综合评价法	具有结果清晰、系统性强的特征,能较好解决模糊的、难以量化的问题,适合各种非确定性问题	主观性强,易使评价结果分级不清甚至背离实际情况
德尔菲法	适用范围广,不受样本是否有数据的限制。可将一些难以用数学模型定量化或收集的数据不足但又非常重要的指标也考虑在内	受专家知识、经验等主观因素影响,过程较繁琐,花费时间长,可操作性相对较差,使评价指标定量化排序时的结果可靠性降低
灰色层次分析法	对复杂决策问题的本质、影响因素及其内在关系进行深入分析,利用较少的定量信息使决策的思维过程数学化,提供简便的决策方法	不仅没有破坏原有层次分析方法的可操作性,而且使得模型建立的基础更加符合认知规律,也使整个模型更加符合客观实际
因子分析法	可以通过各个主因子得分与排序情况,找出各方面的差异和优势;因子的实际含义比主成分的更容易明确和解释,对定性分析却非常有用	所得的分析结果受到原始指标间相关程度均衡性的影响,且因为因子得分是估计值,其综合评价值不如主成分分析所得的综合评价值准确
灰色聚类分析法	不要求待分析序列有某种特殊的分布,计算过程简单,可以得到较多的信息	采用不同数据处理方法后计算出的灰色关联度是不同的,得出的评判结果稳定性不够
灰色局势决策法	适用于处理数据中含有灰元,即信息不完备的决策问题	得出的评判结果分辨率低

由于技术的发展及一些相关领域的不断深入研究,综合评价方法得到了不断的发展和改进。不同评价方法的区别重点在它进行无量纲化所选取的公式、综合指标的合成方法和确定指标权重的方法上。但是如何使综合评价更加客观准确,仍需进一步研究。而两种或两种以上评价方法的联用成为当今综合评价方法的又一大热点,例如主成分分析法和因子分析法的联用、德尔菲法和 TOPSIS 法的联用等。不同方法的联用可以互相弥补不足,同时发挥自身的优点,使得综合评价更具有科学性、客观性和准确性。

(一)熵权法

熵值赋权法是一种根据各指标传输给决策者信息量的大小来确定权重的方法。在信息论中,熵值反映了信息的无序程度,某项指标的信息熵越大,提供的信息量就越小,表明其指标的变异程度就越小,在综合评价中起的作用就越小,则该指标的熵权越小,反之亦然。熵权法具有突出局部差异、避免人为影响、赋权过程透明化等特点(曹蕾,2014),能尽量消除各指标权重的人为干扰,使评价结果更符合客观实际。为了科学测度区域地质矿产工作促进生态文明建设的水平状况,可采用熵权法利用变异系数确定权重的方式计算出地质矿产工作促进生态文明建设水平的综合指数(许和连,邓玉萍,2012)。首先,对原始数据进行最大值、最小值标准化处理:

$$E''_{mn} = \frac{S_{mn} - \min(S_{mn})}{\max(S_{mn}) - \min(S_{mn})}$$

式中,S_{mn} 表示第 m 个区域的第 n 个指标的取值($m=1,2,\cdots,i;n=1,2,\cdots,j$)。

其次,对标准化后的数据向右平移 1 个单位,公式为:

$$E'_{mn} = 1 + E''_{mn}$$

然后,计算第 m 个区域的第 n 个地质矿产工作促进生态文明建设指标的比重 E_{mn}:

$$E_{mn} = \frac{E'_{mn}}{\sum_{m=1}^{i} E'_{mn}}$$

接着,计算出第 n 个地质矿产工作促进生态文明建设指标的熵值 e_n 和变异系数 g_n:

$$e_n = -\frac{1}{\ln i} \sum_{m=1}^{i} E_{mn} \ln E_{mn}$$

$$g_n = 1 - e_n$$

然后,计算出第 n 个地质矿产工作促进生态文明建设指标在综合评价中的权重:

$$W_n = \frac{g_n}{\sum_{n=1}^{j} g_n}$$

最后,计算出综合评价指数:

$$\text{ECO}_m = \sum_{n=1}^{j} W_n E_{mn}$$

式中,ECO_m 表示第 m 个区域的地质矿产工作促进生态文明建设指数。ECO_m 越大,表示第 m 个区域的地质矿产工作促进生态文明建设程度越高。

(二)组合赋权法

综合指标的主观权重 w_{1i} 和客观权重 w_{2i},可得组合权重 $w_i(i=1 \sim n)$。显然 w_i 与主观权重 w_{1i} 和客观权重 w_{2i} 都应尽可能接近,根据最小相对信息熵原理:

$$\min F = \sum_{i=1}^{n} w_i (\ln w_i - \ln w_{1i}) + \sum_{i=1}^{n} w_i (\ln w_i - \ln w_{2i})$$

式中,$\sum_{i=1}^{n} w_i = 1; w_i > 0, i = 1, 2, \cdots, n; w_{1i}$ 表示第 i 个指标的德尔菲法计算的权重,w_{2i} 表示第 i 个指标的熵权法计算的权重,n 为指标的总个数。

用拉格朗日乘子法解上述优化问题得:

$$w_i = \frac{(w_{1i} w_{2i})^{0.5}}{\sum_{i=1}^{n} (w_{1i} w_{2i})^{0.5}}, i = 1, 2, \cdots, n$$

上式说明,在所有满足条件的组合权重中,取几何平均数所需的信息量最少,而取其他形式的组合权重,都有形或无形地增加了其他我们实际上并没有获得的信息。

(三)层次分析法

层次分析法(AHP,Analytic Hierarchy Process)的基本原理是,将一个复杂的无结构的问题分解为它的各个组成部分;将这些组成部分(或称为元素)整理成为一种树状递阶层次结构;对同一层的各个元素相对于上层指标两两比较其相对重要性并将这种重要性按 $1 \sim 9$ 标度法数值化;然后综合这些判断以决定到底是哪个元素有着最大的权重和如何影响问题的最终结果。运用 AHP 分析问题时,大体可分为 5 个步骤。

(1)明确问题,建立层次结构模型。应用 AHP 分析社会经济以及科学管理等领域的问题时,首先要对问题有明确的认识,弄清问题的范围,了解问题所包含的因素,确定因素之间的关联关系和隶属关系,在此基础上建立层次递阶结构。

(2)对同一层次的各元素相对于上一层中某一准则的重要性进行两两比较,运用1~9标度法构建两两比较判断矩阵。

(3)对判断矩阵进行一致性检验。由于判断矩阵是对同一层次所有元素相对于上层某一元素的相对重要性进行两两比较,这就存在一个一致性问题。比如,如果认为甲比乙重要、乙比丙重要、而丙又比甲重要,这一判断是违反常识的。一个混乱的、经不起推敲的判断矩阵有可能导致错误的结论。因此,必须对判断矩阵在逻辑上的一致性进行检验。

(4)由判断矩阵计算被比较元素对于该准则的相对权重。

(5)计算各层元素对系统目标的合成权重,并进行排序。

从这些步骤中可以看出,AHP不仅是一种决策方法,而且提供了3种研究方法:①系统的层次结构分析法;②两两相对比较的1~9标度法;③排序权重生成方法。

1. 重要性标度及判断矩阵

在建立递阶层次结构以后,上下层次之间元素的隶属关系就被确定了。假定以上一层元素 Cs 为准则,所支配的下一层次为 $P_1, P_2, \cdots, P_n$,构造判断矩阵的方法是针对准则 Cs,对这 n 个元素根据经验进行两两比较,确定 P_i 与 P_j 相对于准则 Cs 哪个更重要,重要多少,并按1~9比例标度法对重要性赋值,赋值结果如表2-3所示。

表2-3 AHP 1~9标度的含义

标度	含义	说明
1	同样重要	两个元素对某一属性具有同样的重要性
3	稍微重要	两个元素相对于某一属性的比较,一个元素比另一个元素稍微重要
5	明显重要	两个元素相对于某一属性的比较,一个元素比另一个元素明显重要
7	特别重要	两个元素相对于某一属性的比较,一个元素比另一个元素特别重要
9	极端重要	两个元素相对于某一属性的比较,一个元素比另一个元素极端重要
2、4、6、8	上述两相邻判断的折中	表示需要在上述两个标度之间折中时的定量标度
上列各数倒数	反比较	若元素 i 与元素 j 相比较的判断为 b_{ij},则元素 j 与元素 i 相比较的判断为 b_{ji},且 $b_{ji}=1/b_{ij}$

表中标度1、3、5、7、9、2、4、6、8,还有各数的倒数等,它们都是数值意义上的数字,而不是顺序意义上的数字。这些数字是根据人们进行定性分析的直觉和判断力而确定的,运用1~9标度可以比较好地将思维判断数量化。

有了数量标度,在比较时可先从最底层开始,对 $P_1, P_2, \cdots, P_n$ 个方案以准则 Cs 进行两两比较,比较结果也可用判断矩阵 B 表示:

$$B = \begin{bmatrix} b_{11} & b_{12} & \cdots & b_{1n} \\ b_{21} & b_{22} & \cdots & b_{2n} \\ b_{n1} & b_{n2} & \cdots & b_{nn} \end{bmatrix}$$

对于具有完全一致性的判断矩阵 B 具有如下特性:

(1) $b_{ii}=1$；

(2) $b_{ij}=1/b_{ji}$；

(3) $b_{ij}=b_{ik}/b_{jk}(i,j,k=1,2,\cdots,n)$。

层次分析法并不要求判断矩阵 **B** 具有完全一致性，但必须满足基本的一致性要求。

AHP 方法并不要求判断矩阵具有完全的一致性，这是由客观事物的复杂性与人认识的多样性所确定的，但判断矩阵既然是计算排序权向量的根据，那么，要求判断矩阵具有大体的一致性是应该的。为此，需要对判断矩阵的一致性进行检验。

根据矩阵理论，判断矩阵在满足上述完全一致性条件下，可从数学上证明，n 阶判断矩阵具有唯一非零的、也是最大的特征根，且除此之外，其余特征根均为零。当判断矩阵不能保证具有完全一致性时，相应判断矩阵的特征也将发生变化，这样就可以利用判断矩阵特征根的变化来检查判断的一致性程度，在 AHP 中引入判断矩阵的一致性指标，来检查人们判断思维的一致性，一致性指标可记作 CI：

$$CI=\frac{\lambda_{\max}-n}{n-1}$$

CI 值越大，表明判断矩阵偏离完全一致性越厉害；CI 值越小，表明判断矩阵越接近于完全一致性。一般判断矩阵的阶数 n 越大，人为造成偏离完全一致性的指标 CI 便越小，人为造成的偏离也越小。

对于多阶判断矩阵，还需引入判断矩阵的平均随机一致性指标，可记作 RI。对于 $n=1\sim 9$ 阶判断矩阵的 RI 值，其数值如表 2-4 所示。

表 2-4 判断矩阵的 RI 值

n	1	2	3	4	5	6	7	8	9
RI	0	0	0.52	0.89	1.12	1.26	1.36	1.41	1.46

当 $n<3$ 时，判断矩阵永远具有完全一致性。判断矩阵的一致性指标 CI 与同阶平均随机一致性指标 RI 之比称为随机一致性比率，记作 CR：

$$CR=CI/RI$$

一般规定，当 CR<0.10 时，便认为判断矩阵具有满意的一致性。否则，就需要调整判断矩阵，使它满足 CR<0.10，从而使它具有满意的一致性。

2. 计算权重

前面所列出的判断矩阵 **B**，是针对上一层次进行两两比较的定量描述，层次单排序就是根据判断矩阵求出它们对于准则 **Cs** 相对权重 $W_1,W_2,\cdots,W_n$，利用判断矩阵计算权重的方法主要有和积法、方根法、对数最小二乘法、特征根法等。其中，和积法与方根法的计算较为简单，而特征根法在数学上最为严密。

第一，和积法。其计算思路是，将判断矩阵按列相加归 1，然后按行相加除以判断矩阵的维数 n 即得到各个指标的权重，具体的计算步骤：

(1) 将判断矩阵 **B** 按列归 1，即将判断矩阵按列相加得到该列向量之和，然后将每个元素除以所在列的列向量之和，这样得到一个按列归 1 后的新矩阵 B_1；

(2)将 B_1 按行相加,得到一个列向量 B_{11};
(3)将 B_{11} 每个元素除以判断矩阵 B 的维数 n 即得到各指标的权重。
用公式表示:

$$w_i = \frac{1}{n} \times \sum_{j=1}^{n} \frac{b_{ij}}{\sum_{k=1}^{n} b_{kj}} \quad (i,k,j=1,2,\cdots,n)$$

第二,方根法。其基本思路是将判断矩阵 B 的各个列向量进行几何平均,然后归1,得到的列向量即权重向量,具体的计算步骤:
(1)将判断矩阵 B 的元素按行连乘,得到一个列向量 B_1;
(2)将列向量 B_1 的每个元素按判断矩阵的维数 n 开方后,得到方根列向量 B_{11};
(3)将方根列向量 B_{11} 归1即得到权重向量。
用公式表示:

$$w_i = \frac{(\prod_{j=1}^{n} b_{ij})^{1/n}}{\sum_{k=1}^{n} (\prod_{j=1}^{n} b_{kj})^{1/n}} \quad (i,k,j=1,2,\cdots,n)$$

第三,特征根方法。解判断矩阵 B 的特征根方程: $Bw = \lambda_{max} W$。

这里 λ_{max} 是判断矩阵 B 的最大特征根, W 是相应的特征向量。λ_{max} 可以根据数学方法求出,所以,上述方程的未知向量是 W,求解这一矩阵方程,得到的特征向量 W 经归1化后就是权重向量。

这一方法首先需要计算判断矩阵 B 的最大特征根,然后解上述矩阵方程,这涉及到较为复杂的矩阵知识和数学计算,我们可以使用专用的数学软件计算得到特征根法的权重。

通过使用上述方法,我们可以得到各层元素对其上层元素的权重,但我们最终要得到的是各元素对于总目标的相对权重,特别是要得到最低层各指标对于总目标的权重,这一过程就是层次总排序。即将最低层的权重与各中间层权重合成形成对总目标的权重。这一过程需要从层次结构的顶层开始,逐步向下层合成。

第三节 区域生态文明建设评价指标体系与地质矿产工作

一、省域生态文明建设评价指标体系

(一)省域生态文明建设基本评价指标体系

本节从国土空间优化、资源节约集约利用、生态环境保护、经济发展质量、生态制度建设5个方面构建省域生态文明评价指标体系。考虑到各维度指标的相对均衡性,将能源、资源并为"资源能源管理"维度选取指标;生态主要讨论生物与环境之间的关系,同样考虑各维度指标的均衡性,将生态、环境并为"生态环境保护"维度选取指标;但在具体指标选择时仍然能够明显区分资源、能源、生态、环境不同方面的指标。

1. 优化国土空间开发格局是各省生态文明建设的目标

生态文明建设的首要任务是优化国土空间开发格局,而实施主体功能区战略、形成主体功能区布局是优化空间格局的战略重点(樊杰,2013)。省域作为同时具有多种主体功能的综合体,也是省域主体功能区规划的制定者,在落实主体功能措施方面具有更强的主动性,应加强省域主体功能措施落实力度的评价。我国较多省域的"城市病"十分明显,城区生活空间宜居适度也是国土空间优化的关键任务。因此,从主体功能区落实以及城区生活空间优化选取省域国土空间优化指标。

2. 坚持资源环境利用总量和强度控制的双重约束,是各省生态文明建设的要求

生态文明评价要充分体现资源环境利用综合和强度控制的双重约束。一方面,要严格控制能源、矿产资源、水资源和耕地资源的消耗总量,倒逼产业效率提升和产业升级。另一方面,既要显著提高单位水资源GDP、单位能源资源GDP,又要显著降低单位GDP的污水、二氧化硫、氮氧化物、烟粉尘和固体废弃物的排放强度,优化能源利用结构,提升清洁能源比重,落实资源管控与节能减排。

3. 环境污染治理与生态保护,是各省生态文明建设的有力抓手

生态文明评价要充分体现环保治理与生态保护的客观要求。加强环境保护与治理,是建设美丽中国的现实选择。要把大气污染、水污染和固体污染等纳入环境污染治理的重要环节,提升工业粉尘去除率、工业废水排放达标率、工业固体废弃物综合利用率、城市生活污水集中处理率、城市生活垃圾无害化处理率等各类废物排水排放处理率水平,通过评价这些指标,明确环境治理与保护的力度,引导环境保护与治理的方向。

4. 提高经济发展质量,是各省生态文明建设的必然趋势

生态文明评价要提升经济发展质量是必然趋势。提升经济发展质量,一方面,需要降低重化工业化比重,培育接替产业,提升企业经济效益,降低环境保护与治理成本;另一方面,要实施科技驱动,保持较高的R&D(Research and Development)经费投入,提高高新技术产业产值占GDP比重。因此,选择反映第三产业比重、高新技术产业增加值占GDP比重、单位固定资产投资拉动GDP增长系数等指标,考察城市转型与绿色发展。

5. 生态制度建设,为各省生态文明建设提供制度保障

用制度保障生态文明建设,以法律法规为基础,全面推进依法治国。生态制度的有效与否直接决定了在现有资源禀赋状况下,经济社会和资源环境发展的协调程度。生态文明制度体系建设应充分考虑与现行法律和管理体制的有效衔接,使生态文明建设进入制度化、有序化的轨道,把生态文明建设和可持续发展的原则与规范纳入宪法、民商法等法律法规中。加快制定和修改资源、环境的基础法律与单行法,消除现行各单行法之间的重叠、矛盾和冲突问题。另外,不仅要考虑法律法规的出台,同时要考虑法律法规的执行率。因此,选择颁布环境保护地方性法规件数、环境影响评价制度执行率、"三同时"制度执行率、排污费征收金额占财政收入比例等指标反映省域生态制度的制定及执行情况。

因此,本书确定的最终的基本生态文明评价指标体系由5项二级指标、27项三级指标构成,具体如表2-5所示。

表2-5 中国省域生态文明评价基本指标体系

一级指标	二级指标	三级指标	统计途径	指标解释
生态文明评价指标	国土空间优化	建成区占辖区面积比重	建成区面积/辖区面积	主体功能落实
		自然保护区面积占行政区域土地面积比重	自然保护区面积/行政区域土地面积	
		人均耕地面积	统计指标	
		城区人口密度	年末城镇常住人口/建成区面积	城区生活空间优化
		城市人均住房面积	统计指标	
		森林覆盖率	统计指标	生态空间
		湿地覆盖率	统计指标	
	资源节约集约利用	水资源开发保障倍数	水资源总量/新水取水量	水资源保障程度
		单位GDP水耗	水资源消耗总量/GDP	水资源利用效率
		单位建设面积非农产业增加值	第二、三产业增加值/建设用地面积	土地资源利用效率
		单位GDP能耗	统计指标	能源利用效率
		清洁能源比重	统计指标	能源清洁利用
		燃气普及率	统计指标	
	生态环境保护	工业粉尘去除率	统计指标	环保治理
		工业废水排放达标率	统计指标	
		水功能区水质达标率	统计指标	
		工业固体废弃物综合利用率	统计指标	
		城市生活污水集中处理率	统计指标	
		城市生活垃圾无害化处理率	统计指标	
		环保投资占GDP比重	统计指标	
	经济发展质量	人均GDP	统计指标	人均产出
		第三产业比重	统计指标	产业结构
		高新技术产业增加值占工业增加值比重	高新技术产业增加值/工业增加值比重	创新高端发展
		单位社会固定资产投资拉动GDP增长系数	GDP增长额/全社会固定资产投资增长额	投资效率
	生态制度建设	颁布环境保护地方性法规件数	统计指标	政策力度
		环境影响评价制度执行率	统计指标	执行力度
		"三同时"制度执行率	统计指标	

(二) 省域生态文明差异化评价指标体系

结合资源环境问题区域差异的分析结果,将中国31个省(自治区、直辖市)分为了3类①,各类省域有着不同的生态基础、产业结构、科技发展程度、主体功能贡献,生态文明建设所承担的主要任务不同,因此应针对不同类型省域构建差异化生态文明评价指标体系。

1. 第一类省域生态文明评价指标体系的构建

第一类省域中的北京市、天津市、上海市、江苏省、浙江省、福建省、山东省、广东省、海南省,均为东南沿海地区或者经济发达的省域,多属于经济发达、第三产业发展优良、工业化水平高的省域,其中,上海市第三产业占比达到64%以上,北京市第三产业占比甚至高达77.5%。然而,该省域资源环境承载能力较弱,普遍具有人口密度过高、经济规模优势明显、生态环境系统破坏严重、自然资源和城市公共空间要素缺乏等特点,人居环境是该类省(自治区、直辖市)重点关注的对象。虽然该类省域资源利用效率在国内已处于领先水平,但与国际差距仍然较大,该类省域作为中国科技发展的领头区域,其发展应向国外发达国家看齐,提高资源环境利用效率是必要的解决手段。该类省域的发展方向是把提高增长质量和效益放在首位,率先提高自主创新能力,率先实现经济结构优化升级和发展方式转变,提升参与全球分工与竞争的层次,同时必须提高人居环境的质量。其构建的生态文明评价指标体系,在基本指标体系的基础上增加了8项差异化指标(表2-6),具体调整如下:

(1)在国土空间优化方面,增加城区人均道路面积、公共交通车均道路面积2项指标。就国土空间而言,该类省域应在保证工业用地的基础上大力调整土地利用结构,适度增加生活用地、生态用地比例。该类省域目前生活用保障能力较差,尤其是北京市、天津市、上海市的资源环境承载力已经接近甚至超越"阈值",普遍存在由于国土空间布局不合理导致的交通拥堵、空气恶劣、中心城区人口规模过大、生态资源匮乏等"大城市病"问题。为解决"大城市病"问题,虽然已有多个中心,但由于政治、经济、文化等资源的分布不均,产城融合、职住同城建设的滞后,居民的出行半径仍然偏大,这增大了城市交通压力。在生态指标方面,已经考虑了建成区人均绿地面积等,故不再添加生态指标。因此,考虑在空间优化方面,增加城区人均道路面积、公共交通车均道路面积2项指标。

(2)在资源节约集约方面,增加大专以上受教育人口比重1项指标。该类省域由于较高的工资水平、便利的生活条件和更好的福利资源等使更多的劳动力愿意迁移至该类省域工作,该类省域高学历背景人员数量相对更多,故选取大专以上受教育人口比重反映人口资源的受教育程度。

(3)在生态环境保护方面,增加环保产业产值占GDP比重1项指标。生态文明建设、环境保护意识的提升以及国家政策的大力支持,使得该类省域完全有资金优势、人才优势等条件发展环保产业,增加环保产业产值占GDP比重评价该类省域内企事业单位对环境保护行动的支持力度。

---

① 第一类省域包括北京市、天津市、上海市、江苏省、浙江省、福建省、山东省、广东省、海南省;第二类省域包括辽宁省、吉林省、黑龙江省、安徽省、江西省、湖北省、湖南省、广西壮族自治区、重庆市、四川省、云南省、陕西省;第三类省域包括河北省、山西省、内蒙古自治区、河南省、贵州省、西藏自治区、甘肃省、青海省、宁夏回族自治区、新疆维吾尔自治区。

表 2-6　各类省域生态文明评价指标调整表

二级指标	三级指标	三级指标调整指标		
		第一类	第二类	第三类
国土空间优化	建成区占辖区面积比重	增加人均道路面积、公共交通车均道路面积2项指标	增加城镇化率、每万人拥有公共交通车辆、农业受灾面积占播种面积比重、人均旱涝保收面积4项指标	增加城镇化率1项指标
	自然保护区面积占行政区域土地面积比重			
	人均耕地面积			
	城区人口密度			
	城市人均住房面积			
	森林覆盖率			
	湿地覆盖率			
资源节约集约利用	水资源开发保障倍数	增加大专以上受教育人口比重1项指标	增加单位工业增加值水耗、工业用水重复利用率、农药施用强度、化肥施用强度4项指标	增加煤炭、石油、天然气基础储量占全国比重1项指标
	单位GDP水耗			
	单位建设面积非农产业增加值			
	单位GDP能耗			
	清洁能源比重			
	燃气普及率			
生态环境保护	工业粉尘去除率	增加环保产业产值占GDP比重1项指标	增加环保产业产值占GDP比重、工业锅炉排放达标率2项指标	增加工业锅炉排放达标率、恢复治理矿山个数2项指标
	工业废水排放达标率			
	水功能区水质达标率			
	工业固体废弃物综合利用率			
	城市生活污水集中处理率			
	城市生活垃圾无害化处理率			
	环保投资占GDP比重			
经济发展质量	人均GDP	增加产业结构高度化指数、教育科研投入占GDP比重2项指标	增加乡村第一产业从业人口占就业人口比重、教育科研投入占GDP比重、工业成本费用利润率、规模以上企业平均产值4项指标	增加规模以上企业平均产值、旅游业收入占第三产业比重2项指标
	第三产业比重			
	高新技术产业增加值占工业增加值比重			
	单位社会固定资产投资拉动GDP增长系数			
生态制度建设	颁布环境保护地方性法规件数	增加环境监测仪器数量、环境来访处理率2项指标	增加环境监测仪器数量、卫生厕所普及率2项指标	增加人均受教育年限,财政环境保护支出占财政支出比重,中央、地方财政投入矿山环境治理资金3项指标
	环境影响评价制度执行率			
	"三同时"制度执行率			

(4)在经济发展质量方面,增加产业结构高度化指数、教育科研投入占 GDP 比重 2 项指标。产业结构高度化指数反映区域产业结构高级化水平,反映省域经济发展水平的高低和发展阶段、方向,该类省域第一产业向第二产业并逐步向第三产业过渡发展较好,增加产业结构高度化指数指标反映该类省域绿色转型发展的程度。要提升参与全球分工与竞争的层次,必须提高该类省域的自主创新能力,才能提升国际竞争力和促进经济结构快速升级,故同时增加教育科研投入占 GDP 比重这项指标。

(5)在生态制度建设方面,增加环境监测仪器数量、环境来访处理率 2 项指标。该类省(自治区、直辖市)土地开发密度较高,经济和人口高度密集,对于环境的需求量远远高于环境的供给量,可能面临更多的环境诉求,故选取环境来访处理率评价对环境事件的处理水平。当对环境需求达到一定程度时,人们会通过迁移或旅游来实现对高质量环境的需求,但不是所有人都愿意付出迁移或旅游的成本,或者说并不是所有人都舍得便利的生活条件、更高的工资水平,故当环境供给数量少到公众无法忽视的地步时,政府就要承担责任,提供更多的环境治理产品,这里初步用环境监测仪器数量来评价环境治理产品的投入。

2. 第二类省域生态文明评价指标体系的构建

第二类省域包括辽宁省、吉林省、黑龙江省、安徽省、江西省、湖北省、湖南省、广西壮族自治区、重庆市、四川省、云南省、陕西省 12 个省(自治区、直辖市)。该类省域属于经济发展水平较好、工业与农业并行发展的区域,有望成为经济发达、第三产业发展优良的省市,应增强城镇的社会服务和经济生产功能,提高城镇吸纳人口的能力。但必须清楚地认识到该类省域发展过程中面临着非常严峻的问题,主要问题如下:①主产农产品的区域在进行矿产资源开发利用时,必须要考虑对环境的污染,禁止对土壤、水产生污染的工业行为,避免农产品质量受到影响;②该类区域农村居民数量较多,其生活水平、农村环境等必须受到关注;③在关注农业发展的同时,工业化、城镇化也应同步适当深入发展。该类省域的发展方向是改变依靠大量占用土地、大量消耗资源和大量排放污染物来实现经济增长的粗放型模式,同时加强土地整治和水利设施建设,优化农业生产布局,积极推进农业规模化和产业化。其构建的生态文明评价指标体系,在生态文明基础指标不变的情况下,在生态文明建设维度增加了 16 项指标(表 2-6),具体调整如下:

(1)在国土空间优化方面,增加了城镇化率、每万人拥有公共交通车辆、农业受灾面积占播种面积比重、人均旱涝保收面积 4 项指标。就这一类省域而言,城市化水平总体不高,提高城镇化率仍然是未来的趋势,而城市人口的提升很可能会加大道路的拥挤程度,对人们的生活环境造成负面影响,故增加城镇化率指标的同时,增加每万人拥有公共交通车辆指标反映人们生活空间状况。农业是该区域发展的重点,土地是保障农产品安全的基础,故选取农业受灾面积占播种面积比重、人均旱涝保收面积 2 项指标分别衡量农业生产空间状况。

(2)在资源节约集约利用方面,增加了单位工业增加值水耗、工业用水重复利用率、农药施用强度、化肥施用强度 4 项指标。从省域角度来讲,工业仍然是该类区域的主导产业,故增加单位工业增加值水耗、工业用水重复利用率 2 项指标衡量工业对水资源的利用效率。辽宁省、吉林省、黑龙江省、安徽省、湖北省等区域作为粮食主产区域,耕地质量、化工原料使用效率也是关注的重点,故增加农药施用强度、化肥施用强度 2 项指标。

(3)在生态环境保护方面,增加环保产业产值占 GDP 比重、工业锅炉排放达标率 2 项指标。

与第一类省域相似,第二类省域有能力加大发展环保产业,因此,也增加环保产业增加值占 GDP 比重评价该类省域内企事业单位对环境保护行动的支持力度。工业锅炉烟尘排放达标率是指工业锅炉排放达标数量占锅炉总数量的比值,反映省域各行业企业环保设施的购置状况。

(4)在经济发展质量方面,增加乡村第一产业从业人口占就业人口比重、教育科研投入占 GDP 比重、工业成本费用利润率、规模以上企业平均产值 4 项指标。要保障农业生产,保障粮食供给,保持第一产业就业人口数量是基本要求,必须把第一产业就业人口比重维持在适当比例。该类省域作为第一类省域后备接纳人口地,应提高自主创新能力,吸引更多更好的人才迁入该类区域,故增加教育科研投入占 GDP 比重反映对创新能力的投入状况。淘汰落后产能、化解过剩产能是该类省域在生态文明建设过程中必须完成的任务,落后产能、过剩产能指标较多,在资源管理、环境保护行动等方面的指标已经有部分反映,这里从企业经济效益角度,增加工业成本费用利润率、规模以上企业平均产值反映企业效益。

(5)在生态制度建设方面,增加环境监测仪器数量、卫生厕所普及率 2 项指标。增加环境监测仪器数量反映政府对环境治理产品的投入情况,反映该类省域保护环境的执行力度。该类省域是保障农产品供给安全的重要区域,同样也是社会主义新农村建设的示范区,农村居民环境卫生条件也是关注的重点。农村卫生厕所普及率指标反映农村环境保护的公共基础设施和公益设施建设,是生态制度执行的反映。

3. 第三类省域生态文明评价指标体系的构建

第三类省域包括河北省、山西省、内蒙古自治区、河南省、贵州省、西藏自治区、甘肃省、青海省、宁夏回族自治区、新疆维吾尔自治区 10 个省(自治区、直辖市),目前发展以第二产业为主,但资源利用效率、环境治理水平显然处于落后水平,它们在发展工业的同时需要一并关注环境问题。该类省域的发展方向是改变依靠大量占用土地、大量消耗资源和大量排放污染物来实现经济增长的粗放型模式,同时形成以水源涵养、水土保持、人与自然和谐相处的示范区。应在现有城镇布局基础上进一步集约开发、集中建设,重点规划和建设资源环境承载能力相对较强的中心城镇,提高综合承载能力,加强中心城镇的基础设施建设,保持生态系统的完整性。该类省域构建的生态文明评价指标体系,在生态文明基础指标不变的情况下,在生态文明建设维度增加了 9 项指标(表 2-6),具体调整如下:

(1)在国土空间优化方面,增加城镇化率 1 项指标。人为干扰对生态质量下降影响较大,要保护自然保护区不受影响,则就要考虑将禁止开发、限制开发的自然保护区人口迁出,否则会影响生态空间的功能化,这里选取城镇化率指标反映当前城市人口的接纳程度。

(2)在资源节约集约利用方面,增加煤炭、石油、天然气基础储量占全国比重 1 项指标。该类省域中山西省、内蒙古自治区、青海省、宁夏回族自治区等多为能源资源大省,这里增添煤炭、石油、天然气基础储量占全国比重指标反映区域内能源资源的赋存状况。

(3)在生态环境保护方面,增加工业锅炉排放达标率、恢复矿山治理个数 2 项指标。工业锅炉排放达标率指标反映企业购置环保设备的情况。矿产资源开发利用在有效支撑这类省域经济社会快速发展的同时,也给生态环境带来了巨大破坏,这里增添恢复矿山治理个数指标反映省域对矿产资源开发利用不利影响的治理状况。

(4)在经济发展质量方面,增加规模以上企业平均产值、旅游业收入占第三产业比重 2 项指标。淘汰落后产能、化解过剩产能是该类省域在生态文明建设过程中必须完成的任务,落后产能、过剩产能指标较多,在资源能源管理、环境保护行动等方面的指标已经有部分反映,这里从企业经济效益角度,增加规模以上企业平均产值指标反映企业效益。另外,该类省域如西藏自治区、青海省、新疆维吾尔自治区旅游业相对比较发达,选取旅游业从业人员占就业人员比重反映旅游业对就业人口的贡献状况。

(5)在生态制度建设方面,增加人均受教育年限,财政环境保护支出占财政支出的比重,中央、地方财政投入矿山环境治理资金3项指标。资源集约节约利用、环境保护行动均受生态文明意识的影响,受教育程度是影响资源节约、环境保护的一个重要因素,选取人均受教育年限反映人口文化素质的情况。生态脆弱地区的生态建设受到财政支持,选取财政环境保护支出占财政支出比重这项指标反映政府对生态建设的支持力度。矿山开发利用对该类省域的资源环境影响较大,增加中央、地方财政投入矿山环境治理资金1项指标反映政府财政对矿山环境建设的资金支持力度。

二、城市生态文明评价指标体系

(一)大城市生态文明评价指标体系

本节从生产空间集约高效、生活空间宜居舒适、生态空间山清水秀3个维度建立一套科学的大城市生态文明评价指标体系,用以度量评价大城市生态文明发展状况和发展态势。

1. 生产空间集约高效

对于发展而言,土地是最重要的资源,同时也是最大的约束条件。目前,仍有不少地方为招商引资牺牲宝贵的土地资源,批复过大的生产空间。在这方面,主要反映为城市主要资源的利用效率、产业结构优化升级等。

在城市主要资源利用方面,本部分主要选取水资源、能源、土地资源和资源的再利用情况来衡量,对应指标分别为单位GDP水耗、单位GDP能耗、单位土地产出值①和工业固体废弃物综合利用率4项。在产业结构优化升级方面,主要通过产业结构比重和高新技术产业来反映,对应指标则选取第三产业增加值占GDP比重和高新技术产业增加值占GDP比重2项。城市的发展离不开社会投资拉动和企业的发展贡献,在这方面,可选取单位社会固定资产投资拉动GDP增长系数、规模以上工业企业平均产值和工业成本费用利润率3项指标。此外,清洁能源的使用有助于提高能源效率,对于此,可选取清洁能源比重这一指标进行评价。

2. 生活空间宜居适度

生活空间主要反映人居环境的健康程度,而大城市的空气质量问题、城区人居条件和城区交通问题备受关注。大城市作为人口集中的特殊区域,对于人居环境健康应更加以重视,也是大城市生态文明考评方面之一。

大城市空气质量问题主要是由于城市生产活动产生的污染物排放而造成的,主要包括二氧化硫、二氧化氮和可吸入颗粒物等污染物,指标则对应选取环境空气二氧化硫平均浓度、环

---

① 在城市的评价中,土地资源主要考察建成区的土地资源,这部分土地资源是城市产业的主要用地,同时产出值也只选取除第一产业外的GDP数值,因而此指标实际应为单位建成区面积第二、三产业的GDP数值。

境空气二氧化氮平均浓度和环境空气可吸入颗粒物平均浓度3项。城市人居条件主要指市民的住房基本情况和住房环境问题,对应指标则主要选取城镇居民人均住房面积和城区环境噪声平均值2项。城区交通问题则主要反映城市的职居合一、产城一体的程度,对应指标则主要选取城镇居民人均道路面积1项。此外,城市的饮用水和食品安全问题也应着重考虑,由于食品安全方面难以通过某项量化的指标进行评价,因而仅选取水功能区水质达标率这1项指标反映城市饮用水和食品安全的情况。人口的过度集聚对于大城市而言会造成公共服务资源过于紧张,降低城市居民的幸福感,影响城市宜居程度,在此方面则选取城区人口密度这项指标进行评价。

3. 生态空间山清水秀

生态空间是城市生产空间和生活空间健康发展的基本保障,然而现状却是生态空间不断为生产空间和生活空间让路,被迫改造成生产空间或生活空间,造成生态空间的大量侵蚀,譬如很多大城市大量填埋城市内湖,改道河流,侵占生态空间。城市应依据其山水地貌来规划城市建设和发展,保护城市生态空间。

在评价城市的生态空间方面,应主要考察城市生态资源的基本存量和对生态系统的保护与培育。生态资源的基本存量方面,主要选取森林覆盖率、湿地覆盖率、建成区绿化率3项指标进行评价。而对生态系统的保护和培育方面,则主要指人类对污染物排放的处理,故而选取工业粉尘去除率、工业废水排放达标率、城市生活污水集中处理率、城市生活垃圾无害化处理率4项指标进行评价。

根据上文分析,本书构建并运用实证的大城市生态文明评价指标体系如表2-7所示。

表2-7 大城市基础生态文明发展水平评价指标体系

总指数	维度指数	具体指标	单位	指标属性
生态文明发展指数	生产空间集约高效	单位GDP水耗	吨标准煤/万元	逆指标
		单位GDP能耗	m³/万元	逆指标
		单位建成区面积第二、三产业的GDP数值	万元/hm²	正指标
		工业固体废弃物综合利用率	%	正指标
		第三产业增加值占GDP比重	%	正指标
		高新技术产业增加值占GDP比重	%	正指标
		单位社会固定资产投资拉动GDP增长系数	%	正指标
		规模以上工业企业平均产值	万元/个	正指标
		工业成本费用利润率	%	正指标
		清洁能源比重	%	正指标

续表 2-7

总指数	维度指数	具体指标	单位	指标属性
生态文明发展指数	生活空间宜居适度	环境空气二氧化硫平均浓度	mg/m³	逆指标
		环境空气二氧化氮平均浓度	mg/m³	逆指标
		环境空气可吸入颗粒物平均浓度	mg/m³	逆指标
		城镇居民人均住房面积	m²/人	正指标
		城区环境噪声平均值	dB	逆指标
		城镇居民人均道路面积	m²/人	正指标
		水功能区水质达标率	%	正指标
		城区人口密度	m²/人	逆指标
	生态空间山清水秀	森林覆盖率	%	正指标
		湿地覆盖率	%	正指标
		建成区绿化率	%	正指标
		工业粉尘去除率	%	正指标
		工业废水排放达标率	%	正指标
		城市生活污水集中处理率	%	正指标
		城市生活垃圾无害化处理率	%	正指标

(二)中小城市生态文明评价指标体系

中小城市的资源环境特征有别于大城市,因而对它们评价的侧重点也应有所差异(表2-8)。

(1)生产空间方面,相对于大城市而言,中小城市规模以上企业较少,清洁能源的利用程度也相对较低,评价过程中这2项指标对生态文明建设水平影响程度不高,因而在生产空间维度的评价中,去除规模以上工业企业平均产值和清洁能源比重这2项指标。

(2)生活空间方面,中小城市人口较大城市少,人口密度不是对中小城市造成生活空间拥挤的主要原因,因而剔除城区人口密度这项指标;大城市往往社会经济发展水平较高,而中小城市则普遍较低,发展经济的任务显得更为紧迫,因而中小城市的市民人均GDP这1项指标应该纳入评价体系中。

(3)生态空间方面,中小城市也应遵循大城市生态文明建设的基本要求,评价指标也对应相同。

表 2-8 中小城市基础生态文明发展水平评价指标体系

总指数	维度指数	具体指标	单位	指标属性
生态文明发展指数	生产空间集约高效	单位 GDP 水耗	吨标准煤/万元	逆指标
		单位 GDP 能耗	m^3/万元	逆指标
		单位建成区面积第二产业、第三产业的 GDP 数值	万元/hm^2	正指标
		工业固体废弃物综合利用率	%	正指标
		第三产业增加值占 GDP 比重	%	正指标
		高新技术产业增加值占 GDP 比重	%	正指标
		单位社会固定资产投资拉动 GDP 增长系数	%	正指标
		工业成本费用利润率	%	正指标
	生活空间宜居适度	环境空气二氧化硫平均浓度	mg/m^3	逆指标
		环境空气二氧化氮平均浓度	mg/m^3	逆指标
		环境空气可吸入颗粒物平均浓度	mg/m^3	逆指标
		城镇居民人均住房面积	m^2/人	正指标
		城区环境噪声平均值	dB	逆指标
		城镇居民人均道路面积	m^2/人	正指标
		水功能区水质达标率	%	正指标
		中小城市的市民人均 GDP	元/人	正指标
	生态空间山清水秀	森林覆盖率	%	正指标
		湿地覆盖率	%	正指标
		建成区绿化率	%	正指标
		工业粉尘去除率	%	正指标
		工业废水排放达标率	%	正指标
		城市生活污水集中处理率	%	正指标
		城市生活垃圾无害化处理率	%	正指标

三、县域生态文明建设评价基本指标体系

根据资源环境承载力、现有的开发强度和发展潜力,不同县域的主体功能可以分为优化开发区、重点开放区、限制开放区和禁止开放开发区。从生态文明建设的侧重点不同出发,我们将县域分为 3 类进行生态文明评价,第一类县域为优化和重点开放区,即城市化地区,此区域经济发展和城市化水平比较高;第二类县域为限制开发区中的农产品主产区,此区域农业发展基础较好,且以农业生产为主;第三类县域为限制开发区中重点生态功能区,此区域生态基础良好,且以生态保护主要发展目标(表 2-9)。

表 2-9　县域生态文明评价指标体系

一级指标	二级指标		三级指标			单位
			城市化地区	农产品主产区	生态功能区	
县域生态文明评价	主体功能定位明确	经济发展质量	地方财政总收入占GDP比重	农产品加工业产值占农业产值比重	森林覆盖率	%
			工业增加值占GDP比重	农业人口占比	森林蓄积量增加率	%
		农业发展质量	城镇化率	农村常住居民人均可支配收入增长速度	生态环境补水量增加率	%
		生态资源质量	高新技术产业增加值占GDP比重	土壤污染面积占比	自然保护区面积占比	%
			第三产业增加值增长速度		绿化覆盖率	%
	资源节约		单位GDP能耗降低率			%
			单位GDP地耗降低率			%
			单位GDP水耗降低率			%
	污染物控制		化学需氧量排放消减率			%
			二氧化硫排放消减率			%
			氨氮排放消减率			%
			氮氧化合物排放消减率			%
	生态保护与修复		环保投资占GDP比重			%
			矿山恢复面积占行政区域土地面积比重			%
			土地复垦面积增加率			%
			水土流失面积治理率			%

1. 主体功能定位明确

(1) 城市化地区。城市化地区的县域经济发展水平处于领先地位,该地区的重点任务是在保证经济发展速度的同时,完成经济发展方式的转型,逐步完成由原先的以工业为主的经济增长方式转变为以科技创新为主的经济增长方式,追求高质量的经济增长。就经济发展层面来说,应当弱化经济增长速度、商品出口贸易、吸引外来投资等指标,强化服务业、高新技术产业在经济发展中的占比,与此同时保障外来人口的公共服务。因此,从经济发展与转型创新的角度,可选取地方财政总收入占GDP比重、工业增加值占GDP比重、城镇化率、高新技术产业增加占GDP比重、第三产业增加值增长速度等指标反映地方经济发展水平和转型程度。

(2) 农产品主产区。农产品主产区要提高农产品的保障能力,即该地区的农业发展水平。可以选取农产品加工业产值占农业产值比重、农村人口占农村常住居民人均可支配收入增长速度、土壤污染面积占比3项指标表征农业发展水平。其中,地区农业生产总值表示该地区整体农业生产水平,农作物产值表示该地区的农产品产量水平,农村人口占比与农业机械化耕作面积表示该地区农业劳动力以及农业技术水平。

(3) 生态功能区。生态资源的保护力度应当是生态功能区进行生态文明评价的一个重要维度,在此可以选取森林覆盖率、森林蓄积量增加率、生态环境补水量增加率、自然保护区面积占比、绿化覆盖率5项指标。

2. 资源节约

在当前中国县域发展过程中,不论是城市化地区还是农产品主产区亦或是生态功能区都要避免以依赖资源为经济发展的动力。资源消耗水平、资源利用效率是县域进行生态文明评价的重要指标。具体来说,可以考虑水、土地、能源等资源因素,选取单位地区生产总值能耗、单位工业增加值能耗、单位地区生产总值用水量和单位建设用地面积产出率4项指标。提高资源利用效率,降低整体资源消耗水平是其主要发展目标。

3. 污染物控制

污染物控制是生态文明体现的一个重要表现形式,也是不同县域主体功能区共同面对的一个问题。指标选择可以从污染物排放控制程度、现阶段环境质量2个角度选取指标,如单位二氧化硫排放强度、主要污染物总量控制率、"三废"处理率等指标。

4. 生态保护与修复

由于以往的工业发展和人类活动造成了一系列的生态问题急需解决,因此,需要对原有的生态系统的破坏进行修复和改善。对生态文明的评价应当考虑生态修复的投入和生态问题的治理水平。具体来说,从投入的角度来看,主要的指标有生态环境补水量、财政转移支付占比等;从治理水平的角度来看,主要的指标有矿山恢复面积占区域土地面积比重、土地复垦面积增加率、水土流失面积治理率、绿色矿山占比等。

县域区域主体功能明确且单一,因此整体评价指标体系相对简单。对于城市化地区主体功能定位,即国家、省重点开发区和优化开放区(第一类县域),应当以提高经济发展质量为目标,考核经济结构转型,对经济发展中的资源利用水平和环境保护能力也要进行相应的考察。根据数据的可获得性以及统计指标的可行性,本书选取了5项指标对第一类县域经济发展质量进行评价,分别是地方财政总收入占GDP比重、工业增加值占GDP比重、城镇化率、高新技术产业增加值占GDP比重和第三产业增加值增长速度。而对于农产品主产区主体功能定位,即限制开发区中的农产品主产区(第二类县域),应当提高农业发展质量。具体指标包括农产品加工业产值占农业产值比重、农业人口占比、农村常住居民人均可支配收入增长速度、土壤污染面积占比4项。对于湖北省限制开发区中的重点生态功能区的功能定位,即第三类县域,应当提高并改善生态资源质量。具体指标包括森林覆盖率、森林蓄积量增加率、生态环境补水量增加率、自然保护区面积占比、绿化覆盖率5项。资源节约主要从单位GDP能耗降低率、单位GDP地耗降低率、单位GDP水耗降低率3个方面考虑。而污染物控制只要考虑化学需氧量排放消减率、二氧化硫排放消减率、氨氮排放消减率、氮氧化合物排放消减率4项。生态保护与修复则主要考虑环保投资占GDP比重、矿山恢复面积占行政区域土地面积比重、土地复垦面积增加率、水土流失面积治理率4项。

第三章　地质矿产工作促进生态文明建设的区域分析

建设生态文明需要与之相适应的科学的、规范的地质矿产工作，要求达到"天人合一"的世界观，丰富地质矿产工作内涵，这是生态文明建设对地质矿产工作发展的重大影响。由于国土空间多样，自然、经济、文化、制度等综合因素作用，我国区域生态文明建设重点的差异性与非均衡性十分明显，各区域工业化水平及引发的资源环境问题的差异，生态文明建设的重点难点又各不相同、各有特色，区域生态文明建设中地质矿产工作的地位与作用不同。本章在定性判断我国地质矿产工作促进生态文明建设区域差异的基础上，以行政区划明显的省域为定量研究对象，分析影响我国生态文明建设的资源环境因素，探讨我国生态文明建设中地质矿产工作的定位与定向，进而把握地质矿产工作促进省域生态文明建设的重点。

第一节　地质矿产工作促进生态文明建设的区域判断

国家"十三五"规划指出："以区域发展总体战略为基础，以'一带一路'建设、京津冀协同发展、长江经济带建设为引领，形成以沿海沿江沿线经济带为主的纵向横向经济轴带。"在"一带一路"建设、京津冀协同发展、长江经济带建设等区域发展战略下，我国地质矿产工作同样面临着新的机遇与挑战，地质矿产工作须服务于区域发展战略。不同的区域发展战略，解决的国家重点问题不同，地质矿产工作发挥的作用也必然不同。本节分别就国家提出的"一带一路"建设、京津冀协同发展、长江经济带、城市群等战略，分析把握地质矿产工作服务于这些区域发展战略的重点。

一、矿产地质将成为"一带一路"地质矿产工作的重点

"一带一路"沿线国家矿产资源极为丰富，是世界矿物原材料的主要供给基地，在全球经济和社会发展中占有举足轻重的位置。比如：西亚诸国是目前世界已探明的石油蕴藏量最多的地区；中国和俄罗斯是世界上煤的蕴藏量最高的地区；印度和俄罗斯是钻石重要的产区；乌兹别克斯坦被称为黄金之国；东南亚诸国有长达2500km的锡矿带；俄罗斯库尔斯克分布世界最大的产铁盆地；东南亚诸国是全球最为驰名的宝玉石产区等。新丝路串起了一个个巨大的能源矿产宝藏。特别是东亚经济圈和欧洲经济圈中间的广大腹地国家，资源极为丰富且经济发展相对滞后，不仅将是我国开拓新兴市场的重要目的地，更是我国能源矿产资源等战略资源的重要来源地。周边国家重要成矿带对比研究与编图、陆上丝绸之路经济带境外矿产资源潜力评价、海上丝绸之路经济带境外矿产资源潜力评价、全球多尺度地球化学填图、全球资源环境卫星遥感解译与应用、全球重点地区地质矿产合作战略调查、全球能源资源综合研究与信息服务等将是"一带一路"建设地质矿产工作的具体任务（周飞飞，2015）。

二、水工环地质将成为京津冀协同发展地质矿产工作的重点

京津冀协同发展在交通、产业、生态3个领域率先突破,迫切需要基础地质调查工作提供强力支撑;打造具有较强竞争力的世界级城市群,迫切需要加强资源环境承载能力评价与监测预警;积极服务民生、支持脱贫攻坚,迫切需要充分发挥地质调查的独特专业优势;一部三省(市)合作具有良好基础,地质矿产工作潜力巨大。京津冀协同发展水工环地质工作的重点主要任务包括:围绕交通一体化规划建设,开展地质环境安全调查评价;围绕疏解北京非首都功能、产业升级转移规划建设和现代城镇体系建设,开展资源环境综合地质调查;围绕生态环境保护规划建设,开展水文地质环境地质调查以及地热能等清洁能源调查评价等。

三、矿产地质、工程地质将成为长江经济带发展中地质矿产工作的重点

长江经济带页岩气资源潜力巨大,集中分布在长江经济带的重庆涪陵、四川南部等地;页岩气开采利用,瓶颈在"采",应突破关键技术,创新勘探方式,提高开发效率;目的在"用",应改进利用方式,建立完备体系,提升利用水平,致力打造长江经济带清洁低碳能源产业带。长江经济带地热资源开发潜力巨大,应开展浅、中和深层地热能的开发利用,开展多种形式的综合利用,坚持地热能资源开发与环境保护并重,促进地热能资源的永续利用。新型材料矿产在应用层次上应大幅提升,重点发展高科技高端产业,在新材料、高端制造、新能源汽车等方面发挥效用,促进锂电池、火箭和热核反应燃料、特种合金、超导材料、航空航天工业等战略性新兴产业发展,充分发挥锂、稀土等新型矿产的应用效力与应用水平,为我国经济结构调整和产业升级提供坚实基础。另外,长江经济带沿江综合运输大通道规划建设面对多种复杂的工程地质问题,因线性工程规划现实情况,被动避绕的举措难以生效,而应主动充分发挥"管"的效用,将工程地质问题"管"起来,重点放在地质勘查、施工措施、处置方式、变形监测等方面,切实地为沿江综合运输大通道建设发挥管护作用,保障安全运行。

另外,中国主体功能区、城市群、省域等具有多种不同的类型,这些不同类型的主体功能区、城市群、省域地质矿产工作的重点也必然不同。考虑到所有的区域发展战略目前仍然无法全面摆脱行政区划,后面将以省域为具体研究对象,定量分析地质矿产工作对生态文明建设的影响,进一步把握省域地质矿产工作的重点。

第二节 省域生态文明建设与地质矿产工作的演变态势

分析影响我国生态文明建设的资源环境因素,把握生态文明建设和地质矿产工作的演变态势,是定量分析地质矿产工作促进生态文明建设的基础,对地质矿产工作的定位与定向具有十分重要的意义。

一、我国生态文明建设的资源环境因素

本节主要从资源基础及利用水平、环境基础及管理水平2个维度构建资源环境因素的评价指标。资源基础及利用水平分别从资源基础、资源产出水平2个方面构建指标体系;资源基

础方面包括建成区面积占行政区域土地面积比重、单位行政区域土地面积水资源量、单位行政区域土地面积能源经济价值3项指标;资源产出水平方面包括单位面积农业产值、单位面积非农产业增加值、人均GDP、单位水资源工业增加值、单位能耗GDP产出5项指标。环境基础及管理水平分别从生态保育水平、环境健康水平、环保治理水平分别选取指标,生态保育水平方面包括森林覆盖率、湿地覆盖率、建成区绿化覆盖率、自然保护区占行政区域土地面积比重4项指标;环境健康状况中大气环境以及酸雨天气等受到普遍关注,该方面选取空气质量二级以上天数达标率、城区环境空气二氧化硫含量、城区环境空气可吸入颗粒物含量3项指标;环境治理方面选取工业粉尘去除率、生活污水集中处理率、城市生活垃圾无害化处理率、工业固体废弃物综合利用率4项指标,具体指标选取如表3-1所示。

表3-1 资源环境因素的评价指标

一级指标	二级指标	三级指标
资源基础及利用水平	资源基础	建成区面积占行政区域土地面积比重、单位行政区域土地面积水资源量、单位行政区域土地面积能源经济价值
	资源产出水平	单位面积农业增加值、单位面积非农产业增加值、人均GDP、单位水资源工业增加值、单位能耗GDP产出
环境基础及管理水平	生态保育水平	森林覆盖率、湿地覆盖率、建成区绿化覆盖率、自然保护区占行政区域土地面积比重
	环境健康水平	空气质量二级以上天数达标率、城区环境空气二氧化硫含量、城区环境空气可吸入颗粒物含量
	环保治理水平	工业粉尘去除率、生活污水集中处理率、城市生活垃圾无害化处理率、工业固体废弃物综合利用率

在资源环境因素分析的基础上,运用熵权法以及综合评价法测算中国31个省(自治区、直辖市)的资源环境因素各维度得分以及综合得分,并将31个省(自治区、直辖市)分为3类。各类省域资源基础及利用水平、环境基础及管理水平差异明显。

1. 第一类省域

该类省域资源环境问题区域差异评价指标得分最高,总体来说,资源环境处于相对更好的状态。该类省域资源产出效率较高:2013年北京市、天津市、上海市人均GDP均在9万元以上,江苏省、浙江省、山东省、福建省、广东省人均GDP也均在5万元以上;上海市单位面积非农产业增加值高达21 741.90元/km^2,北京市、天津市单位面积非农产业增加值分别为9 136.08元/km^2、6 176.64元/km^2,这3个直辖市的建设用地产出效率远远高于其他省(自治区、直辖市),紧随其后的江苏省单位面积非农产业增加值也仅为2 650.82元/km^2,其他沿海省域如浙江省、山东省、广东省单位面积非农产业增加值也多在1400元/km^{2}以上,福建省单位面积非农产业增加值为713.73元/km^2,也远高于其他中西部地区建设用地产出效率;能源产出效率水平也较高,北京市单位能耗GDP产出高达2.17万元/吨标准煤,位居全国首位,广东省、浙江省、江苏省、上海市、福建省、海南省、天津市的单位能耗GDP产出水平也均处于全国前9位。然而，这些地区资源禀赋水平并不高，据测算，2013年，我国单位行政区域土地面积水资源量约为40m³/km²，其中北京市、天津市、江苏省、山东省单位行政区域土地面积水资源量均低于国家平均水平；2013年，我国单位行政区域土地面积能源经济价值平均值为24 156.97万元/km²，其中北京市、上海市、江苏省、浙江省、广东省等均低于国家平均水平，同样地，这些地区也多属于我国矿产资源匮乏地区。

该类省域生态保育水平多处于较差状态，天津市、上海市、江苏省、山东省的森林覆盖率均在20%以下，北京市由于其首都的功能，环境状况极其关注，2013年北京市的森林覆盖率达到35.8%；由于地理区位等原因，这些地区的湿地覆盖率水平相对较高，上海市的湿地覆盖率高达73.27%，天津市、江苏省、山东省、浙江省的湿地覆盖率处于全国中上等水平，但北京市的湿地覆盖率仅为2.86%；就自然保护区占行政区域土地面积比重而言，2013年全国平均水平约14.8%，山东省、江苏省、福建省、浙江省等东南沿海地区自然保护区占行政区域土地面积比重普遍偏低，且多低于5%。就环境健康水平而言，这类省域不容乐观，北京市、天津市、江苏省、山东省空气质量二级及以上天数达标率均低于全国平均水平54.53%，北京市、天津市、江苏省、浙江省、山东省城区环境空气可吸入颗粒物含量均在100μg/m³以上，尤其山东省环境空气可吸入颗粒物含量达到199μg/m³。从资源环境综合得分来看，该类省域均排名靠前。

2. 第二类省域

无论从资源禀赋、资源产出、生态保育、环境健康、环境治理分维度来看，还是从资源环境问题区域差异评价指标综合得分来看，第二类省域的排名多居全国中等水平。从资源禀赋来看，该类省域排名多居11~22名，相对较好的是陕西省、辽宁省，而云南省却排名第24位；建成区面积占行政区域土地面积比重多处于中后水平，排名10~27位，陕西省建成区面积占比仅0.49%，而辽宁省建成区面积占比高达1.65%；单位行政区域土地面积水资源量多排名中前水平，排名5~21位，其中广西壮族自治区、江西省、湖南省、重庆市、四川省水资源禀赋较好，均在51m³/km²以上，排名前5~10位。从资源产出水平来看，农业产出处于中后水平，其中湖北省、安徽省、辽宁省、湖南省、重庆市、广西壮族自治区、江西省、吉林省、陕西省9个省（自治区、直辖市）处于第10~20名；人均GDP分布相对比较分散，吉林省、陕西省、重庆市、湖北省排名中等水平，处于第11~14名，而四川省、安徽省、江西省、广西壮族自治区、云南省则排名靠后，在24名以后；单位面积非农业增加值多处于第13~21名；单位水资源工业增加值多处于中等偏后水平，多在200元/m³以下，重庆市、湖北省、江西省、湖南省、广西壮族自治区、安徽省单位水资源工业增加值排名均在23名及以后；单位能耗GDP产出水平十分集中，且多处于中等水平，安徽省、广西壮族自治区、陕西省、湖南省、湖北省、吉林省、重庆市、四川省、黑龙江省、辽宁省、云南省11个省（自治区、直辖市）单位GDP能耗产出水平排名处于第10~22名，安徽省最高也仅为1.33万元/吨标准煤。

从生态保育水平来看，该类省域的森林覆盖率水平处于中等靠前，江西省、广西壮族自治区森林覆盖率甚至达到第2、4名，而云南省、湖南省、黑龙江省、陕西省、吉林省、重庆市、湖北省、辽宁省森林覆盖率排名处于第7~14名；建成区绿化率处于中等偏后水平，其中陕西省、辽宁省、云南省、湖北省、安徽省、四川省、广西壮族自治区、湖南省排名处于第10~21名，吉林省建成区绿化率仅为33.6%；该类省域自然保护区面积占行政区域土地面积比重多处于中等靠前的排名,其中四川省、黑龙江省、辽宁省、吉林省、重庆市自然保护区面积占比排名处于前10名,其他省份多处于前22名;在一定程度上说明了该类省域土地绿化、自然保护区等生态产品不足。就环境健康状况来说,该类省域城区环境空气二氧化硫含量、可吸入颗粒物含量均处于中等水平,而空气质量二级以上达标天数相对比较分散。就环境治理状况而言,不同指标的排名状态不同,总体而言仍然是中等水平偏多;工业粉尘排放达标率多处于中等靠前的排名,最好的湖南省甚至跻身第2名,黑龙江省、云南省也排名第4、5名,吉林省、重庆市、辽宁省、江西省、安徽省、广西壮族自治区排名处于第7~13名;而该类省域在生活污水集中处理率、城市生活垃圾无害化处理率、工业固体废弃物综合利用率3项指标上的排名相对比较分散;作为粮食主产的第二类省域水土污染较为严重。就综合得分而言,该类省域居中水平特别明显,综合得分排名介于第10~21名。

3. 第三类省域

该类省域资源环境问题区域差异评价指标综合得分较低,多排名靠后,且多个维度指标处于靠后水平。该类省域由于能源资源比较丰富,河北省、宁夏回族自治区、甘肃省、山西省、新疆维吾尔自治区、河南省、内蒙古自治区、青海省单位面积能源经济价值多处于中等靠前的水平,排名均处于前15名。该类省域资源产出效率不高,甘肃省、内蒙古自治区、新疆维吾尔自治区、青海省、西藏自治区农业用地产出效率均排名最后,处于第27~31名,单位面积农业增加值均在20万元/km²以内,排名靠前的为河南省、河北省,分别处于第3、6名;人均GDP排名多处于第15名以后,低于4万元/人;除河南省、河北省、山西省以外,其他省域单位面积非农业增加值排名均处于第22名之后,尤其甘肃省、内蒙古自治区、新疆维吾尔自治区、青海省、西藏自治区单位面积非农业增加值排名第27~31名;单位能耗GDP产出多低于0.8万元/吨标准煤,排名多在23名及以后;但就工业用水产出效率而言,河北省、山西省、内蒙古自治区、青海省、河南省、新疆维吾尔自治区单位水资源工业增加值较高,排名多处于第6~12名。

就生态保育水平来看,该类省域整体处于较差状态,森林覆盖率多低于20%,排名多处于第15名以后;湿地覆盖率基本低于6%,排名处于中等靠后水平;建成区绿化覆盖率多低于40%,排名多在第22名以后;而就自然保护区面积占行政区域土地面积比重而言,该类省域排名总体靠前,多在第11名以前,且西藏自治区、青海省自然保护区面积占行政区域土地面积比重分别达到33.91%、30.13%。就环境健康状况而言,该类省域环境空气二级以上天气达标率排名十分分散,最好的西藏自治区排名第3名,最差的河南省、河北省分别排名第29名、第31名;西藏自治区环境空气二氧化硫含量极低,从低至高排名在全国居第2名,而青海省、内蒙古自治区、河南省、宁夏回族自治区、山西省、河北省环境空气二氧化硫含量极高,从低至高排名均在第23名以后;环境空气可吸入颗粒物含量呈现的趋势与环境空气二氧化硫含量的趋势基本一致,前者含量多在$100\mu g/m^3$以上,后者含量多在$30\mu g/m^3$以上,含量较高。就环境治理水平而言,该类省域排名多处于中等偏后;工业粉尘排放达标率多低于50%,排名多在第17名以后;生活污水集中处理率多低于90%,排名多在第17名以后;而该类省域在生活垃圾无害化处理率、工业固体废弃物综合利用率2项指标上的排名则比较分散。环境质量状况表明该类省域环保技术水平亟待提高。从资源环境综合得分来看,该类省域的排名均在第22名以后。

二、生态文明建设程度的演变

基于省域资源环境问题区域差异以及基本生态文明评价指标体系,分别针对第一类、第二类、第三类省域构建差异化的生态文明评价指标体系(表3-2)。第一类省域的发展方向是把提高增长质量和效益放在首位,率先提高自主创新能力,率先实现经济结构优化升级和发展方式转变,提升参与全球分工与竞争的层次,同时必须提高人居环境的质量,增加了城区人均道路面积、公共交通车均道路面积、单位GDP建设用地面积下降率、大专以上受教育人口比重等9项特色指标。第二类省域属于经济发展水平较好、工业与农业须并行发展的区域,其有望成为经济发达、第三产业发展优良的省市,应增强城镇的社会服务和经济生产功能,提高城镇吸纳人口的能力,增加了城镇化率、每万人拥有公共交通车辆、农业受灾面积占播种面积比重、人均旱涝保收面积等17项特色指标。第三类省域应在现有城镇布局基础上进一步集约开发、集中建设,重点规划和建设资源环境承载能力相对较强的中心城镇,提高综合承载能力,加强中心城镇的基础设施建设,保持生态系统的完整性,增加了城镇化率,自然保护区面积占行政区域土地面积比重、煤炭、石油、天然气基础储量占全国比重等10项特色指标。

将主客观组合赋权方法(德尔菲法与熵权法)与集对分析方法相结合,测算各省域生态文明发展指数,具体如表3-3所示。

表3-2 各类省域生态文明评价基本指标及调整指标

二级指标	基本指标 三级指标	调整指标 第一类省域	第二类省域	第三类省域
生态基础	森林覆盖率、湿地覆盖率、建成区绿化率、年平均降水量、单位行政区域土地面积水资源量、平原丘陵地区占辖区面积比重	—	—	—
空间优化	建成区占辖区面积比重、建成区人均绿地面积、城区人口密度、人均住房面积	增加人均道路面积、公共交通车均道路面积2项指标	增加城镇化率、每万人拥有公共交通车辆、农业受灾面积占播种面积比重、人均旱涝保收面积4项指标	增加城镇化率、自然保护区面积占行政区域土地面积比重两项指标
资源管理	水资源开发保障倍数、单位GDP水耗、单位GDP能耗、清洁能源比重、燃气普及率	增加单位GDP建设用地面积下降率、大专以上受教育人口比重2项指标	增加单位工业增加值水耗、工业用水重复利用率、单位GDP建设用地面积下降率、农药施用强度、化肥施用强度5项指标	增加煤炭、石油、天然气基础储量占全国比重1项指标

续表 3-2

基本指标		调整指标		
二级指标	三级指标	第一类省域	第二类省域	第三类省域
环境保护行动	工业粉尘去除率、工业废水排放达标率、水功能区水质达标率、工业固体废弃物综合利用率、城市生活污水集中处理率、城市生活垃圾无害化处理率、环保投资占GDP比重	增加环保产业产值占GDP比重1项指标	增加环保产业产值占GDP比重、工业锅炉排放达标率2项指标	增加工业锅炉排放达标率、恢复治理矿山个数2项指标
绿色转型发展	中小城市的市民人均GDP、第三产业比重、高新技术产业产值占工业增加值比重、单位社会固定资产投资拉动GDP增长系数	增加产业结构高度化指数、教育科研投入占GDP比重2项指标	增加乡村第一产业从业人口占就业人口比重、教育科研投入占GDP比重、工业成本费用利润率、规模以上企业平均产值4项指标	增加规模以上企业平均产值、旅游业收入占第三产业比重2项指标
生态制度	地方性法规件数、环境影响评价制度执行率、"三同时"制度执行率、排污费征收金额占财政收入比重	增加环境监测仪器数量、环境来访处理率2项指标	增加环境监测仪器数量、卫生厕所普及率2项指标	增加人均受教育年限、财政环境保护支出占财政支出比重、中央、地方财政投入矿山环境治理资金3项指标

三、地质矿产工作的演变

地质矿产工作包括基础地质调查、矿产资源调查评价、水工环地质调查等,本部分从全国角度归纳分析了近年地质勘查投入总额、结构以及地理信息产业产值演变态势。

1. 地质勘查业投入的演变

近10多年来,中国地质勘查投入如过山车般经历上升期到达顶峰之后,开启了下降期的运行模式。以2002年底为起点,中国地质勘查受国际、国内需求、市场开放等多方面因素影响,以超过20%的增速逐年增长,至2012年达到顶峰。2013年,地质勘查在经历"黄金十年"增长期后,需求发生转变,呈现下降迹象,之后便以年均10%左右速度连续3年下降,但当前总体上仍处"黄金十年"中后期的高位,相当于2009—2010年水平。2015年前两个季度地质勘查投入为126.68亿元,同比2014年前两季度减少17.4%。从资金来源看,社会资金仍占主导地位,各类资金均在减少。从现有的数据分析来看,中国中央财政基本维持在较稳定的水平,持续发挥稳定器的作用,地方财政自2012年开始减少投入,社会资金自2011年上半年就有减退的迹象,表明社会资金对市场反应较敏感。中国地质勘查投入从2012年年底开始连年整体下行,年均降幅都在10%左右。

表3-3 各类省域生态文明综合指数一览表

省域		2005年		2006年		2007年		2008年		2009年		2010年		2011年		2012年		2013年		平均	
		指数	排序	指数	排序	指数	排序	指数	排序	指数	排序	指数	排序	指数	排序	指数	排序	指数	排序	指数	排序
第一类	北京市	0.4932	8	0.4931	9	0.4664	9	0.4818	8	0.4752	9	0.4911	7	0.4880	8	0.4868	8	0.4987	7	0.4860	9
	天津市	0.5400	5	0.5425	5	0.5486	4	0.5263	5	0.4882	8	0.4909	8	0.4983	7	0.5176	4	0.5159	4	0.5187	5
	上海市	0.5677	3	0.5507	4	0.5375	6	0.4695	9	0.5164	5	0.4915	6	0.4679	9	0.4594	9	0.4789	8	0.5044	7
	江苏省	0.5859	1	0.5537	3	0.5795	2	0.5603	2	0.5518	3	0.5497	3	0.5502	3	0.5569	3	0.5613	2	0.5610	3
	浙江省	0.5665	4	0.5824	1	0.5844	1	0.5693	1	0.5606	1	0.5830	1	0.5656	1	0.5636	2	0.5605	3	0.5707	2
	福建省	0.5038	7	0.4986	8	0.5074	5	0.5217	6	0.5271	4	0.5247	4	0.5359	4	0.5174	5	0.5063	6	0.5159	6
	山东省	0.5193	6	0.5266	6	0.5456	3	0.5304	4	0.5148	7	0.5127	5	0.5173	5	0.5147	6	0.5137	5	0.5217	4
	广东省	0.5809	2	0.5776	2	0.5697	3	0.5584	3	0.5581	2	0.5677	2	0.5604	2	0.5816	1	0.5848	1	0.5709	1
	海南省	0.4379	9	0.5003	7	0.5164	7	0.4859	7	0.5153	6	0.4633	9	0.5045	6	0.4967	7	0.4713	9	0.4880	8
	平均	0.5327	—	0.5362	—	0.5395	—	0.5227	—	0.5231	—	0.5193	—	0.5209	—	0.5216	—	0.5212	—	—	—
第二类	辽宁省	0.5515	2	0.5469	2	0.5302	2	0.5136	5	0.5285	1	0.5444	1	0.5251	3	0.5513	2	0.5477	1	0.5377	1
	吉林省	0.5392	4	0.5302	5	0.5152	5	0.5174	4	0.5229	2	0.5177	2	0.4919	11	0.5038	9	0.5081	8	0.5163	4
	黑龙江省	0.5554	1	0.5361	4	0.5081	7	0.5240	3	0.5056	5	0.5157	7	0.5385	1	0.5408	3	0.5298	5	0.5282	3
	安徽省	0.4970	9	0.5361	3	0.4989	8	0.5026	6	0.4926	8	0.5113	8	0.5031	7	0.5123	6	0.5114	7	0.5073	7
	江西省	0.4609	11	0.4833	12	0.4617	12	0.5307	2	0.5021	6	0.5347	2	0.5384	2	0.5587	1	0.5464	2	0.5129	5
	湖北省	0.5288	5	0.5268	6	0.5104	6	0.4881	9	0.4905	9	0.4894	10	0.4933	10	0.4981	10	0.5074	9	0.5037	9
	湖南省	0.5162	6	0.5089	7	0.4837	10	0.4977	7	0.4807	10	0.5225	4	0.5147	5	0.5250	5	0.5223	6	0.5080	6
	广西壮族自治区	0.4981	7	0.5077	8	0.4853	9	0.4915	10	0.5145	3	0.5177	6	0.4966	8	0.4850	11	0.4934	11	0.4989	10

续表 3-3

类别	省域	2005年 指数	2005年 排序	2006年 指数	2006年 排序	2007年 指数	2007年 排序	2008年 指数	2008年 排序	2009年 指数	2009年 排序	2010年 指数	2010年 排序	2011年 指数	2011年 排序	2012年 指数	2012年 排序	2013年 指数	2013年 排序	平均 指数	平均 排序
第二类	重庆市	0.4650	10	0.4988	10	0.5187	4	0.4888	11	0.4688	12	0.4824	11	0.4948	9	0.5102	7	0.5347	4	0.4958	11
第二类	四川省	0.5506	3	0.5498	1	0.5461	1	0.5502	1	0.4949	7	0.5433	2	0.5202	4	0.5358	4	0.5356	3	0.5363	2
第二类	云南省	0.4524	12	0.4877	11	0.4800	11	0.4923	9	0.4694	11	0.4677	12	0.4655	12	0.4665	12	0.4882	12	0.4744	12
第二类	陕西省	0.4972	8	0.5022	9	0.5192	3	0.4957	8	0.5079	4	0.5067	9	0.5105	6	0.5056	8	0.4987	10	0.5048	8
第二类	平均	0.5094	—	0.5179	—	0.5048	—	0.5077	—	0.4982	—	0.5127	—	0.5077	—	0.5161	—	0.5186	—	—	—
第三类	河北省	0.6175	3	0.6245	3	0.5324	4	0.5729	3	0.5888	2	0.6153	1	0.5693	3	0.5889	2	0.5781	3	0.5875	2
第三类	山西省	0.5769	5	0.5983	5	0.5272	5	0.5864	2	0.5437	5	0.5509	4	0.5809	2	0.5826	3	0.5534	5	0.5667	4
第三类	内蒙古自治区	0.5840	4	0.6327	2	0.5236	6	0.6149	1	0.5919	1	0.5779	2	0.5859	1	0.6245	1	0.6167	1	0.5947	1
第三类	河南省	0.6404	1	0.6383	1	0.5208	7	0.5719	4	0.5643	3	0.5509	3	0.5723	3	0.5778	4	0.5800	2	0.5796	3
第三类	贵州省	0.5613	7	0.5536	8	0.5348	3	0.4972	8	0.4832	9	0.4848	10	0.4879	9	0.5127	8	0.5130	8	0.5141	10
第三类	西藏自治区	0.3923	10	0.3867	10	0.4499	10	0.3879	10	0.3893	10	0.4088	8	0.4167	10	0.3840	10	0.3976	10	0.4014	12
第三类	甘肃省	0.5255	8	0.5601	7	0.5383	1	0.5041	7	0.5126	6	0.5014	7	0.5008	8	0.5072	9	0.5291	6	0.5196	7
第三类	青海省	0.6230	2	0.6043	4	0.5195	8	0.5446	5	0.5070	8	0.5085	5	0.5272	5	0.5227	6	0.5249	7	0.5424	6
第三类	宁夏回族自治区	0.5163	9	0.517	9	0.5193	9	0.4889	9	0.5314	6	0.4813	9	0.5155	7	0.5242	5	0.5055	9	0.5110	9
第三类	新疆维吾尔自治区	0.5707	6	0.5676	6	0.5367	2	0.5275	6	0.5515	4	0.5344	5	0.5231	6	0.5559	5	0.5635	4	0.5479	5
第三类	平均	0.5608	—	0.5683	—	0.5203	—	0.5296	—	0.5264	—	0.5214	—	0.528	—	0.5381	—	0.5362	—	—	—

2. 地质勘查业投入专业结构的演变

从专业投资结构看,地勘投入结构处于不断优化调整之中,矿产勘查投入缩减,但仍占据主导;主要投资仍集中于矿产勘查,各专业投资有升有降。2014年,中国矿产勘查投入资金299.01亿元,同比减少17.8%;基础地质调查44.80亿元,同比增长8.1%;水文地质、环境地质与地质灾害调查评价36.21亿元,同比增长15.2%;地质科技与信息化22.72亿元,同比减少1.2%。地质勘查围绕国家需求、生态文明建设、社会需求不断进行结构性调整。以财政资金为主的基础地质调查、水文地质、环境地质与灾害地质、地质科技投入资金所占比例逐年上升;受大宗矿产品需求影响,以社会资金为主的矿产勘查所占比例不断缩小。其中,财政资金充分发挥基础性先行性作用,主要用于开展1:5万区域地质矿产调查,物化遥(物探、化探、遥感)调查、矿产远景调查等。在水工环领域,中央财政不断提高投资幅度,主要开展地热、水文地质、环境地质调查,灾害地质调查、监测与预警等工作;地方财政则加大了水文、环境和地质灾害的投入。地质科技投入增长迅速,由2006年的1亿元增长到2013年的22.72亿元。矿产勘查所占总投入比例逐年下降,由2006年的94%降至2014年的74%,2015年前两季度仅为68%。

3. 全国地理信息产业产值

地理信息产业作为"数据+技术+服务"三位一体的产业,不仅自身形成一个完整的地理信息产业生态系统,而且产业上中下游关联度大于1:10,使得产业发展的空间巨大。近年来地理信息产业总产值稳步增长,"十二五"期间产值年均增速超过20%,2015年总产值估计达到3600亿元,增长率约22%(图3-1)。地理信息产业作为战略性新兴产业的重要组成部分,具有科技含量高、环境污染少、产业链长、关联度大、市场前景广阔、吸纳就业能力强等特点,引起了各地的重视。自2014年9月以来,山西、安徽、湖南等省纷纷出台相关规划和政策,推进地理信息产业发展。另外,测绘资质单位数量稳步增加,政策红利逐步释放。此前国务院批复2014—2030年全国基础测绘中长期规划纲要,提出构建新型基础测绘体系,全面提升测绘地理信息服务能力。预计到2020年,将形成信息化测绘体系,全面建成数字地理空间框架。

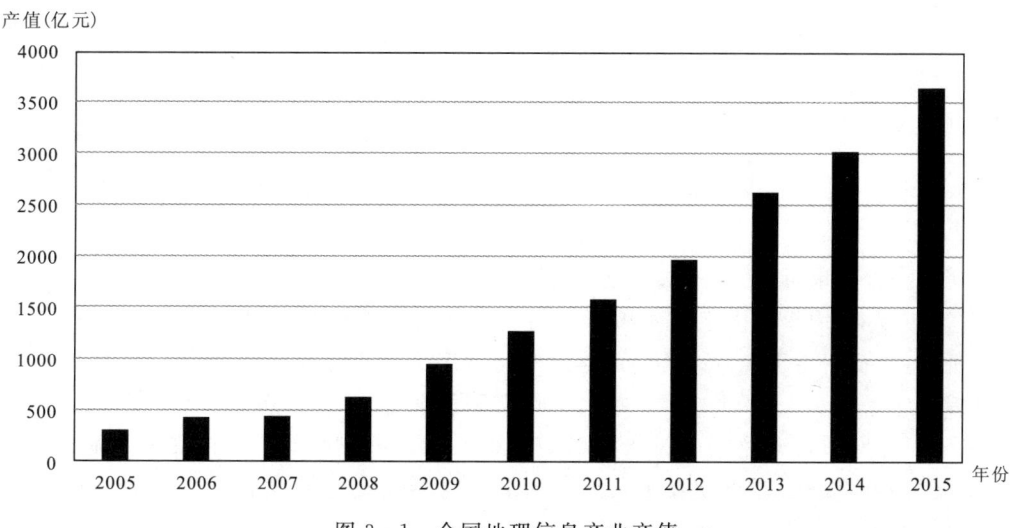

图3-1 全国地理信息产业产值

第三节 地质矿产工作促进生态文明建设的区域差异分析

在分析国家生态文明发展水平、地质矿产工作演化的基础上,以地质矿产工作主要任务的核心指标,拟合各类省域生态文明发展水平与地质矿产工作的关系,并分别从地质勘查业、矿产资源评价、地质灾害3个方面展开分析。

一、地质矿产工作与生态文明指数的回归分析

1. 第一类省域

拟选取地质灾害防治投资,地质勘查业固定资产投资,地质勘查业人员投入,累计矿山占用破坏土地面积占比,中央、地方财政用于矿山恢复5项指标,考虑到累计矿山占用破坏土地面积占比与其他指标的共线性问题,故舍弃累计矿山占用破坏土地面积占比指标,选取地质灾害防治投资,地质勘查业固定资产投资,地质勘查业人员投入,中央、地方财政用于矿山恢复4项指标对第一类省域生态文明指数做回归分析(表3-4)。

表3-4 第一类省域 SPSS 回归结果一览表

(a 模型总体的 R^2 值和 P 值)

模型	R^2	P
1	0.921	0.018

(b 模型的系数参数)

模型		非标准化系数		标准系数	t	P
		B	标准误差	试用版		
1	(常量)	0.553	0.007		78.283	0.000
	地质灾害防治投资	-1.512×10^{-5}	0.000	-2.299	-4.142	0.014
	地质勘查业固定资产投资	0.001	0.000	1.623	3.234	0.032
	地质勘查业人员投入	-0.004	0.001	-0.716	-2.889	0.045
	中央、地方财政用于矿山恢复	5.024×10^{-6}	0.000	0.623	2.268	0.086

由以上分析结果可知,地质灾害防治投资,地质勘查业固定资产投资,地质勘查业人员投入,中央、地方财政用于矿山恢复4项指标与生态文明指数的线性拟合程度很高,R^2 为0.921,总体 P 值为0.018,小于0.05,表明4项指标与生态文明指数相关性较强。由系数表可知,生态文明指数=0.553−0.000 015 12×地质灾害防治投资+0.001×地质勘查业固定资产投资−0.004×地质勘查业人员投入+0.000 005 024×(中央、地方财政用于矿山恢复),其中,地质灾害防治投资、地质勘查业人员投入不仅对第一类省域没有明显的促进作用,反而与生态文明指数有一定的负相关关系。

2. 第二类省域

该类省域地质灾害防治投资,地质勘查业固定资产投资,地质勘查业人员投入,累计矿山占用破坏土地面积占比,中央、地方财政用于矿山恢复与生态文明指数拟合程度不高,R^2 为 0.543,总体 P 值为 0.655,远高于 0.5,表明这些指标与生态文明基本不相关(表 3-5)。

表 3-5 第二类省域 SPSS 回归结果一览表

(a 模型总体的 R^2 值和 P 值)

模型	R^2	P
1	0.543	0.655

(b 模型的系数参数)

模型		非标准化系数		标准系数	t	P
		B	标准误差	试用版		
1	(常量)	0.603	0.119		5.043	0.015
	地质灾害防治投资	0.001	0.000	1.298	1.439	0.246
	地质勘查业固定资产投资	-7.154×10^{-6}	0.000	-0.851	-0.223	0.838
	地质勘查业人员投入	0.019	0.019	4.092	0.996	0.392
	累计矿山占用破坏土地面积占比	-0.317	0.379	-3.411	-0.836	0.465
	中央、地方财政用于矿山恢复	-3.283×10^{-6}	0.000	-0.367	-0.291	0.790

3. 第三类省域

与第一类省域相同,拟选取地质灾害防治投资,地质勘查业固定资产投资,地质勘查业人员投入,累计矿山占用破坏土地面积占比,中央、地方财政用于矿山恢复 5 项指标,考虑到累计矿山占用破坏土地面积占比与其他指标的共线性问题,故舍弃累计矿山占用破坏土地面积占比指标,选取地质灾害防治投资,地质勘查业固定资产投资,地质勘查业人员投入,中央、地方财政用于矿山恢复 4 项指标对第一类生态文明指数做回归分析(表 3-6)。

由以上分析结果可知,地质灾害防治投资,地质勘查业固定资产投资,地质勘查业人员投入,中央、地方财政用于矿山恢复 4 项指标与生态文明指数的线性拟合程度很高,R^2 为 0.868,总体 P 值为 0.048,小于 0.05,表明 4 项指标与生态文明指数相关性较强。由系数表可知,生态文明指数=0.618+0.000 009 621×地质灾害防治投资+0.023×地质勘查业固定资产投资-0.364×地质勘查业人员投入-0.000 071 14×(中央、地方财政用于矿山恢复),其中,地质勘查业人员投入和中央、地方财政用于矿山恢复这 2 项指标不仅对第一类省域没有明显的促进作用,反而与生态文明指数有一定的负相关关系。

通过以上融合各指标的回归分析结果可知,虽然第一类、第三类省域总体 P 值小于 0.05,具有显著相关性,但各指标系数的 P 值多高于 0.05,可能是由于指标数据获取难度大,不能将地质矿产工作的很多指标纳入回归分析所导致的。因此,为了进一步分析地质矿产工作与生态文明之间的相关性,后面分别针对各指标拟合与生态文明指数的关系。

表 3-6 第三类省域 SPSS 回归结果一览表

(a 模型总体的 R^2 值和 P 值)

模型	R^2	P
1	0.868	0.048

(b 模型的系数参数)

模型		非标准化系数		标准系数	t	P
		B	标准误差	试用版		
1	(常量)	0.618	0.046		13.566	0.000
	地质灾害防治投资	9.621×10^{-6}	0.000	0.226	0.616	0.571
	地质勘查业固定资产投资	0.023	0.010	1.065	2.152	0.098
	地质勘查业人员投入	−0.364	0.294	−0.747	−1.237	0.284
	中央、地方财政用于矿山恢复	-7.114×10^{-5}	0.000	−1.171	−4.534	0.011

二、地质勘查业与生态文明指数

1. 地质勘查业固定资产投资与生态文明指数

由表 3-7 和图 3-2 可知,第一类省域地均地质勘查业固定资产投资与生态文明指数拟合程度较好,R^2 超过 0.7,而其他两类省域拟合程度较差,由 P 值可以看出第一类省域地均地质勘查业固定资产投资与生态文明指数相关性较强。自 2011 年第一类省域地均地质勘查业固定资产投资均在 23 万元/km² 以上,处于"U"形曲线的右侧,表明地均地质勘查业固定资产投资增加能在较大程度上带动生态文明发展水平的好转。第二类省域 2012 年、2013 年地均地质勘查业固定资产投资迅速上涨至 4 万元/km²,对生态文明发展水平好转有一定的促进作用,同样位于"U"形曲线的右侧,表明地均地质勘查业固定资产投资增加能在一定程度上带动生态文明发展水平的好转(图 3-3)。第三类省域地均地质勘查业固定资产投资与生态文明指数拟合程度很差,散点图如图 3-4 所示,虽然地均地质勘查业固定资产投资在增加,但并未伴随着生态文明发展水平有明显的好转。

表 3-7 地均地质勘查业固定资产投资与生态文明指数拟合程度

省域	R^2	P
第一类省域	0.716 2	0.023
第二类省域	0.433 4	0.182
第三类省域	0.047 0	0.866

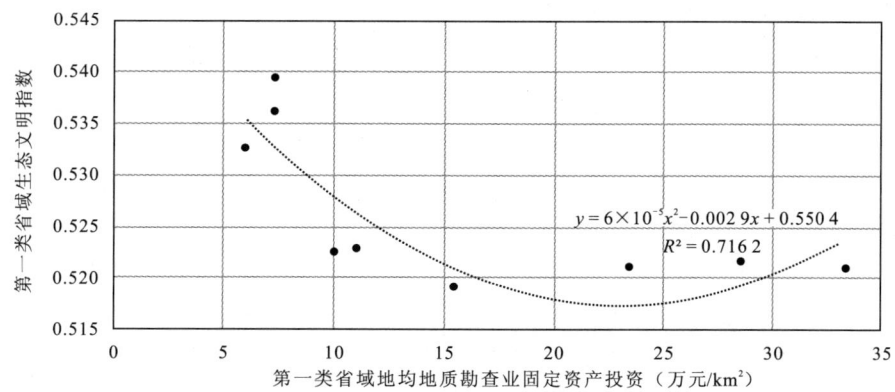

图 3-2 第一类省域地均地质勘查业固定资产投资与生态文明指数拟合程度

[注:地质勘查固定资产投资来源于科学研究、技术服务和地质勘查业的固定资产投资(不含农户)]

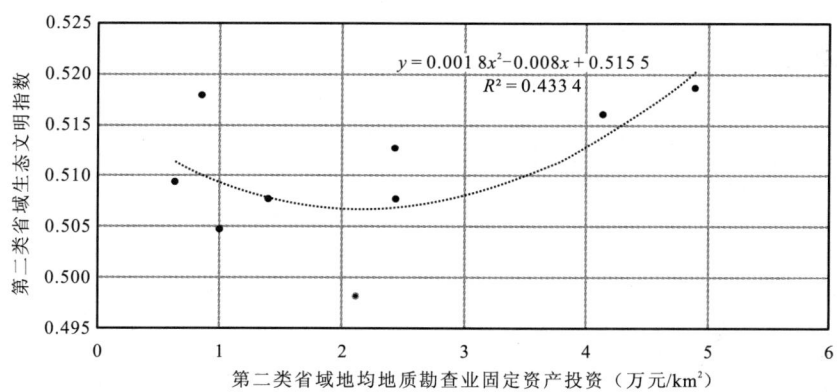

图 3-3 第二类省域地均地质勘查业固定资产投资与生态文明指数拟合程度

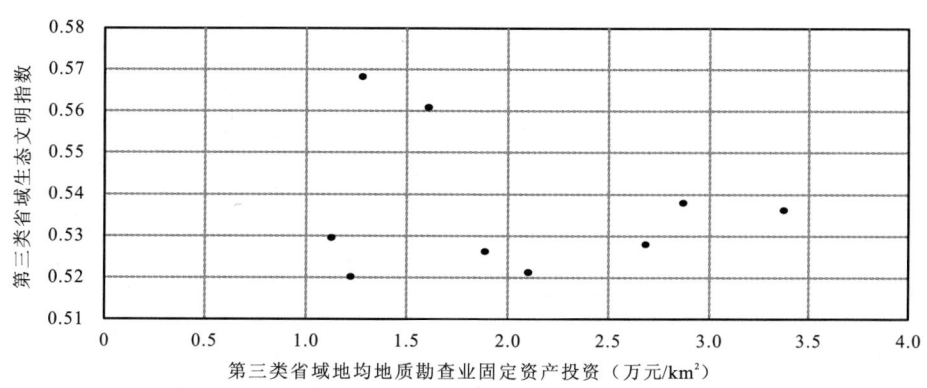

图 3-4 第三类省域地均地质勘查业固定资产投资与生态文明指数拟合程度

2. 地质勘查业人员投入与生态文明指数

由图3-5～图3-7和表3-8可知,3类省域地均地质勘查业人员投入与生态文明指数拟合程度并不好,拟合程度最好的仍然是第一类省域,3类省域拟合R^2均在0.38以上,拟合结果仍具有一定的意义。由P值可知,第一类省域地均地质勘查业人员投入与生态文明指数相关性较高。总体来说,3类省域均进入"U"形曲线的右侧,即随着地均地质勘查业人员投入数量的增加,生态文明指数上涨。

表3-8 地均地质勘查业人员投入与生态文明指数拟合程度

省域	R^2	P
第一类省域	0.676 5	0.034
第二类省域	0.393 3	0.223
第三类省域	0.381 6	0.237

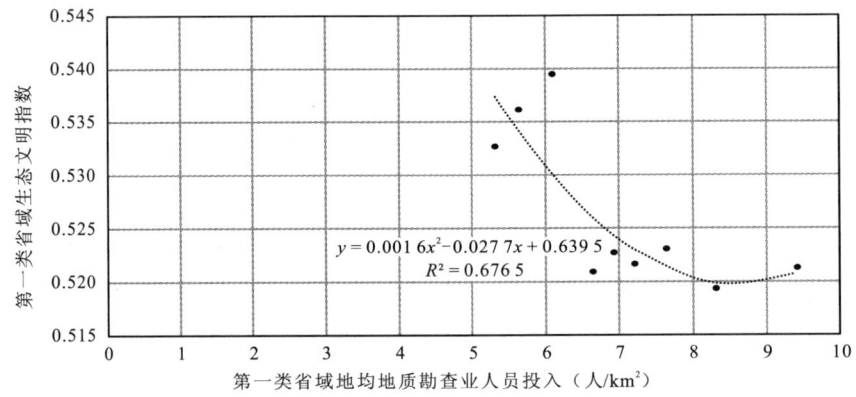

图3-5 第一类省域地均地质勘查业人员投入与生态文明指数拟合程度
(注:地均地质勘查投资人员来源于科学研究、技术服务和地质勘查业的城镇单位就业人员)

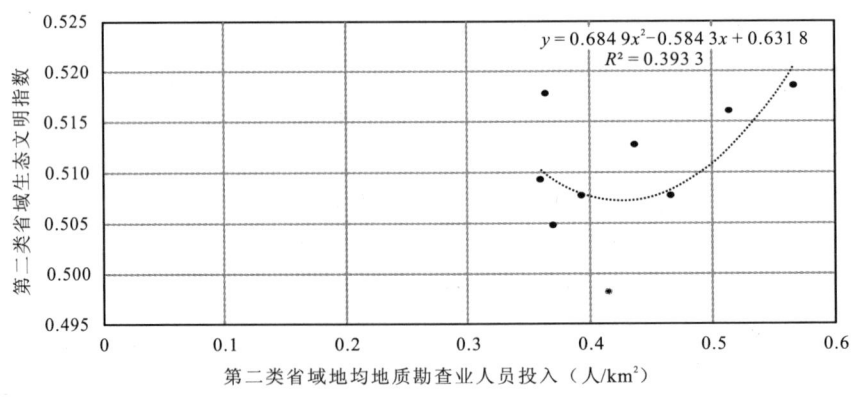

图3-6 第二类省域地均地质勘查业人员投入与生态文明指数拟合程度

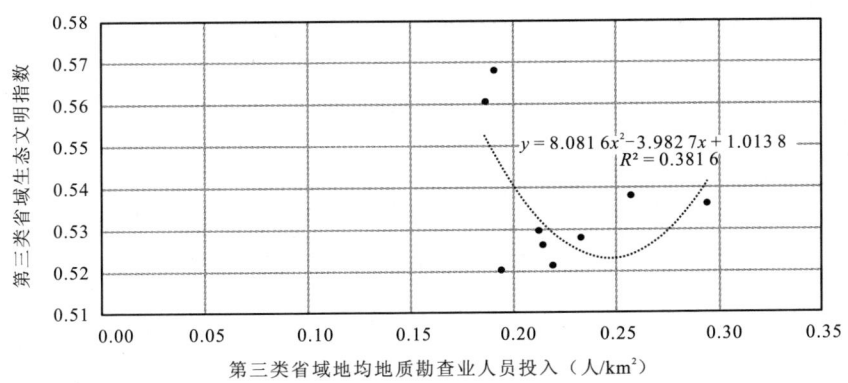

图 3-7　第三类省域地均地质勘查业人员投入与生态文明指数拟合程度

三、矿产地质与生态文明指数

1. 中央、地方财政投入用于矿山恢复金额与生态文明指数

由图 3-8～图 3-10 和表 3-9 可知,第三类省域地均中央、地方财政投入用于矿山恢复金额与生态文明指数拟合程度最好,R^2 为 0.779 2,而其他两类省域拟合程度均不高,第一类省域地均中央、地方财政投入用于矿山恢复金额与生态文明指数最差,R^2 为 0.383 4。由 P 值可以看出,第三类省域地均中央、地方财政投入用于矿山恢复金额与生态文明指数相关性较强。第三类省域近三年地均中央、地方财政投入用于矿山恢复金额多为 800～1100 元/km²,处于"U"形曲线的最底端。第二类省域 R^2 为 0.535 0,该类省域近四年地均中央、地方财政投入用于矿山恢复金额均在 1600 元/km² 以上,处于"U"形曲线的右侧,表明地均中央、地方财政投入用于矿山恢复金额的增加在一定程度上会带来生态文明指数的上涨。第一类省域地均中央、地方财政投入用于矿山恢复金额与生态文明指数拟合程度较差,但仍然能看出虽然近两年地均中央、地方财政投入用于矿山恢复金额大幅度上涨,但生态文明指数并未出现上升趋势。

表 3-9　地均中央、地方财政投入用于矿山恢复金额与生态文明指数拟合程度

省域	R^2	P
第一类省域	0.383 4	0.234
第二类省域	0.535 0	0.101
第三类省域	0.779 2	0.011

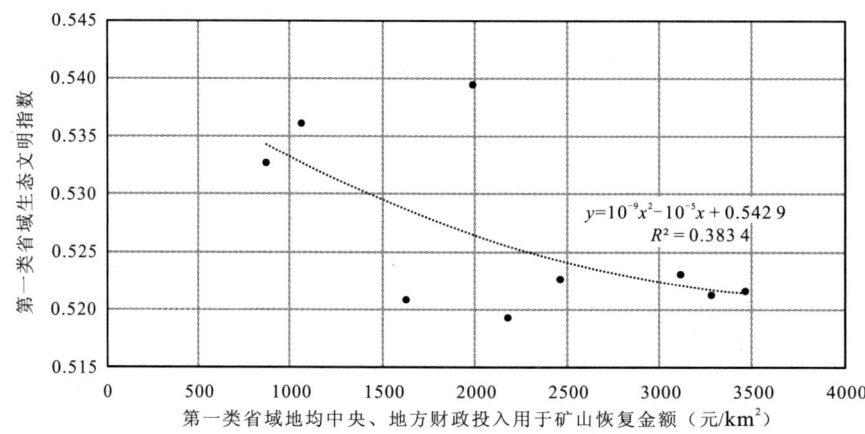

图3-8　第一类省域地均中央、地方财政投入用于矿山恢复金额与生态文明指数拟合程度

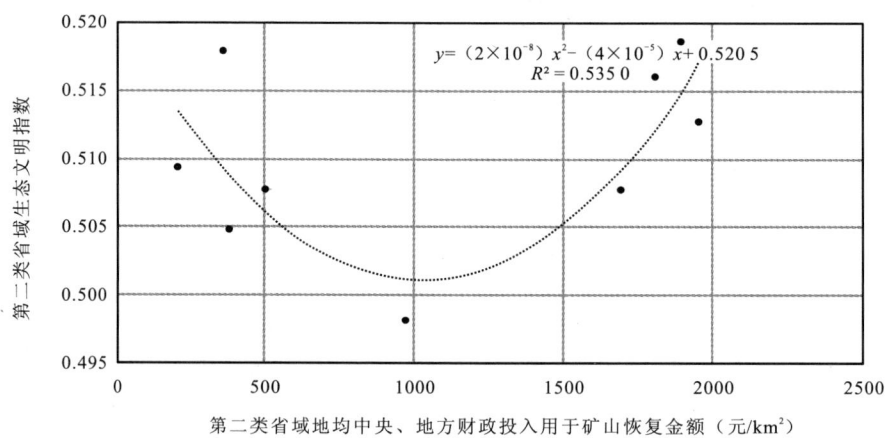

图3-9　第二类省域地均中央、地方财政投入用于矿山恢复金额与生态文明指数拟合程度

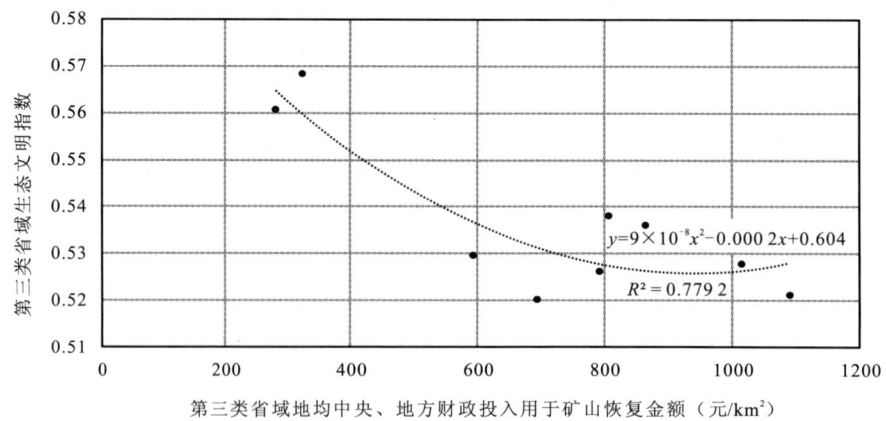

图3-10　第三类省域地均中央、地方财政投入用于矿山恢复金额与生态文明指数拟合程度

2. 累计矿山占用破坏土地面积占比与生态文明指数

由图 3-11~图 3-13 和表 3-10 可知,第二类省域累计矿山占用破坏土地面积占比与生态文明指数拟合程度最好,其次是第一类省域。由 P 值可以看出,三类省域的两者指标相关性并不显著。随着第二类省域累计矿山占用破坏土地面积占比的增加,生态文明指数增加,显然依靠矿山土地投入提升生态文明指数并不符合可持续发展的要求。第一类省域随着累计矿山占用破坏土地面积占比的增加,生态文明指数目前处于较低水平。第三类省域虽然累计矿山占用破坏土地面积占比较高,但生态文明指数也较高。

表 3-10　累计矿山占用破坏土地面积占比与生态文明指数拟合程度

省域	R^2	P
第一类省域	0.634 2	0.221
第二类省域	0.726 2	0.143
第三类省域	0.233 0	0.672

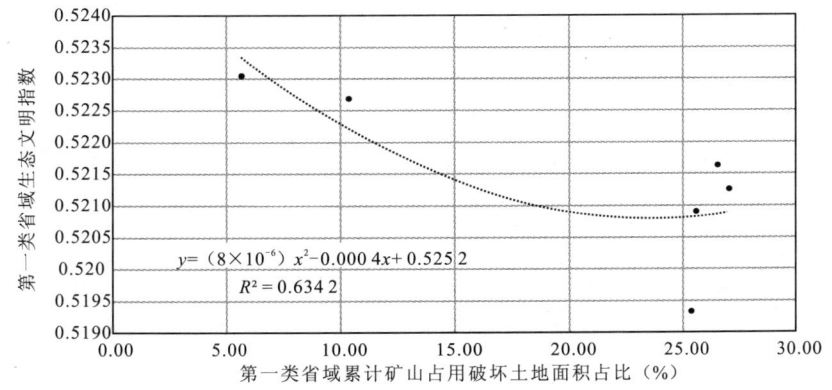

图 3-11　第一类省域累计矿山占用破坏土地面积占比与生态文明指数拟合程度

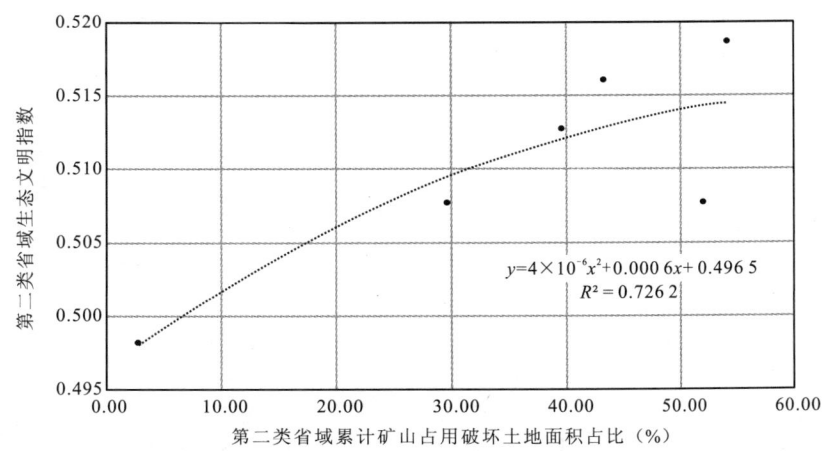

图 3-12　第二类省域累计矿山占用破坏土地面积占比与生态文明指数拟合程度

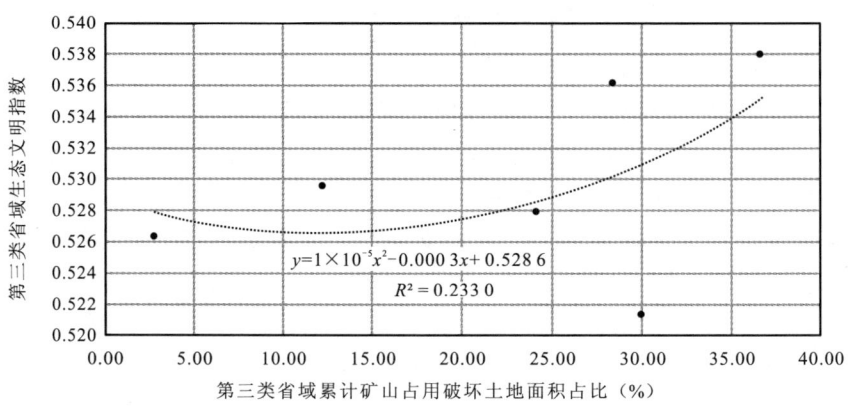

图 3-13 第三类省域累计矿山占用破坏土地面积占比与生态文明指数拟合程度

四、地质灾害防治投资与生态文明指数

由图 3-14～图 3-16 和表 3-11 可知,第一类省域地均地质灾害防治投资与生态文明指数拟合程度较好,R^2 大于 0.8,而其他两类省域拟合程度均不高,尤其第三类省域地均地质灾害防治投资与生态文明指数最差,由 P 值可知,第一类省域地均地质灾害防治投资与生态文明指数显著相关。近 3 年,第一类省域地均地质灾害防治投资多在 25 000 万元左右,地均地质灾害防治投资均在 2800 元/km² 以上,处于"U"形曲线的右侧,则随着地均地质灾害防治投资的增加,第一类省域生态文明指数呈上涨趋势。第二类省域 R^2 为 0.443 0,拟合曲线在一定程度上也能说明一些问题,目前该类省域地质灾害防治投资多介于 50 000 万～60 000 万元之间,地均地质灾害防治投资介于 1700 元/km²,也处于"U"形曲线的右侧,表明地质灾害防治投资金额的增加可能带来生态文明指数的提升。第三类省域 R^2 值很小,地质灾害防治投资与生态文明指数拟合程度很差,P 值为 0.370,表明两者相关性差。

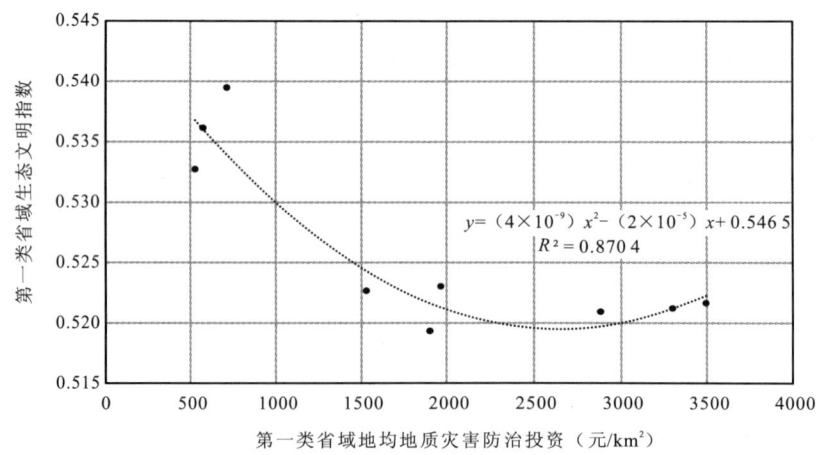

图 3-14 第一类省域地均地质灾害防治投资与生态文明指数拟合程度

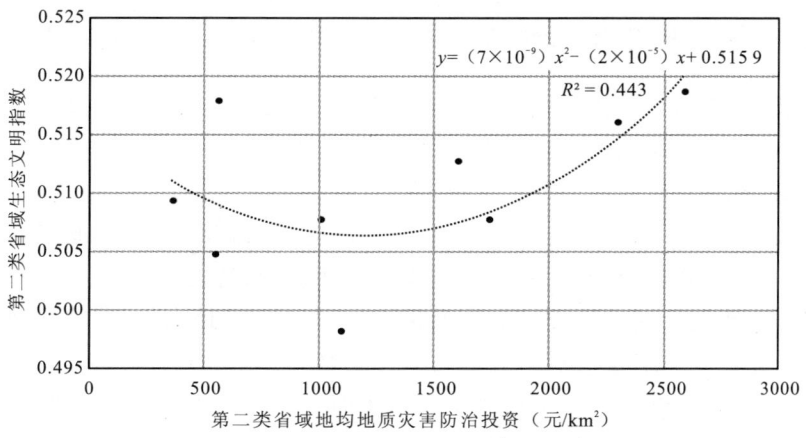

图 3-15　第二类省域地均地质灾害防治投资与生态文明指数拟合程度

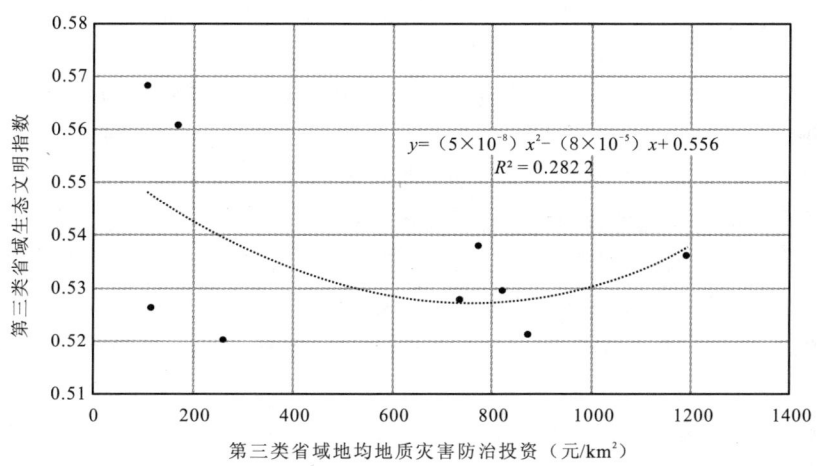

图 3-16　第三类省域地均地质灾害防治投资与生态文明指数拟合程度

表 3-11　地均地质灾害防治投资与生态文明指数拟合程度

省域	R^2	P
第一类省域	0.870 4	0.002
第二类省域	0.443 0	0.173
第三类省域	0.282 2	0.370

第四节　地质矿产工作促进生态文明建设的总体判断

各类省域生态文明建设的重点难点各不相同,各有特色,生态文明建设中地质矿产工作的地位与作用就不同,差异性显著,需要针对不同地区的资源环境问题不同、生态建设水平不同、发展程度不同,突出不同的重点。

一、各项地质矿产工作指标与生态文明建设的相关性差异显著

就地质勘查业而言,第一类省域地均地质勘查业固定资产投资、人员投入与生态文明指数拟合程度最好,且具有明显的相关性,该类省域地均地质勘查业固定资产投入、人员投入显著高于其他省域,近年随着地均地质勘查业固定资产投资、人员投入的增加,生态文明指数呈上升态势。该类省域多属于经济发达、东南沿海的省(自治区、直辖市),多处于工业化中后期阶段,此时的地质矿产工作应更加着手于解决资源供给的生态约束问题,提高生活质量,使地质矿产工作更加紧密地与国民经济和社会发展相结合,更加主动地为经济与社会发展服务,实现人与自然的和谐发展。第二类省域地均地质勘查业固定资产投资与生态文明指数拟合程度较好,但相关性不显著。第三类省域地均地质勘查业固定资产投资与生态文明指数拟合程度较差,且相关性不显著。第二、三类省域不能盲目地增加地质勘查业固定资产投资、人员投入,应关注固定资产、人员投入的产出效率,加强管理。

就矿产地质而言,第二、三类省域矿产地质投入与生态文明指数有更好的拟合程度,更加显著的相关性;第二类省域累计矿山占用破坏土地面积占比与生态文明指数拟合程度更好,但相关性不显著;第三类省域地均中央、地方财政投入用于矿山恢复金额与生态文明指数拟合程度好,且显著相关。第二类省域多属于经济较为发达的省域,多处于工业化中期阶段,目前随着矿山占用破坏土地面积占比的增加,生态文明指数提升,但这显然不是好的发展态势,应将重点转移至资源供给的质量约束问题,主要服务于国土空间布局的优化。第三类省域多属于经济发展较为落后的省域,多处于工业化初期阶段,2016年随着矿山恢复金额投入的增加,生态文明发展水平有所提升,第三类省域中较多省域作为我国矿产资源的集中地区,承担着我国较多矿产资源的消费,应在解决矿产资源数量瓶颈约束问题的同时关注矿产资源产出的负外部性。

就地质灾害而言,第一类省域地均地质灾害防治投资与生态文明指数拟合程度较好,且具有显著相关性,尤其近年来,随着地均地质灾害防治投资,生态文明指数呈上升态势。第一类省域多位于东南沿海地区,应预防台风暴雨引发的地质灾害,该类省域因经济发达的优势,对单位土地地质灾害防治投资显著高于第二、三类省域。第二、三类省域多位于我国中西部地区,其地质灾害防治投资与生态文明指数相关性不显著,应加强地质灾害预测,提升地质灾害防治投资利用效率。突发性地质灾害的发生与降雨具有很好的相关性,降雨是诱发地质灾害的主要因素,汛期是地质灾害的多发期,而主汛期是地质灾害的高发期;地质灾害发生的时空运移规律与强降雨的运移规律有较好的相关性。因此,一般情况下第一类省域5月份进入强降雨期同时也进入地质灾害高发期,第二、三类省域6、7月份开始进入强降雨期,地质灾害发生可能性较大;发生的地质灾害以滑坡为主,占总数的75.5%,其次是崩塌,占总数的19.7%,泥石流占总数的3.0%,地面塌陷、地裂缝和地面沉降数量相对较少,分别占总数的1.2%、0.5%和0.1%。

二、各类省域生态文明建设的重点不同

第一类省域多属于经济发达、东南沿海的省(自治区、直辖市),多处于工业化中后期阶段,此时的地质矿产工作应更加着手于解决资源供给的生态约束问题,提高生活质量,使地质矿产

工作更加紧密地与国民经济和社会发展相结合,更加主动地为经济与社会发展服务,实现人与自然的和谐发展。

第二类省域属于经济发展水平较好、工业与农业须并行发展的区域,有望成为经济发达、第三产业发展优良的省市,应增强城镇的社会服务和经济生产功能,提高城镇吸纳人口的能力,重点关注农业污染问题。

第三类省域的发展主要以第二产业为主,但资源利用效率、环境治理水平显然处于落后水平,其在发展工业的同时需要一并关注环境问题。该类省域应改变依靠大量占用土地、大量消耗资源和大量排放污染物来实现经济增长的粗放型模式,同时形成水源涵养、水土保持、人与自然和谐相处的示范区。

第四章 基础地质工作促进生态文明建设研究

基础地质工作是为矿产勘查开发规划、环境保护、地质灾害预警预报与防治、国家重大工程建设、农业区划,以及经济建设和社会发展服务,为政府、社会提供地学基础资料信息的一项经济工作,其核心是认识生态规律,促进人与资源和谐。基础地质工作是一个国家地质矿产工作水平高低的重要标志,对提高地质矿产工作的水平和效率,全力支撑国家能源资源安全保障,服务国土空间格局优化,为自然资源管理信息提供支撑,具有十分重要的作用。

基础地质工作既是经济建设的重要工作,也是生态文明建设的重要工作。随着经济社会的不断发展,地质矿产工作在解决能源、资源、地质灾害和生态环境、重大工程等重大问题上急需基础研究的突破。实现找矿突破亟待加强成矿区带基础地质调查,环境评价与重大工程建设急需翔实的基础地质资料,地球科学发展和创新不能脱离扎实的基础地质调查,国土资源管理需要遥感调查与监测提供支撑和服务。未来要不断改善和加强基础地质工作,为国土资源管理和服务、生态环境的不断完善和扩充,为工业化、城市化提供强大的信息支撑。根据当前基础地质工作服务领域,可以将基础地质工作分为陆域基础地质工作、海域基础地质工作、农业基础地质工作、土地质量调查与整理工作,以及地质环境遥感调查与监测工作。

第一节 基础地质工作促进生态文明建设的评价

一、陆域基础地质工作促进生态文明建设评价

国土空间格局优化促进生态文明建设。党的十八大报告提出,加快建立生态文明制度,健全国土空间开发、资源节约、生态环境保护的体制机制,推动形成人与自然和谐发展现代化建设新格局。国土是生态文明建设的空间载体,我们必须珍惜每一寸国土,优化国土空间开发格局理所应当地成为生态文明建设的重要任务。优化国土空间开发格局从本质上讲,就是根据自然生态属性、资源环境承载能力、现有开发密度和发展潜力,统筹考虑未来我国人口分布、经济布局、国土利用和城镇化格局,按照区域分工和协调发展的原则划定具有某种特定主体功能定位的空间单元,按照空间单元的主体功能定位调整完善区域政策和绩效评价、规范空间开发秩序,形成科学合理的空间开发结构。

目前,我国区域空间利用效率和整体效益较低下。一是集聚程度不足,土地利用投入产出效益低下。例如,同样是特大城市,京津冀城市群的经济集聚度与东京都市圈就有较大差距。同样的工业用地,在产值和就业上北京市只达到东京市的1/20;在面积和人口相似的情况下,仅从GDP来看,江苏省只有韩国的1/2,浙江省则为1/4。二是区域空间形态趋同,城市发展缺乏特色,产业低端同质化现象比较普遍。三是人口产业集聚区域与资源富集区域空间错位,我国区域发展水平差距较大并呈继续扩大趋势。1978—2010年,东、中、西部地区国内生产总值

占全国的比例由52∶31∶17变为59∶27∶14;2000—2010年,城乡居民收入比仍由2.8∶1扩大为3.23∶1。因此,在推进生态文明建设中,以节约集约的资源利用方式促进经济发展方式转变和产业结构转型升级,以优化国土空间开发格局引导产业梯度转移和区域相对均衡发展,以生态文明理念妥善处理短期稳增长和长期调结构的关系,是国土资源管理的重要选择。

土地质量地球化学调查为土地资源管理提供依据,累计完成1∶25万土地质量地球化学调查188万 km^2,系统获得我国主要农耕区土壤养分丰缺和环境质量状况,初步建立了土地质量地球化学评价方法技术体系,为土地资源质量与生态管护提供了科学依据,在农业种植结构调整、生态环境保护、地方病防治、全球变化研究等多方面获得广泛应用。同时,以生态系统为单元,以元素成因来源、迁移途径、生态效应和预测预警为主要内容的"生态地球化学"这一学科正在逐步形成。调查发现,富硒等绿色优质土地资源3.6万 km^2,提高了土地利用价值,带动了现代特色农业发展。

二、海域基础地质工作促进生态文明建设评价

我国海域辽阔,大陆架宽广,蕴藏着丰富的矿产资源。随着陆地自然资源的消耗,发展海洋经济已上升为国家战略。发展海洋经济,前提是要弄清海洋情况,包括海洋资源、海底地形地貌、海底地质结构等。经过论证,海洋区域地质调查思路日渐清晰,即借助地质、地球物理、地球化学、卫星遥感等综合探测手段和方法,系统探测和研究海底地形地貌、地层结构、地质构造、灾害地质、环境地质、矿产地质等基础情况。1999年中国地质调查局启动1∶100万海洋区域地质调查,2005年完成了海洋区域地质调查试点图幅,绘制了我国第一批海洋基础性和专业性图件,全面开展了1∶100万海洋区域地质调查,完成了我国管辖海域16个图幅综合调查任务。2012年《全国海洋经济发展"十二五"规划》发布,我国首次将发展海洋经济上升至国家战略,海洋区域地质调查处在海洋战略的最前沿,2014年年底,中国地质调查局组织实施了1∶100万区域地质调查,完成了全部外业调查任务,首次实现了我国管辖海域区域地质调查全覆盖,标志着我国海洋地质工作实现了新的跨越。

海洋工程建设项目环境保护是海洋环境保护工作的一项重要内容,我国从2000年开始实施的《海洋环境保护法》,在海洋环境的监督管理,海洋环境的调查、监测、监视、评价和科学研究,防治海洋污染工程建设项目和遏制海洋倾倒废弃物对海洋污染损害等方面作了具体的规定。这就需要基础地质工作为海洋环境保护提供强大的支撑,掌握涉海工程建设项目环保措施的落实情况,建立和完善海洋工程建设项目的基础档案。

我国在海洋监测和海洋工程环境保护方面的基础地质工作取得了一定的发展。如图4-1所示,海洋监测项目数年均678个,2000—2014年基本为"M"形趋势:2000—2006年,缓慢增加;到2008年前后,由于要保障奥运会的顺利举办,项目数下降为最低的270个;2009年则迅速上升到峰值1479个;其后,逐年减少。而海洋工程环境保护监督检查次数则表现出阶梯上升趋势:2000—2007年趋于平稳,2008年之后明显检查次数急剧增加趋于频繁,其后检查次数缓慢增多,由2000年的485次增加到2014年5416次,年均约为2540次,年均增长118%。可见对海洋环境保护的重视程度逐渐增加,相对应的基础地质工作更加丰富多样。通过坚实的开展前期基础地质工作,积极探索海洋监测模式创新,与海域使用、海洋环境保护、监测等部门建立有效的联动协作机制,对重点海洋工程项目及运行过程中的环保情况进行动态监视和现场监测,做到信息资源共享,提高海洋环境保护的针对性和时效性。

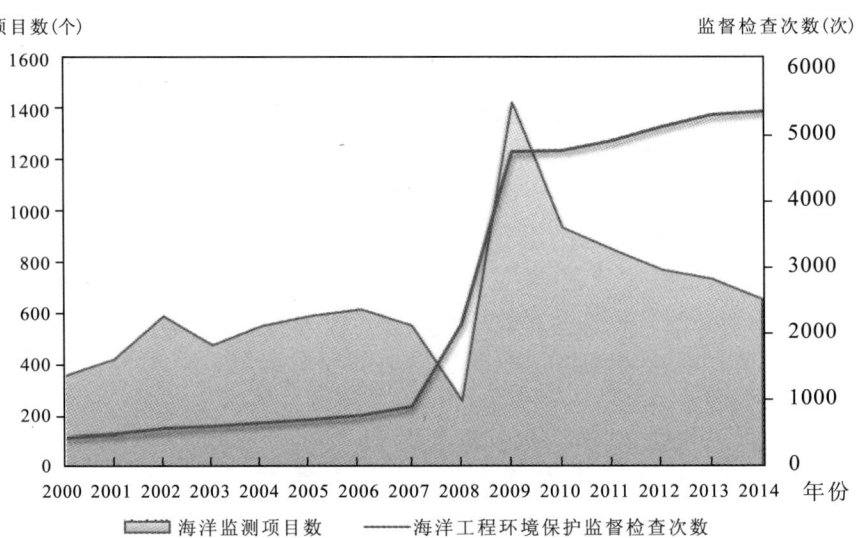

图 4-1 2000—2014 年海洋监测和海洋工程环境保护监督发展趋势图
（数据来源：中国经济与社会发展统计数据库"国土资源"专题，2016）

三、农业基础地质工作促进生态文明建设评价

进行农业地质调查是基于我国环境问题已经成为制约农业可持续发展的主要因素。农业基础地质工作通过区域地球化学调查、区域生态地球化学评价、局部生态地球化学评价、总体综合评价4个层次，对农业生态地球化学环境区划及预测、预警和预报，研究生态效应及治理方案，研究优质高效农业及其发展战略。对农业区域规划和结构调整提供了重要科学依据，为发展优质、高产、高效、生态和安全的农业，评价土壤环境质量方面提供了大量信息。

概略查明了土壤地球化学环境状况及质量安全现状，初步掌握了区域土壤有害元素的空间分布规律，为区域对比研究、宏观性规划等提供了科学参数，为进一步的表生地质作用元素地球化学循环研究奠定了重要基础。通过调查数据统计研究，确立了区域土壤的地球化学背景与基准两个重要参数值，以及区域碳库等基础数据，为区域土壤生态地球化学环境变化研究建立了可永久比对使用的科学标尺和科学参照系。制订了在我国主要经济发展区带、农业耕作地区开展土地质量地球化学评估计划，比例尺为1∶5万，表层土壤采样密度为4~16点/km^2，进行土地质量评估，查明地块土壤营养元素丰缺和污染元素积累状况，可以指导农民施肥或进行污染治理，开发名优特农产品和无公害蔬菜基地，为市县政府进行土地利用规划以及农村生态环境建设提供必要的地球化学数据。对建设用地已建立地质灾害评估制度，随着土壤污染问题被人们越来越重视，土壤的地球化学评估，被列为建设用地地质灾害评估中的一项重要内容。

四、土地质量调查与整理工作促进生态文明建设评价

土地质量调查与整理作为一项可以增加土地有效供给，提高土地利用综合效益，改善农村生活、生产条件和生态环境的活动被日益重视。中央提出了保障国家粮食安全、加强耕地保护、服务生态文明建设、向土壤污染宣战等一系列战略部署，要求土地质量地球化学调查从土

地生态系统的角度出发,着眼于土地资源开发、利用、保护和整治的全周期,提升地质调查支撑土地资源全过程管理的能力。

土地质量地球化学调查工作在服务土地资源管理、创新服务产品方式、完善土地质量地球化学调查方法技术体系等方面取得了显著进展。土地地球化学调查成果目前已在浙江、上海、江苏、广西、湖北、天津、福建、宁夏、重庆、湖南等省域的土地管理和扶贫工作中得到了广泛应用。截至2014年,我国共完成土地地球化学调查面积150.7万km^2,其中耕地调查13.86亿亩,占全国耕地总面积的68%。在已完成调查的区域范围内,无污染耕地12.7亿亩,占全部调查耕地面积的92%,主要分布在苏浙沪区、东北区、京津冀鲁区、西北区、晋豫区和青藏区等地,其中京津冀鲁区和晋豫区无污染耕地面积占区域全部调查耕地面积的99%以上。新发现绿色富硒耕地资源5244万亩,主要分布在闽粤琼区、西南区、湘鄂皖赣区、苏浙沪区、晋豫区及西北区等地。积极推动与浙江、广西、福建、江苏、安徽、辽宁、重庆等省域合作开展土地质量地球化学调查。

我国基础地质工作在土地整理方面也取得了巨大成就。如图4-2所示,我国每年平均土地整理面积约为76.7万hm^2,2000—2014年期间累积整理土地面积达1151万hm^2,2000—2013年均呈现增长趋势,由2001年整理面积的7.8万hm^2,到2013年达到峰值211.5万hm^2,年均增长率约为125%。由土地整理带来的耕地面积增加年均约为15.5万hm^2,2000—2014年期间累积新增耕地面积达到232万hm^2,2000—2012年期间逐步上升,2012年峰值达到41.9万hm^2,年均增长率为116%。通过对土地利用结构进行调整,对土地资源进行重新分配,以达到协调人地关系,提高土地利用率和产出率,改善和保护生态环境,促进土地资源可持续利用与社会经济可持续发展目的。这有利于促进我国土地整理绩效评价制度建立,提高监督管理水平,提高我国土地整理专项资金的使用水平,对推动我国土地整理绩效评价相关理论与方法的研究有积极作用。

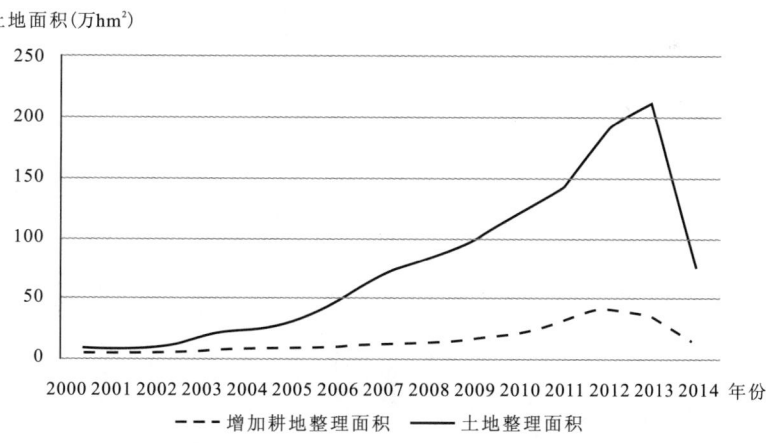

图4-2　2000—2014年我国增加耕地和土地整理面积发展趋势图
(数据来源:《中国经济与社会发展统计数据库——国土资源专题》,2016)

五、地质遥感调查与监测促进生态文明建设评价

我国地质遥感调查与监测始于20世纪70年代,随着遥感技术的空间分辨率、时间分辨率、波段分辨率的完善,遥感技术在资源与环境领域发挥着重要的作用。在资源环境研究中利

用遥感技术对水、土地、地质矿产、生物等资源进行调查,比例尺由早期的1∶100万向1∶50万、1∶25万、1∶10万变化,由早期的静态调查变为现在的动态监测,同时精度有了大幅度的提高。在环境监测中利用遥感技术对研究区域的生态环境状况、水土流失情况、土壤盐碱化、土地沙漠化等方面进行研究,实现了由定性向定量转化,进而能够客观、快速、全面地评价区域的环境状况。

遥感技术诞生以来的40多年时间里,我国地质遥感监测工作获取得了大量的海岸线、滩涂、湿地、荒漠化、城镇与交通和各地区的石漠化现状与演变数据,该公益数据可服务于国家职能与决策部门的规划、管理、开发和决策,为生态环境保护和治理提供数据支持;全面完成了我国东部经济区带第四系分布现状遥感信息提取与解译工作,综合基础地质、构造、断裂遥感信息提取、解译及航磁等综合信息,全面分析了中国东部经济区带地壳稳定性情况,真正实现了为当地城镇布局及城市化发展趋势、经济发展规划、资源环境保护、大型工程布局和社会经济可持续发展提供决策依据的目的。新型遥感技术在社会可持续发展过程中的资源环境研究领域日益发挥重要的作用。我国的信息化和数字化建设进一步加快,国家资源环境综合信息预警能力正在进一步加紧建设,特别需要通过遥感技术获取客观、快速、全面的资源环境信息。

地质环境监测是获取地质环境变化数据的基础性、公益性、专业性工作,我国的地质环境监测工作是随着经济社会发展的实际需要逐步开展起来的。国土资源部(原地质矿产部)系统的地质环境监测起步于20世纪50年代初期的地下水监测,是我国最早开展地质环境监测的专业部门。通过60多年的努力,基本形成了由国家级、省级、地(市)级和县级地质环境机构组成的全国地质环境监测工作队伍体系,开展了地质灾害、地下水、矿山等地质环境监测工作,取得了一系列监测成果。截至2014年,全国共有各类地质环境监测点141 763个,突发性地质灾害监测点107 166个,缓变性地质灾害监测点19 732个,地下水监测点14 865个。直接从事地质环境监测从业人员7083人,其中具有技术职称的专业技术人员3607人,其他人员3476人(图4-3)。在专业技术人员中,48%为高级职称,37%为中级职称,15%为初级及以下称职。

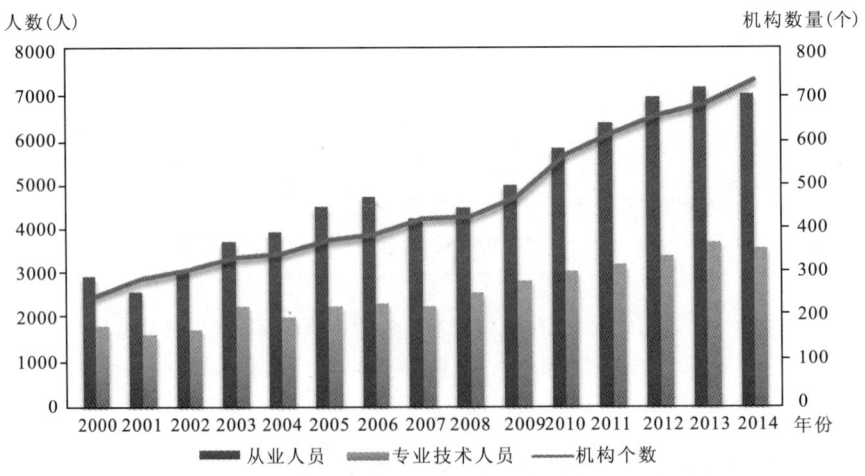

图4-3 地质环境监测人员数与机构数分析

(数据来源:《中国经济与社会发展统计数据库——国土资源专题》,2016)

从以上对于我国当前地质环境监测和保护现状来看,虽然我国当前在生态环境监测与保护方面还存在着诸多的问题,例如技术上比较滞后、管理制度跟不上、人员能力水平存在不足等,即使如此,但整体趋势是向前发展的。未来该工作的发展趋势应是在地面监测技术与"3S"技术相结合的基础上,实现由当前的生态环境质量评价到生态风险以及早期生态环境预警和保护方面的转变。当前我国部分城市已经开始使用遥感技术对生态环境进行监测与保护,这些先进的技术手段必将对我国生态环境的保护工作起到良好的推进作用。

第二节 基础地质工作促进生态文明建设的需求分析

随着经济社会的不断发展,地质矿产工作在解决能源、资源、地质灾害和生态环境、重大工程建设等重大问题上急需基础研究的突破。实现找矿突破亟待加强成矿区带基础地质调查,环境评价与重大工程建设急需翔实的基础地质资料,地球科学发展和创新不能脱离扎实的基础地质调查,国土资源管理需要遥感调查、监测提供支撑与服务。当前,地质矿产工作更加迫切地需要基础地质调查和基础地质研究提供更为科学、准确、翔实的基础地质信息资料及理论依据,为生态文明建设提供重要支撑和服务(图4-4)。

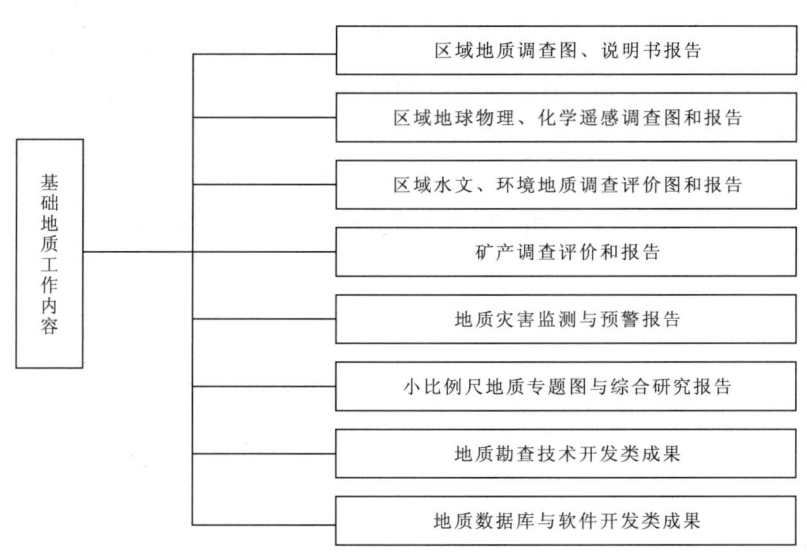

图 4-4 基础地质工作内容

面对资源约束趋紧、环境污染严重、生态系统退化的严峻形势,党的十八大报告首次专题论述生态文明,着力推进绿色发展、循环发展、低碳发展,形成节约资源和保护环境的空间格局、产业结构、生产方式及生活方式,从源头上扭转生态环境恶化趋势。当代地质矿产工作必须以需求为导向,将当前生态文明建设过程中面临的资源约束趋紧、环境污染严重、生态系统退化三大问题的破解作为己任,发挥更加重要的支撑和服务作用。

十八届三中全会明确表示,建设生态文明,要健全自然资源资产产权制度和用途管制制度,划定生态保护红线,实行资源有偿使用制度和生态补偿制度,改革生态环境保护管理体制。

生态文明建设离不开地质矿产工作的基础支撑,基础地质调查是地质矿产工作的根基,是一切地质矿产工作的基础,为其他层次的各项工作提供地质环境、土地资源、矿产资源、海洋资源等的地质调查基础信息。

一、国土空间治理对基础地质工作的需求

国土是生态文明建设的空间载体,通过加强矿产地质、环境地质的调查研究,为资源消耗上限、环境质量底线、生态保护红线的设置与划定提供技术支撑。"十八大"以来,区域发展呈现新动向和新趋势,区域发展战略的内涵更加丰富:"四大板块"战略从顶层确定了我国实现区域协调发展的总体部署;主体功能区战略明确了我国国土空间开发格局;"一带一路"、京津冀协调发展、长江经济带等跨国、跨区域经济带深化了"四大板块"对内对外互联互通的内涵;重要经济区是落实区域发展总体战略、引领全国经济发展的战略重点。优化国土空间开发格局,推进生态国土建设,对地质环境工作有更进一步的需求。服务国土空间开发规划编制,要求加强水工环综合调查与编图,需要有针对性地编制地质环境单要素图件和综合性图件。服务水土资源开发、工程建设与城市管理,要求开展更大比例尺水工环综合调查,建立三维地质框架模型。服务地质环境问题防治与环境健康维护,要求加强地质环境问题专题调查研究,提出地质环境问题防治对策与解决方案。服务地质环境精细化管理,要求加强地质环境数据库与信息平台建设,实现地质环境变化预报预警。

"多规合一"是融合土地利用规划、城市总体规划、环境保护规划的基础,是实现生态文明建设的平台(图4-5)。开展土地质量地质调查及自然资源综合调查、监测与评价,建立资源环境承载力监测预警体系,为永久基本农田、城市边界、生态保护3条红线的科学划定提供依据,为区域经济发展统筹资源、产业、生态,统筹产业聚集度、密度提供依据,满足生态文明建设的国土空间开发格局优化需求,基础地质工作过程中获取的海量数据,也为生态文明建设提供大数据分析支撑。

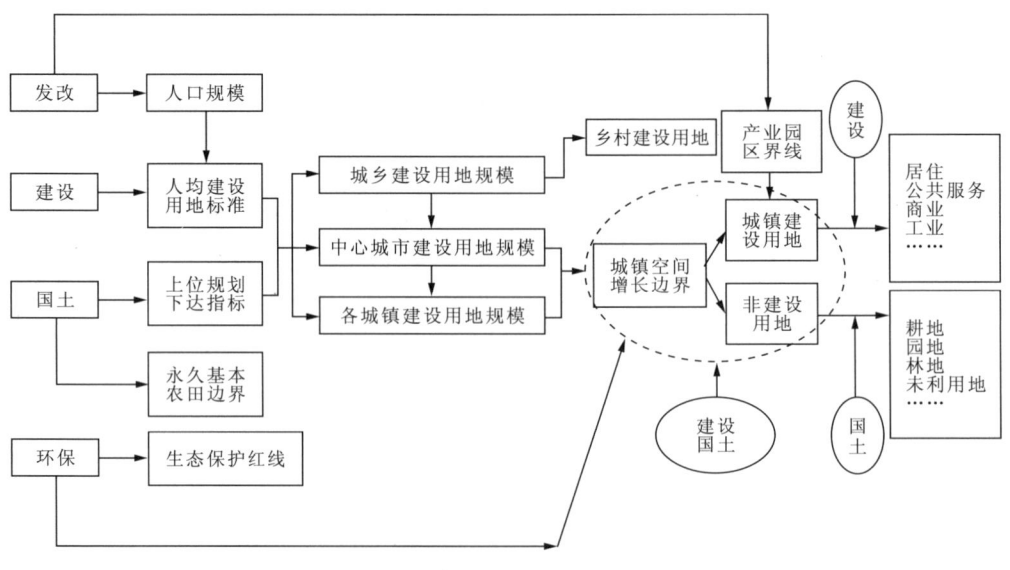

图4-5 "多规合一"技术线路图

二、矿产和能源的后备基地建设对基础地质工作的需求

促进生态文明建设,需要着力加强区域成矿带基础地质调查,提高已开发矿区的调查精度,开展重点地区三维地质调查。按照重点成矿区带、找矿远景区和整装勘查区,分层次、分阶段部署中、大比例尺区域地质调查、地球物理调查、区域地球化学调查、遥感地质调查和综合研究。加快开展西部重点成矿带区域地质调查及1:25万区域重力调查、航磁调查、区域地球化学调查和遥感地质调查。在成矿带重点开展中比例尺区域地质调查;在找矿远景区和整装勘查区,重点开展1:5万区域地质调查及大比例尺航磁、化探和遥感地质调查,为找矿提供物化遥综合信息和找矿靶区。开展重要成矿带基础地质调查、物化遥调查成果集成和综合研究,为国土开发建设提供基础资料。

矿业经济区是矿产品的主要生产、供给基地,是矿业循环经济重要实践、技术创新的基地,也是推动资源型地区发展的政策先行试验基地。矿产资源规划确定的75个矿业经济区面积占全国的25%,矿业产值占42%,原煤和黄金产量占65%以上,矿业聚集度是全国平均水平的16.5倍;万平方千米的矿产地数57个,是全国平均的2倍多;在建国家级绿色矿山数量55%落户矿业经济区。

我国为世界上第一大能源生产和消费国。2014年,一次能源生产总量为36.0亿吨标准煤,同比增长0.5%;消费总量为42.6亿吨标准煤,增长2.2%;能源自给率为84.5%(图4-6)。能源结构不断改善,煤炭比重不断下降,天然气等清洁能源比重不断上升,2014年能源消费结构为:煤炭占66.0%,水电、风电、核电、天然气等占16.9%。

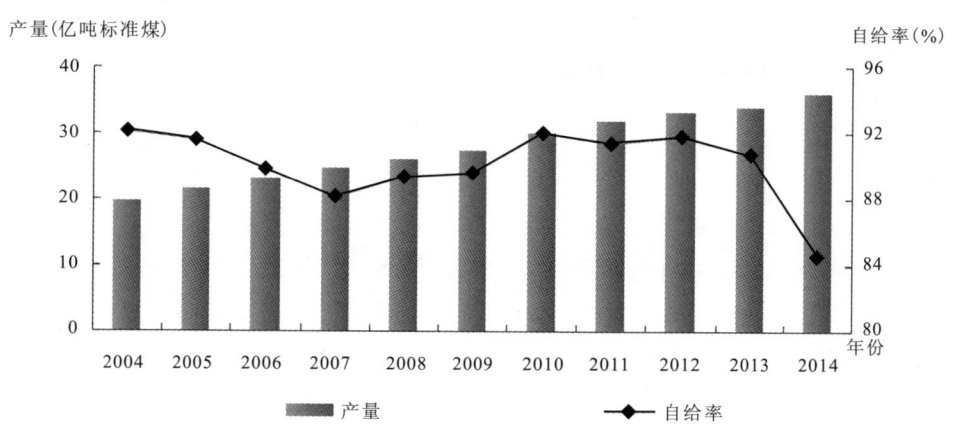

图4-6 一次性能源生产情况
(数据来源:《中国矿产资源报告》,2015)

生态文明建设的核心一环就是资源的节约集约利用,而基础地质工作加强对现有资源和潜在能源的勘查、评估,构建一套完整的资源潜力评价体系。加强清洁低碳能源矿产调查评价与勘查工作,为国家能源消费结构调整及新能源产业发展提供保障。集中优势力量攻关,力求取得油气新发现,为支撑油气勘探开发体制改革提供竞争性出让区块;节约集约利用资源,控制能源消费总量,加强节能降耗,推进水循环利用。

三、海洋国土管理对基础地质工作的需要

随着我国国民经济的持续发展,国家越来越重视海洋地质工作。为了加快海洋区域地质调查工作,《决定》明确提出,实施海洋地质保障工程,开展区域海洋地质调查,进行海岸带、大陆架和海底地质情况探测,系统掌握海洋地质基础数据,摸清海域油气资源潜力。目前为止,我国1:100万海洋区域地质调查还没有全覆盖,已经完成的有1:100万南通幅、永暑礁幅两个试点图幅;提交了上海幅和海南岛幅、中沙幅的区域地质地球物理填图工作;即将提交1:100万大连幅和汕头幅的海洋区域地质地球物理填图工作。海洋地球化学填图除个别局部区域为寻找油气资源开展了部分工作外,系统的基础海洋地球化学填图工作尚未开始,因此,海洋地质工作已经远远落后于国家需要和形势发展。

海洋基础地质调查程度需要进一步提高,确保海岸带综合地质调查取得成效,加大海洋地质信息服务力度。根据海洋资源环境承载力,科学地编制海洋功能区划,确定不同海域主体功能。坚持"点上开发、面上保护",控制海洋开发强度,在适宜开发的海洋区域,加快调整经济结构和产业布局,积极发展海洋战略性新兴产业,严格生态环境评价,提高资源集约节约利用和综合开发水平,最大程度地减少对海域生态环境的影响。严格控制陆源污染物排海总量,建立并实施重点海域排污总量控制制度,加强海洋环境治理、海域海岛综合整治、生态保护修复,有效保护重要、敏感和脆弱的海洋生态系统。加强船舶港口污染控制,积极治理船舶污染,增强港口码头污染防治能力。控制发展海水养殖,科学养护海洋渔业资源。开展海洋资源和生态环境综合评估。实施严格的围填海总量控制制度、自然岸线控制制度,建立陆海统筹、区域联动的海洋生态环境保护修复机制。

四、农业生产和绿色食品对基础地质工作的需要

根据《全国土壤污染状况调查公报》(2014),全国土壤总的超标率为16.1%,其中轻微、轻度、中度和重度污染点位比例分别为11.2%、2.3%、1.5%和1.1%。从污染分布状况来看,南方土壤污染重于北方,长三角、珠三角、东北老工业基地等部分区域土壤污染问题较为突出,西南、中南地区土壤重金属超标范围较大。目前我国耕地质量等级劣质率为27.9%。与空气和水污染的治理不同,土壤修复工作耗资大、耗时长、处理过程复杂,很容易产生二次污染。2013年我国各地启动的土壤修复试点项目总计42项,总体规模较小,仅2项资金总量超过亿元;而示范项目的资金几乎全部来自政府专项资金补贴,融资渠道狭窄单一。据估计,土壤修复目前市场规模不到40亿元,而2013年环保产业产值约为8000多亿元,可见土壤修复产值尚未达到环保产业的1%。当前我国土壤污染防治面临的形势很复杂:部分地区土壤污染严重,土壤污染类型多样,呈现新老污染物并存、无机有机复合污染物并存的局面,因而土壤修复工作就显得更为重要和复杂。

农业基础地质工作把服务于农业经济发展作为主要方向,有利于加强农业基础地位,推进农业和农村经济结构调整,保护和提高粮食综合生产能力,健全农产品质量安全体系,增强农业的市场竞争力。通过地球化学调查,全面掌握了耕层土壤元素物质组成,通过对比研究选出适合发展特色农业的区域,建议当地政府大力发展特色农业。开展土地质量地球化学评估,划分了土地质量地球化学等级,依据农业部绿色食品产地土壤环境质量标准和无公害食品蔬菜

产地环境条件标准,确定绿色食品、无公害食品适宜区,推进绿色农业和无公害食品产业化发展。在部分地区探索实行耕地轮作休耕制度试点,是着眼于我国农业发展突出矛盾和国内外粮食市场供求变化做出的重大决策部署,既有利于耕地休养生息和农业可持续发展,又有利于平衡粮食供求矛盾、稳定农民收入、减轻财政压力。对推进农村生态文明建设、加快农业产业化发展方面具有积极作用。近年来,各地区、各部门积极采取措施,在土壤污染防治方面进行探索和实践,取得了一定成效。但是由于我国经济发展方式总体粗放,产业结构和布局仍不尽合理,污染物排放总量较高,土壤作为大部分污染物的最终受体,其环境质量受到显著影响。加强土壤污染防治工作对推进生态文明建设,开展污染治理的重要战略部署,对确保生态环境质量得到改善、各类自然生态系统安全稳定具有积极作用。

五、生态环境治理与保护对基础地质工作的需要

我国社会经济正处于中高速发展时期,大规模、泛地域的各类开发建设活动对地质环境冲击、破坏、扰动的程度、深度和范围不断增大,各类地质环境问题层出不穷,地质环境资源破坏情况日益严重,地质环境工作的重要性日益凸显。

鉴于我国地质灾害频发,人员和经济损失巨大,各级政府对地质灾害治理的关注不断提升,相应的投资也在不断增多。根据国家统计局数据显示,我国地质灾害防治投资规模从2000年的3.32亿元增长到2014年的163.41亿元,年均复合增长率达到29.66%。如图4-7所示,我国地质灾害防治投入资金2000年到2003年逐年增加,2004—2007年投资金额基本持平,2007年之后呈现逐年增加的趋势,中央及各级地方国土资源部门对地质灾害防治方面的投入逐年增加。同时,新开工的项目数量均呈现出高速增长的态势,2000年以来,我国地质灾害防治项目个数由2000年的429个增长到2014年的36 984个,年均复合增长率为34.6%。2014年,全年中央投入特大型地质灾害防治专项资金50亿元,成功预报地质灾害417起,避免人员伤亡33 723人,避免直接经济损失18.1亿元。

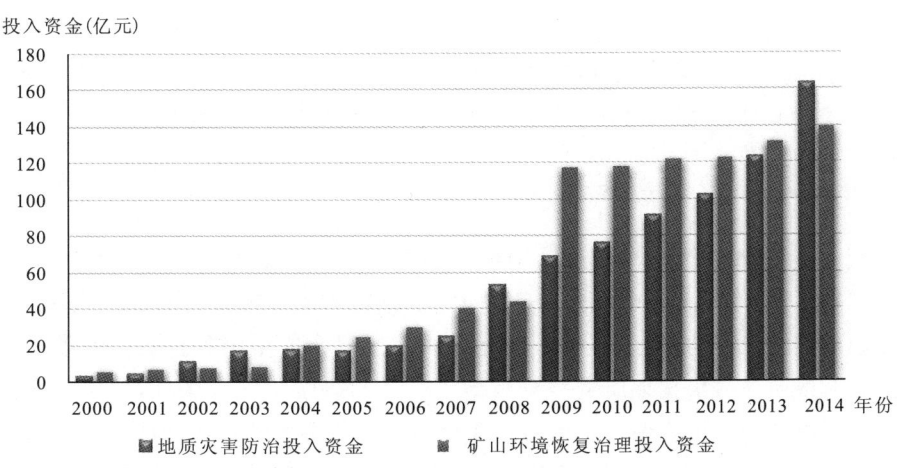

图4-7 2000—2014年地质灾害和矿山环境恢复投入资金趋势图
(数据来源:《中国经济与社会发展统计数据库——国土资源专题》,2016)

截至2014年底,我国用于矿山地质环境治理资金累计901.8亿元,其中,中央财政出资287.3亿元,安排项目1954个,地方财政和企业自筹资金614.5亿元。全国矿产开发累计损毁土地303万hm²,已完成治理恢复土地81万hm²,治理率为26.7%。其中,中央财政资金完成21.4万hm²,地方财政和企业资金完成59.6万hm²。中央财政资金继续支持资源枯竭型城市矿山地质环境治理工程和矿山地质环境治理示范工程的实施。2014年下达矿山地质环境治理项目补助资金17.28亿元。这些项目的实施在很大程度上改善了矿山环境,增加了耕地,预防了矿山地质环境灾害,保护了人民财产安全,取得了很好的经济、环境和社会成效。

第三节 基础地质工作促进生态文明建设的对策建议

基础地质工作需要超前部署、长期积累、有序更新、不断深化,才能为保障经济社会发展提供持续的基础数据。为此,中国地质调查局在基础地质调查的长期发展规划中明确提出,在未来15年,坚持服务于资源—环境—工程三大领域,充分发挥区域基础地质调查的先行和引领作用,大力加强成矿带和经济区区域基础地质工作,加强建设绿色经济体系,科学处理好生态环境保护与资源开发利用之间的关系(图4-8)。作为经济社会先行性基础地质工作,要适应经济社会发展需要,积极融入区域经济社会发展,更好地服务于生态文明建设,在灾害地质、环境地质、旅游地质、城市地质等领域充分发挥技术特长和专业优势。

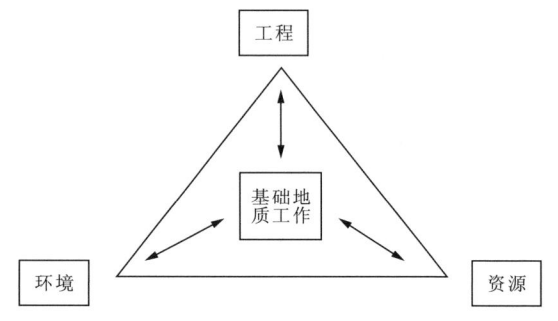

图4-8 基础地质工作战略层次图

生态文明建设的战略任务体现在优、节、保、间4个方面,即优化国土空间开发格局、全面促进资源节约、加大自然生态系统和环境保护力度、加强生态文明制度建设。因此,基础地质工作的重点和突破口也需要与之契合,为生态文明建设提供强大支撑力。

一、加强地质资料信息库建设,提高信息化水平

地质资料是在科研工作和实践活动中形成的具有保存价值的文字、声像、录音、录像及图表等资料和信息,是国家投入财力、人力和物力,获得的大量宝贵财富和社会资源,是进行经济建设和后续地质矿产工作的依据和条件,也是地质矿产工作成果服务社会的价值体现。地质资料信息化是针对纸质和数字化地质资料及其衍生产品的科学组织和服务,地质资料信息化建设也是构成当今信息社会的重要部分。目前地质资料信息化建设中存在着地质资料信息化标准体系不完善,现有信息系统繁多、缺乏有效整合,地质资料网络服务能力较弱,数字地质资料馆刚刚起步,各馆藏机构之间的互联互通还未实现,公共服务信息产品开发严重滞后等问题。

近年来,全国各级国土资源主管部门及地质资料馆藏机构高度重视地质资料信息化建设工作,加快了地质资料数字信息资源积累,推动了馆藏条件现代化与信息化进程,全面开展了

资料信息的网络化服务。虽然取得了一系列成效,但是依旧存在信息化标准不统一、信息产品开发不足等问题。根据当前我国地质资料管理与服务信息化建设现状,提出以下对策建议。

1. 推进地质资料数据中心建设

加快推进国家地质资料数据中心建设,大力加强地质资料数据管理一体化进程,建设面向长期保存的国家地质资料数据库和面向服务的国家地质资料数据库,部署地质资料业务内外网络,进一步推进地质资料集群化共享规划与布局,变国家单纯抓汇交为全社会建造地质资料信息数据可持续创新的环境和大地质服务观并举。使各种地质资料数据共享工作有序进行,并按照一定的规定和办法提供共享服务,这是数据共享工作的一个重要环节,最终建成遍布全国的分布式数据共享网络体系,包括门户网站、行业和领域共享服务网络、多个数据共享分中心(节点)网站。持续提供政策和经费保障,使国家地质资料数据中心成为国家地质成果生产和服务基地,利用网络使信息便捷、及时地服务于政府、科学机构、企业、学校和公众等。

2. 创新网络服务模式,推动地质资料信息公开共享

创新地质资料网络服务模式,加强在线服务的功能与开发利用。网络服务要简洁明快,应用便利,要提供在线下载资料数据的功能,满足人们多方面的需求。另外,网络服务要以需求为导向,建立按需服务,将服务对象进行不同类型的划分,比如政府、公司、企业和学校等,这种分类一是便于查找与利用,二是也加强了涉密资料数据去向的安全管理。此外,以网络为媒介,建立地质资料信息公开共享标准,大力推动地质资料信息公开共享。

3. 加快地质资料信息服务集群化建设,制定合理的集群政策

一是构建经常性的沟通机制,一方面,可以促进资料汇交单位与资料生产单位的合作关系;另一方面,通过举办地质资料产品推介会或研讨会等,可使资料供给方与需求方建立合作关系,为资料信息在内部的流动提供有效途径。二是推动专业化教育和培训计划,鼓励资料汇交单位工作人员参与集群创新网络,鼓励他们共同研究与产业集群发展相关的技术。

二、大力发展地质科技

党的十八大以来,党中央、国务院将能源安全、生态文明、"一带一路"、创新驱动等上升为国家战略,将科技创新摆在国家发展全局的核心位置,地质科技工作面临新的发展机遇。从国内外能源资源形势来看,全球能源资源供需格局调整,我国能源资源需求增速将放缓,但总量居高不下和结构持续优化将成为新常态,要求地质矿产工作进行战略性结构调整,增强地质矿产工作先行能力,促进资源能源勘查突破,立足国内提高油气资源和大宗紧缺矿产资源保障能力。这就要求地质科技工作要不断创新科研工作方式,大力推进科研与地调融合,积极投入地质调查主战场,更好地发挥地质科技的引领支撑作用。

1. 推动地质科技创新工程,深化地质科技体制改革

按照国家有关要求及部局相关部署,积极推动事业单位分类改革,加强对分类改革的政策把握及统筹协调,明确单位职责定位,深化地质科技体制改革。借鉴中国科学院、中国农业科学院、中国林业科学研究院等单位的经验和做法,结合中国地质科学院实际,研究制定切实可行的改革措施,在人事制度、分配制度、激励机制等方面制定配套管理办法,不断激发创新活力。积极探索科学合理的科技成果评价体系,加强成果信息对外发布和宣传报道,及时向社会提供最新成果资料,提高科技服务水平。通过深化改革和体制机制创新,推进世界一流科研机构建设,在国家科技创新体系中发挥更大的作用。

2. 提升地质科技创新能力

加强大陆构造和动力学国家重点实验室、北京离子探针中心、国家现代地质勘查工程技术研究中心、岩溶动力系统与全球变化国际联合研究中心等国家级科技条件平台建设,支持符合条件的实验室整合资源申报国家重点实验室。推动高层次人才培养工程,加强高层次人才在地球科学前沿研究、资源能源勘查、地质环境调查评价、地质灾害监测防治、技术方法研发等重点领域发展,拓展国际合作交流平台。

3. 推动科研实验基地建设工程

全力推进全国地质科研实验基地建设,组织各单位优化重点实验室、科研、教学等建设布局,做好顶层设计,积极探索、先行先试、逐步深入,通过合作,联合开展区域地质调查试点示范,创新发展地质调查理论和现代地质填图方法,不断提升地质调查工作水平;在面积性地质调查及综合研究的基础上,凝练科学目标,聚焦关键问题,形成重大科技项目立项建议,集中优势科技力量,联合申报和组织实施国家五大类科技计划项目,促进地调与科研深度融合,逐步实现创新驱动发展目标。

三、加强地质向地理、国土资源向生态环境、数量向质量效益扩充的交叉研究

基础地质工作要加强地质学向地理学的研究。地质学的研究对象为地球的固体硬壳——地壳或岩石圈,主要研究地球的物质组成、内部构造、外部特征、各层圈之间的相互作用和演变历史的知识体系,是研究地球及其演变的一门自然科学,同时,地质也是一门研究有经济意义地质体和地壳物质的开发与利用的学科。地理学研究的是地球表面这个同人类息息相关的地理环境,地理学者曾用地理壳、景观壳、地球表层等术语称呼地球表面。它是地球各个层圈——大气圈、岩石圈、水圈相互交接的界面,具有一定的面积和厚度。基础地质工作是一项旨在查明全国基本地质情况、获取基础地质数据的超前性、公益性、基础性地质矿产工作。其主要任务是了解某一区域乃至全国的资源、环境地质背景,为国家经济建设和社会公众提供基本地质信息。因此现代基础地质工作需要地质向地理转化,为人类探索地球、认识自然、利用自然提供基础数据;为国家宏观发展战略服务,为经济建设和社会发展服务,为国土资源部的中心工作服务,为国土资源大调查工作服务;为矿产勘查开发规划、环境保护、地质灾害预警预报与防治、国家重大工程建设、农业区划,以及国民经济建设和社会发展服务,向政府和社会提供地学基础资料和信息。

基础地质工作要加强国土资源向生态环境的转化。面对资源约束趋紧、环境污染严重、生态系统退化的严峻形势,我们应当充分认识到资源不仅具有稀缺性、可耗竭性,而且具有动态性、系统性、开放性,是数量、质量和生态三者的有机统一,在做好数量管控的同时,加强质量管理和生态管护,用"数量、质量、生态"三位一体的理念来统筹地质资源勘查开发。坚持节约优先,在保护中开发、在开发中保护,完善地质资源勘查开发的区域布局、生产格局、产业结构、产

业运行模式和工艺流程、回收利用、循环发展的生产和消费模式,构建生态文明的资源生产和消费体系,使有限的资源得到更好的利用;坚持开放市场,在更大范围内实现资源优化配置,使一些地区的资源优势得到更好的发挥;坚持公平公正,保护资源所有者、投资人、勘查开发企业和资源所在地的合法权益,使各方利益得到更好的兼顾;坚持人与自然和谐,落实环境治理和生态恢复责任,使生态环境得到更好的保护。

基础地质工作促进资源由数量向质量效益扩充。我国的资源管护已经历了从数量管护跨入质量管护阶段。在新的历史条件下,建立资源数量、质量、生态一体的管护体系迫在眉睫,与之相适应的基础地质工作支撑体系应该发挥基础性、先行性作用。首先,加强土壤、地下水、矿床、矿山等自然资源生态地球化学调查。无论是土壤、地下水、矿山,还是植物、大气的质量和生态都是地球化学元素在各圈层循环中的迁移富集。有益元素富集好,有害元素富集在标准范围内,资源的质量和生态就好;反之,有害元素富集超出标准,资源的质量和生态就差。通过生态地球化学调查,查明各种资源地球化学赋存状态,根据数量、质量和生态禀赋状况为资源分等定级。其次,构建生态地球化学动态监测体系、生态环境修复体系。动态监测是形成大数据的主要来源,在调查与动态监测的基础上,建立起生态地球化学元素迁移过程的动态模拟模型、预警模型和修复模型等,为集约节约、高效合理利用资源和三位一体的资源管护提供坚实的技术支撑。

基础地质调查工作必须主动适应经济发展新常态下的新形势、新要求,实现由生产型向服务型转变,更加注重服务国家重大战略,更加注重服务国土资源管理,更加注重转方式调结构,更加注重依靠创新驱动,努力走出一条地质调查事业改革发展的新路,为实现生态文明建设重大战略目标和任务打下坚实的基础。

第五章 矿产地质工作服务生态文明建设研究

第一节 矿产地质工作服务生态文明建设评价

党的十七大报告明确了生态文明建设的战略思路。党的十八大提出建设社会主义生态文明的目标,建设生态文明要合理开发和利用资源,坚持节约资源和保护环境并重,通过合理规划利用国土资源、节约利用资源、提倡低碳生活、努力开发新能源,规范矿产资源的开发,保护自然环境等途径,达到促进生态文明建设的目标。矿产地质工作围绕"两个更加"目标,积极服务生态文明建设,在促进资源合理开发利用、资源节约与综合利用、环境保护及相关的制度建设(特别是矿业权的制度建设)等方面取得了显著成绩。

一、矿产资源合理开发利用

1. 能源结构优化

国外工业化进程中矿产资源开发利用的经验表明,能源结构在工业化后期调整明显,天然气、新能源是能源转型的主要方向,以服务产业结构调整和工业化升级。

从中国的能源结构来看,化石能源消费占中国整体能源结构的92%,其中高排放、高污染的煤炭占68.4%,石油占18.6%,天然气仅占5%,而低污染的水电、核电、风电仅占8%,这种以煤为主的能源生产和消费格局可能长期存在,对我国发展生态文明提出了很大的挑战。要破除能源瓶颈必须从巨大的传统化石能源需求中逐步解放出来,加大清洁能源、可再生能源开发力度,以低排放、高能效的新能源逐步代替煤炭、石油等传统能源。可再生能源开发已成为世界各国的共识和争相占领的技术高地,核电、风电、水电、太阳能、地热、生物质能、海洋能等新能源在能源消费结构中占比越来越高。

能源结构优化抑制了空气污染排放量增长速度。中国能源结构逐渐降低了煤炭、石油能源的消费比重,提高了天然气的消费比重,水利发电等清洁能源的消费比重也得到了提高,这对抑制我国空气污染排放量,改善空气质量发挥了重要的基础性作用。

我国是以煤炭为主要能源的国家,煤炭产量居世界第一位,而高硫煤的储量占煤炭总储量的20%~25%。二氧化硫的主要来源是煤炭燃烧。二氧化硫对环境、土壤、人体健康都有危害。由于国家重视能源结构调整,抑制了煤炭能源消费增长速度。能源结构调整和能源清洁生产导致二氧化硫排放总量出现下降趋势(图5-1)。

氮氧化物是主要的空气污染源之一,具有不同程度的毒性,其主要来源是煤炭和石油利用。燃煤发电厂废气中 NO 含量为 $400\sim24\,000\,mg/m^3$,燃料中各种氮化物被分解氧化生成的

NO_x,称为燃料 NO_x。以汽油和柴油为燃料的各种机动车辆,特别是汽车,排出的废气中含有大量的 NO_x。尽管在经济增长的带动下,我国能源消费总量仍然呈现增长趋势,但我国氮氧化物排放总量的增长速度受到明显抑制(图5-2)。

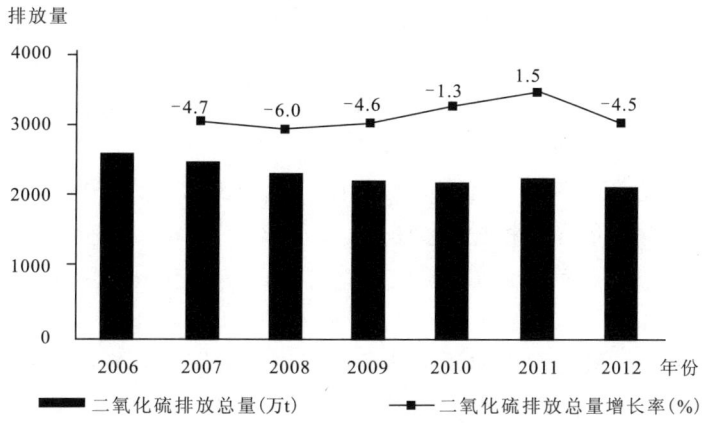

图 5-1 我国历年二氧化硫排放总量趋势图

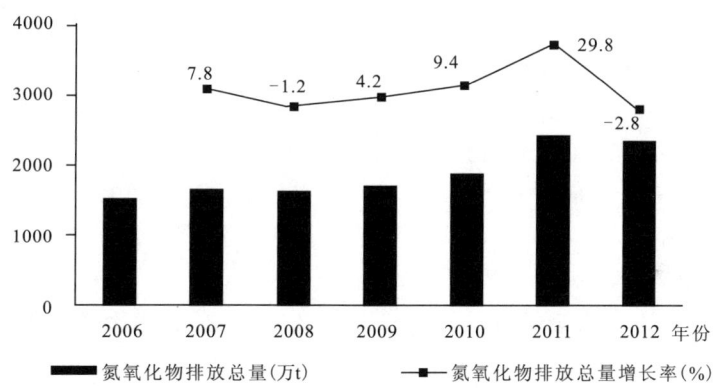

图 5-2 我国历年氮氧化物排放总量趋势图

2. 服务新型城镇化、工业化建设

新型城镇化是现代化的必由之路,是最大的内需潜力所在,是经济发展的重要动力,也是一项重要的民生工程。"十八大"提出了新型城镇化发展目标,由于工业化与城镇化之间存在着明显的正相关关系,因此,工业化是城镇化的核心动力。新型城镇化的核心是"以人为本",改善环境质量,提高人民生活质量是重中之重。这就决定了新型城镇化、工业化资源需求与传统城镇化、工业化的本质区别。

首先,能源结构要倾向于"绿色化",提高天然气、新能源等清洁能源比重是保障能源供给的重点。城镇化意味着会有更多农村人口向城市转移。据测算,每一个农村人口转入城市,其能源消费水平将提升至原来的3倍。新型城镇化的推进必然伴随产业结构的调整,而能源消费结构也需随之变革。经济增长的绿色转型意味着非常规油气等资源新增储量取得突破性进展,2014年达1669.43亿 m³,占能源类气体新增储量总量的15%。其中,页岩气新增探明地质储量1067.5亿 m³,增速放缓将成为"新常态",相对应的,能源、电力的消耗增速也将会有所降低。我国能源消费依然以工业用能为主,各国城镇化发展实践表明,城镇化的快速发展必然带来能源需求量的急剧上升,但是由于我国能源消费主要以工业用能为主,居民生活用能所占比重较低,同时城镇移民会改变人们的消费行为和习惯,意味着我国新型城镇化对能源消费的影响有限,主要是增加居民生活用能,特别是天然气的消耗。服务新型工业化的能源要求是降低煤炭能源消费比例,增加天然气、核能、新能源等清洁、低碳能源的消费比重。从最近几年的能源勘查成果而言,中国地质调查局取得了明显的成绩。

(1)常规天然气(以下简称"天然气")。2013年,地质资源量68万亿 m³,可采资源量40万亿 m³,与2007年评价结果相比,分别增加了33万亿 m³、18万亿 m³,增长了94%和82%。2014年,我国常规天然气新增探明地质储量9437.72亿 m³,新增大于1000亿 m³ 的大气田5个。

(2)页岩气、煤层气。随着对地质规律认识的提高和我国非常规油气勘查及开采技术的发展,我国自2011年设定页岩气新矿种"户籍"后,首次提交探明储量;2014年,煤层气探明地质储量601.93亿 m³,较2013年增长155.3%。由于中国少气,天然气对外依存度不断上升。

(3)铀矿。铀矿资源勘查是核工业产业链的最前端,2000年以来,扩大、新发现40多个铀矿床,其中有10多个是大型、特大型,甚至是超大型规模,实现资源储量翻番。初步实现了"天—空—地—深"四位一体的动态联测联探,即航天遥感、航空物探、地面探测、深井探测一体化;形成了铀矿技术标准体系,建立了核地质各个专业领域的标准150多项;形成了铀矿地质找矿人才队伍体系和完整的组织管理体系。中国核工业地质局已完成了"全国铀矿资源潜力评价"项目,初步摸清了我国铀矿资源的"家底",预测全国铀矿资源总量200多万吨,圈定预测区340多片,为铀矿勘查部署和铀矿勘查规划编制提供了依据。铀矿地质工作在现阶段基本满足了国家核能发电的需求。

其次,传统工业化所需资源随着经济增长而刚性增长,在我国资源趋紧、环境约束趋紧的大背景下显然不可持续,因此,必须要依靠新兴产业带动经济发展,减少资源依赖。现阶段,我国进入工业化中后期发展阶段,部分矿产资源需求将逐步见顶回落,这也为改善资源需求结构提供了良好的外部条件。目前,我国整体进入到工业化中期偏晚阶段,基础设施建设与社会财富积累、城市化达到一个相对较高水平,经济发展对大宗矿产资源需求的增速将减缓。重要大宗矿产资源需求还在缓慢增长,将在2025年前后陆续达到顶点。尽管资源需求增速放缓,但是资源需求仍将处于高位运行,资源需求总量仍然巨大(表5-1)。

表5-1 中国新兴城镇化、工业化下资源需求趋势

石油	天然气	煤炭	核能	铁矿石	有色金属	新兴矿产资源
需求增长趋缓	需求增长较快	需求减弱	需求增长快	需求逐步减弱	需求将逐步见顶	需求增长较快

中国打破资源约束瓶颈关键在于以新兴产业拉动的新型工业化,新兴产业包括节能环保、新一代信息技术、生物、高端装备制造、新能源、新材料和新能源汽车在内的七大产业。中国战略性新兴矿产的品种比较齐全,新兴矿产中储量排名第一的有稀土、钨、钛、镓、铟,其中钨、镓

和铟的储量占比均在50%以上;锂和锗的储量排名全球第二,分别为27%和41%;锆和钴的资源比较短缺。综合来看,我国的战略性新兴矿产种类比较齐全,在国际竞争中有一定的优势地位。战略性矿产勘查是中国地质调查局组织实施的地质矿产调查评价专项的一项重要任务,相关地质调查取得了较大成绩,有力地服务了新型工业化建设。

3. 勘查结构优化

第一,地勘投入结构优化。当前,国家调整经济结构,对钢铁、煤炭等产业实施去产能、供给侧改革,加快新兴经济的发展。中国地质调查局针对这一形势,一方面,加强重点地区矿产资源调查、异常查证等工作;另一方面,加大铀矿、钾盐、铜、镍、铅锌等紧缺资源,以及锂、铍、铌、钽、稀土等战略性新兴产业资源的地质调查评价力度,进行了勘查结构优化。在近几年国家地勘投入不断下降的情况下,中国地质调查局围绕国家生态文明建设要求,积极调整勘查结构。2014年之前,矿产勘查的热点是煤炭、金、铅、锌、铁等重点矿种勘查资金均占总投入的60%以上,最高达74%,2014年最低达57%。处于第二层级的是铁、铜、铅锌、金等,勘查投入在30亿~64亿元之间;至2014年,则形成煤炭、铜、金勘查投入为50亿~60亿元,铁、铅锌降至25亿~30亿元的水平。铁矿勘查投入降幅明显(表5-2)。

表5-2以中国地勘投入高峰期2012年作为对比基点,数据表明,传统地勘投入主力煤炭、铁矿石因为调结构、去产能加强生态文明建设,投入明显减少,而经济建设急需的资源保障和新兴产业所需资源,地勘投入增加,勘查矿种分化,煤炭、铁矿勘查投入下降明显,贵金属与有色金属受到不同程度的影响但仍处高位,地勘结构明显优化,有利于在保障资源供应的前提下减少环境污染。

表5-2 中国地质勘查资金投入结构对比

年份	煤炭	铁	铜	铅锌	金	其他
2012	29%	12%	14%	8%	16%	21%
2014	19%	9%	19%	10%	19%	24%

第二,找矿组织方式优化——整装勘查。2011年的全国找矿突破战略行动明确提出的"358"目标,作为找矿突破战略行动中龙头性的工作、重中之重,整装勘查无疑发挥了重要作用。"整装勘查"将预查、普查、详查、勘探、开发一条龙设计,物探、化探、钻探等多工种、多方法联合施工,加快勘查开发速度。"十二五"期间,我国绝大部分矿种累计勘查新增查明资源储量均有不同程度的增长,新增铜2300万t、铅锖6300万t、金5400t、钨250万t、镍230万t、锰6.1亿t、铝土矿5.2亿t。新增氧化锂资源量15万t;福建永定—南平地区取得钽矿找矿新发现,估算钽资源量1.4万t;内蒙古浩宾塔拉地区提交1处特大型萤石矿产地,估算资源量2000万t以上;河南西峡—桐柏地区新发现2处石墨矿,估算矿物量200万t以上。其中钨矿、钼矿、锑矿、金矿、银矿、磷矿增长超过50%。这些重大成绩的取得,离不开整装勘查的贡献。实践证明,整装勘查区是找矿突破战略行动的重要抓手,"十二五"期间(截至2014年)全国新增储量中,78%的铜矿、60%的钨矿及49%的新发现大中型矿产地来自整装勘查区。整装勘查资金投入包括中央财政资金与地方财政资金及社会资金,其中,中央财政与地方财政投

入规模基本相当,社会资金投入占约60%。表5-3显示了自2011年设立整装勘查区以来的资金投入及主要成绩。

表5-3 中国整装勘查投入及主要矿产新增资源量

时期	资金投入（亿元）	勘查区（处）	发现矿产地（处）	铁矿石（亿t）	铜（万t）	金（t）	铅锌（万t）	铝土矿（亿t）
2011—2012	60.21	47	101	44.70	386.00	207.16	358	3.40
2012—2013	94.53	78	135	86.36	536.59	514.37	501	6.93
2013—2014	65.26	107	83	97.76	908.45	570.96	450	5.80

4. 矿产资源综合利用

中国矿产资源禀赋具有"三多三少"的特点:①贫矿多富矿少,低品位难选冶矿石所占比例大;②大型—超大型矿床少,中小型矿床多;③单一矿种的矿床少,共生矿床多。上述特点决定了我国矿产资源具有综合利用潜力。

(1)资源利用效率趋好。截至2014年底,矿产资源综合利用示范基地建设中央财政资金累计投入148.8亿元、企业配套投入949.87亿元。示范基地建设任务顺利推进,预期目标完成良好,实现了八大综合利用关键技术的突破。单位GDP矿耗是指矿产资源表观消费量与国内GDP总值的比值,它反映一个国家矿产资源的利用水平,表现经济结构和矿产资源利用效率的变化。2005—2013年间,国内主要矿种单位GDP矿耗逐年下降,表明我国资源利用效率趋好。原油和钾盐的单位GDP矿耗下降速度最快,累计降幅超过50%,年均降幅也接近10%,说明这两种矿产资源利用效率趋好。而作为建筑行业和汽车行业消费大户的原铝单位GDP矿耗降幅基本不变,说明铝产业升级缓慢,资源的整体利用效率粗放。

(2)尾矿综合利用水平缓慢提高。尾矿的用途主要有下列形式:尾矿再选回收有用矿物,主要用于充填开采(60%)和建材(43%)。我国目前累计尾矿量接近150亿t,每年新增的尾矿量在15亿t以上。据《中国资源综合利用年报》数据显示,2013年尾矿堆存146亿t,83%为铁矿、铜矿、金矿开采形成的尾矿,这部分尾矿中,稀贵金属含量比较丰富,综合利用价值较高,但我国尾矿综合利用率仅为18.9%。"十二五"期间,我国尾矿利用增速明显高于排放增速,但利用量仍赶不上新增量,并且受矿业市场影响,与"十一五"期间相比,尾矿利用增速出现明显下降。

图5-3表明,总体上尾矿产生量增长势头得到了控制,但尾矿综合利用量尚不能抵消尾矿增量。综合利用水平不断提高,但增速较慢。

(3)主要矿种综合利用产值不断上升。国家支持鼓励矿产资源节约与综合利用,我国矿产资源综合利用产值不断上升,近几年主要矿种综合利用产值不断上升,但增速放缓。2005—2013年,中国的铁矿、金矿、铅矿、铜矿、铝土矿、磷矿和煤炭的综合利用产值增长了2~7倍,其中磷矿最为显著,增长超过7倍,年均增长率达到30%;其次为金矿,增长接近6倍,年均增长率超过26%。2012年以来,国内经济增速放缓,大宗资源产品需求下降,价格回落;全国矿产资源(非油气)综合利用产值略有增长,但增速明显回落;部分矿种综合利用产值出现下降。

2014年,全国矿产资源(非油气)综合利用产值虽高达1285亿元,但同比仅增长了2.8%,增幅与2013年持平。其中,2014年金矿、磷矿和铁矿的综合利用产值大幅下降,同比降幅分别为45.9%、61.6%和42.9%(图5-4)。

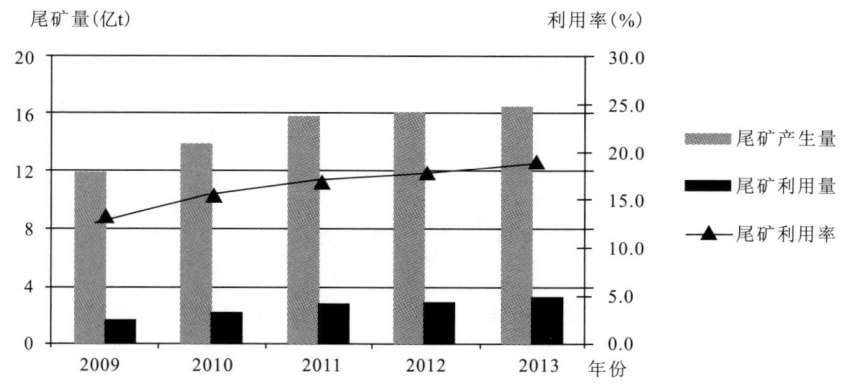

图5-3 我国尾矿产生和利用情况

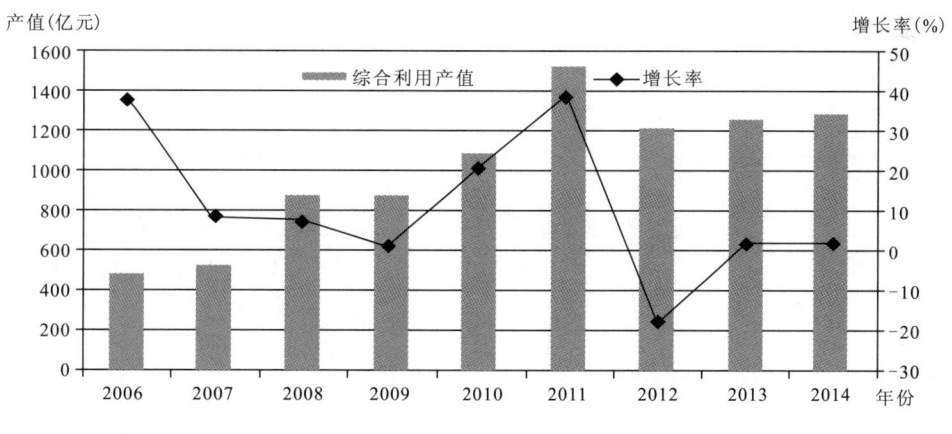

图5-4 2006—2014年我国非油气矿产资源矿产综合利用产值及增长率

2013年全国通过开展资源综合利用,减少固体废弃物堆存占地14万亩以上。矿产资源节约与综合利用,降低了资源的浪费。与调整产业结构、生态保护与优化生产力空间布局等结合起来,将形成节约资源和保护环境的空间格局、产业结构、生产方式、生活方式,有力地促进了生态文明建设。

二、矿山地质环境治理

目前,全国10多万座矿山,矿产开发累计损毁土地303万 hm^2,影响地下含水层面积538万 hm^2,固体废弃物累计存量400亿t,年排放废水超过47亿 m^3。中国地质调查局航遥中心的调查结果则显示,截至2014年,中国废弃矿山面积为仍需治理矿山面积的9.5倍,废弃矿山的治理力度有待加强。

1. 国家专项财政资金支持

2010年经国务院批准,财政部、国土资源部利用中央财政设立了矿产资源节约和综合利用专项。矿产资源节约与综合利用专项是利用经济手段,鼓励支持矿山企业合理开发和综合利用矿产资源的一项重要工作,采取"以奖代补"和"示范工程"两种形式。"以奖代补"主要是对节约与综合利用矿产资源取得显著成绩的矿山企业给予奖励,支持矿山企业提高矿产资源开采回采率、选矿回收率和综合利用率。"示范工程"主要是用于实施以矿山企业为主体的矿产资源领域循环经济发展示范工程,推进油页岩、煤矸石、难选冶黑色金属、共(伴)生有色多金属、矿山固体废弃物和多金属尾矿资源等综合开发利用。国家专项财政资金在2010—2012年这3年间,累计投入95亿元,取得成效如表5-4所示。

表5-4　国家专项资金支持矿产资源节约与综合利用成绩

矿种	开采回收率提高(%)	选矿回收率提高(%)	盘活资源量	增加产值(亿元)
铁矿	3～13	0.4～12	—	20.4
铜矿	1～9	2～6	3000万t	20
金矿	3～19	1～5	4.13t	12.4
磷矿	6～10	0.6～8	1.1亿t	4.7
钾盐	—	8	—	5

2013年、2014年国家继续支持资源枯竭型城市矿山地质环境治理工程和矿山地质环境治理示范工程的实施,财政支持力度有所降低,其中,2014年下达矿山地质环境治理项目补助资金17.28亿元。

2. 地质环境保护与治理恢复保证金

国土资源部在全国推进矿山地质环境治理恢复保证金制度建设,按照国土资源部在矿山地质环境治理恢复保证金制度中的责任划分,矿山地质环境治理恢复保证金制度建立前为历史遗留问题,由县级以上地方政府负责治理恢复。矿山地质环境治理恢复保证金制度建立后,生产矿山造成的矿山地质环境问题,由矿山企业负责治理恢复。2013年,全国各省已经全部出台并实施了矿山地质环境治理恢复保证金制度,以"企业所有、政府监管、专款专用"为原则,要求矿山企业在采矿过程中以及矿山停办、关闭或闭坑时,履行地质环境治理和生态恢复义务,验收合格后,按义务履行情况返还相应额度的保证金及利息。

自2001年中央财政安排矿山地质环境治理示范项目以来,在中央和地方各级财政资金的带动下,全国矿山地质环境治理工作取得了显著成效。截至2014年底,全国用于矿山地质环境治理资金超过900亿元,其中,中央财政近300亿元,地方财政和企业自筹资金超过600亿元。截至2014年12月,全国应缴保证金矿山数量99 006个,已缴85 893个,占应缴总数的86.76%;应缴总额1 598.69亿元(含山西省保证金380亿元),已缴867.74亿元,占应缴总额的40.02%。采矿权人完成治理义务返还(使用)保证金数额约为307.4亿元,占已缴保证金的35.4%。2014年投入矿山环境治理资金92.17亿元,其中中央财政资金17.28亿元。

图 5-5 表明,中央投入矿山地质环境资金与矿山经济周期有关,在 2013 年达到峰值,之后随着矿山开发利用活动减弱,投入相应减少。

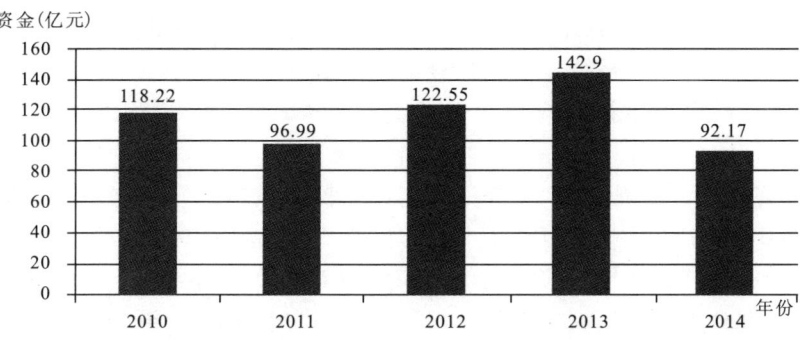

图 5-5　2010—2014 年全国投入矿山地质环境治理资金变化情况

截至 2014 年,全国矿山地质环境治理投入资金 901.8 亿元,已治理恢复毁损土地 81 万 hm^2,治理率为 26.7%。根据中国地质调查局航遥中心公布的最新数据,截至 2014 年底,全国矿山复绿工程已经完成全国总量的 11%,正在完成占全国总量的 14.08%,未复绿的占 74.94%。中国土地复垦率已从 20 世纪 80 年代的 2% 提高到 2014 年的 25%,复垦技术也从过去"一挖二平三改造"的简单工程处理发展到形成技术体系,大大提高了土地复垦水平。

三、制度建设

(一) 矿业权管理制度

矿业权制度的完善以及矿业权市场的开放与监管是维持矿山开采秩序的关键。在探矿权出让方面,2014 年全年共出让探矿权 1270 个,同比下降 5.1%,出让价款 59.5 亿元,同比增长 331.6%。出让采矿权 2326 个,同比增长 18.6%;出让价款 62.9 亿元,同比增长 19.1%。以招拍挂方式出让探矿权、采矿权的比例分别为 39.2% 和 86.5%,占比较上年分别提高 20.9% 和 5.2%,矿产资源的市场化配置程度进一步提高。"十二五"期间主要管理措施包括(表 5-5):

表 5-5　"十二五"期间 2011—2014 年矿业权管理新措施

加大简政放权力度	强化矿业权审批结果公示公开	强化市场调节
取消整装勘查区矿业权设置方案审查	公示公开基本信息累计 6.02 万项	新立探矿权 35 个
暂停受理新的探矿权备案核准	公告矿业权登记结果累计 24.1 万项	停止下达锑矿开采总量控制指标
取消了 10 项与矿业权管理相关审批事项	提供矿业权登记信息查验服务累计 38.6 万次	将钨矿综合利用指标由约束性改为指导性
		允许新设稀土探矿权、采矿权

(1)加大简政放权力度。继 2013 年取消整装勘查区矿业权设置方案审查、申请国家出资从事区域性矿产地质调查的地区暂停受理新的探矿权备案核准 2 项审批事项后,又新取消了 10 项与矿业权管理相关的审批事项。

(2)强化矿业权审批结果公示公开。2014 年以来在国土资源部门户网站公示公开基本信息 1.46 万项,累计 6.02 万项;公告矿业权登记结果信息 5.4 万项,累计 24.1 万项。通过国土资源部门户网站向社会提供矿业权登记信息查验服务,2014 年以来共查验 13.4 万次,累计 38.6 万次。

(3)强化市场调节。一是取消"暂停受理新设煤探矿权申请",煤炭新立探矿权有序投放。自 2014 年 9 月 12 日实施该政策至 2015 年 6 月 30 日,新立探矿权 35 个。二是停止下达锑矿开采总量控制指标。三是将钨矿综合利用指标由约束性改为指导性。四是调整"暂停受理新设稀土矿业权管理政策",对国家确定符合"开采总量控制、采储平衡"要求的大型稀土企业集团,允许新设稀土探矿权、采矿权。

(二)综合勘查评价制度

综合勘查是勘查主要矿产时对伴生矿产和共生矿产同时进行勘查的工作。矿产常具有共生和伴生的特点,综合勘查可提高资源利用率和经济效益,降低勘查成本,是矿产勘查工作中应重视的问题。

促进矿产资源综合利用是地质矿产工作服务生态文明的主要抓手,综合勘查是提高矿产资源综合利用水平的地质基础,国家高度重视,已于 2010 年 11 月颁布了《矿产资源综合勘查评价规范》(GB/T 25283—2010)(以下简称《规范》),2011 年 2 月开始实行。《规范》界定了综合勘查、综合评价的范围、原则和要求,明确了综合评价的主要内容,统一了共(伴)生矿产资源的资源储量估算的原则、方法,总结了综合工业品位的制定内容和应用的范围,为我国矿产资源勘查、开发和综合利用有限的矿产资源提供了强有力的技术支撑和规范依据,为我国实现资源节约型、环境友好型和人与自然和谐的社会做出了贡献。

(三)绿色勘查制度建设

随着矿产资源勘查工作量的加大,勘查与环境之间的矛盾不断出现,如施工槽探、大型钻探设备搬迁过程中便道施工对植被造成的影响,机器漏油等对环境造成污染。绿色勘查就是要选择对环境影响小的勘查方法和手段,尽量用浅钻代替槽探、剥土工程,最大限度地减少矿产资源勘查开发对环境造成的破坏。

绿色勘查作为一种先进的理念、文化和发展方式,在国外已得到广泛传播和实践,我国地质勘查行业在这方面也开始重视。在中国地质矿产经济学会 2016 年地勘局长座谈会上通过了绿色勘查行动宣言,宣言要求,地勘行业要坚持生态保护优先,努力做先进理念的领跑者;要坚持推行绿色勘查,努力做建设美丽中国的践行者;要坚持依靠创新驱动,努力做保护生态和保障资源的双赢者;要坚持像保护眼睛一样保护生态环境,努力做大自然的呵护者。青海省有色地质矿产勘查局在国家还没有出台相应规定办法时,率先研究出台了《关于地质勘查工作中生态环境保护的实施意见》(2015),从增强生态环保意识、落实生态保护措施、注重民族团结等方面提出了 17 条具体的措施,并下发了《关于实施野外项目终期环保验收工作的通知》(2015)。

四、评价体系及综合评价

以国土资源部考核矿产资源节约集约利用情况建立的核心指标评价体系为基础,其中,核心指标包括矿产资源合理开发利用、规划执行、开采秩序、地质环境保护与治理恢复4项评价指标,结合矿产地质工作促进生态文明建设的主要方面,即:矿产资源合理开发利用、地质环境治理与恢复、绿色制度等,制定评价表,并给出各评价指标的得分值(表5-6)。

表5-6 矿产地质工作促进生态文明建设评价表

	评价指标	服务生态文明方向	评价值	评价主要依据
矿产资源合理开发利用(权重0.7)	能源结构优化(20)	抑制空气污染排放量增长	12	我国二氧化硫及氮氧化物排放总量增长趋势
	服务新型城市化、工业化建设(10)	满足能源、矿产资源、新兴矿产资源增长需求	7	天然气、铀矿及新兴矿产资源等储量增长趋势
	勘查投入结构(20)	服务供给侧改革与经济结构调整	15	主要矿产勘查投入趋降,新兴矿产资源稳定增长,但力度尚不足
	整装勘查(10)	服务找矿战略突破,提供资源保障	8	整装勘查对"找矿突破"战略贡献突出
	资源利用效率趋好(20)	资源节约集约利用	12	"三率"指标改善显著;尾矿利用进步缓慢;综合利用产值进步较快,但易受市场影响
	尾矿综合利用水平(10)	节约资源,减少环境污染	5	
	主要矿种综合利用产值(10)	促进经济发展	6	
地质环境治理与恢复(权重0.2)	国家专项财政资金支持(40)	促进矿产资源综合利用,改善环境	35	国家财政大力支持、治理保证金缴纳制度全面覆盖,矿山环境恶化势头得到初步遏制
	地质环境保护与治理恢复保证金(60)	治理矿山环境	45	
制度建设(权重0.1)	矿业权管理(60)	完善开采秩序、提高市场效率	40	矿业权市场建设尚有滞后,仍需进一步完善
	综合勘查(20)	促进综合利用	15	规范已经颁布
	绿色勘查(20)	提高环境质量	10	正在积极实践

表5-6表明,矿产地质工作促进生态文明建设评价综合值为68.7(百分制),程度为基本满意。主要不足方面:一是能源结构还需进一步优化,进一步满足新型城镇化下居民对于良好空气质量的需求;二是勘查投入结构需要进一步优化,特别要结合国内外经济形势发展的大局和资源供需格局加强宏观调查研究,以便更加科学、高效地服务供给侧改革与经济结构调整;

三是尾矿综合利用程度不够,尾矿利用不仅关系资源节约利用,而且尾矿占地浪费土地资源,且对周边环境造成危害;四是生态文明制度还不够完善,影响矿业开发市场效率和自身生态文明建设,需要进一步完善。

第二节 矿产资源资产负债表编制研究

矿产资源资产负债表编制研究,虽然不能直接解决矿产资源日益短缺的问题,但是却能为矿产资源的利用和保护提供判别标准,是促进资源、环境、经济可持续发展的有效措施。通过编制矿产资源资产负债表,对矿产资源进行合理评估,政府能够全面客观地衡量矿产资源实际情况,准确地了解全国矿产资源利用现状,科学地制定矿产资源开发利用政策。同时,也有利于督促政府领导干部有意识地关注经济发展过程中的矿产资源浪费、环境破坏等问题,有助于我国生态文明建设。中共中央、国务院印发的《生态文明体制改革总体方案》指出,"健全国家自然资源资产管理体制","探索编制自然资源资产负债表"。矿产资源资产负债表编制过程,包括矿产资源实物量表与价值量表的编制,实物量表是价值量表的基础,价值量表是矿产资源资产负债表的编制目标。地质矿产工作是调查、发现及监测矿产资源的基础性工作,在我国矿产资源实物量表的编制中发挥着重要的支撑作用。

一、矿产资源资产负债表的编制体系

编制矿产资源资产负债表,是对一定时间和空间内矿产资源,在其真实调查统计和合理估价的基础上,从实物、价值等方面,统计、核实和测算其总量及结构变化并反映其平衡状况,以及将资源纳入国民经济核算体系的活动。编制内容包括矿产资源实物量表和价值量表的编制,其中,实物量包括存量表和流量表。矿产资源存量表着眼于静态,有助于评估某一时点的矿产资源资产总量及它与经济总量之间的关系,也有助于比较不同地区间的矿产资源资产存量。矿产资源流量表则着眼于动态,有助于认识一国或一个地区随经济增长而发生的矿产资源资产的变化,有助于分析矿产资源资产流与产品服务流之间的动态关系。本节以湖北省鄂州市梁子湖区为例,编制矿产资源资产负债表。

(一)矿产资源资产负债表的定义与功能定位

矿产资源资产负债表是以衡量生态环境损益为核算理念,核算矿产资源的存量及其变动情况,全面记录当期(期初至期末)自然和各经济主体对矿产资源资产的占有、使用、消耗、恢复和增值活动,评估当期矿产资源资产实物量和价值量的变化。其中,矿产资源资产是指天然存在、有使用价值、产权明确、可提高人类当前和未来福利的自然环境因素的总和;矿产资源负债是指会计主体在某一时点上应该承担的自然资源"现时义务",该"现时义务"是人类在利用自然资源过程中所承担的能以货币计量、需以资产或劳务偿付的环境责任;矿产资源净资产是指全部矿产资源资产减去全部矿产资源负债后的价值净值。

矿产资源资产负债表的功能定位包括正确认识矿产资源的价值。编制矿产资源资产负债表,为矿产资源管理者提供矿产资源价值及由此涉及的生态环境和社会环境的信息,便于管理

者从"数量和质量""存量和流量"2个方面了解在特定的时期内矿产资源的真实情况,为推进生态文明建设、有效保护和永续利用矿产资源提供信息基础、监测预警和决策支持,作为领导干部考核的证据。党的十八届三中全会通过的《决定》提出,自然资源资产负债表是领导干部自然资源资产离任审计的基础,为自然资源资产离任审计工作的顺利开展提供有用的支撑性证据。有助于给矿产资源贴上"价格标签":随着经济的快速发展,我国对矿产资源的开发规模进一步加大。矿产资源的开发影响生态环境,也影响我国未来经济的发展潜力。编制矿产资源资产负债表有助于评价生态环境状况,评价矿产资源的开发所带来的生态损失和环境污染,给矿产资源贴上"价格标签"。

(二)矿产资源资产负债表核算体系

矿产资源资产负债表的编制工作分为3个环节进行,分别为矿产资源资产负债表的体系设计、矿产资源资产负债表的编制方法说明和矿产资源资产负债表的编制管理制度设计,如图5-6所示。

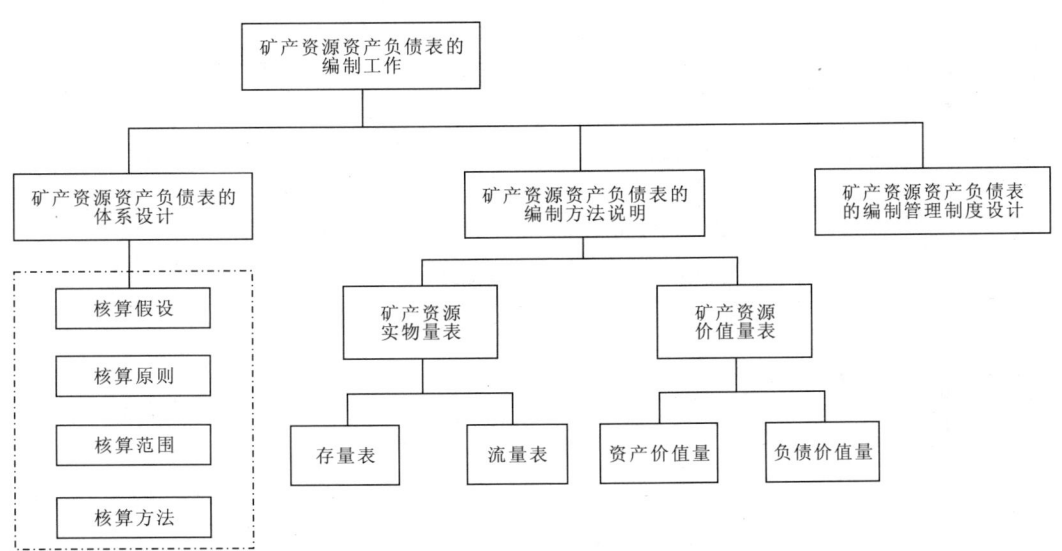

图5-6 矿产资源资产负债表编制技术路线

1. 核算假设

主体假设:根据我国《矿产资源法》规定,政府对矿产资源的保护和管理负有最终责任。

周期假设:在编制矿产资源资产负债表时,在相等的时间内,统计矿产的实物量和价值量,有助于当地政府在相等的时间段内全面了解矿产资源情况并进行对比。本方案中时间周期以一个公历年度为一个周期,即从每年的1月1日至12月31日为一个核算周期。

计量假设:在编制矿产资源资产负债表时,假设所有的矿产资源都能以货币计量,并以一定方法进行价值化。在获取矿产资源实物量的基础上,得到矿产资源的价值量。本方案中所有价值量以人民币为计量单位。

2. 核算原则

技术原则:分为技术步骤与技术标准。在技术步骤上,鉴于矿产资源自然属性与经济属性,以"先分项后综合、先实物后价值、先存量后流量"为核算顺序编制,当以《矿产资源法》和《中华人民共和国矿产资源法实施细则》所附《矿产资源分类细目》确定矿产的类别,以《固体矿产资源储量分类》(GB/T 17766—1999)与《石油天然气资源、储量分类》(GB/T 19492—2004)作为确定矿产资源的分类标准。

固体矿产资源/储量分类以地质可靠程度、可行性评价程度和经济意义为分类标准。地质可靠程度反映了矿产勘查阶段工作成果的不同精度,分为探明的、控制的、推断的和预测的4种。可行性评价程度分为概略研究、预可行性研究、可行性研究3个阶段。经济意义上,对地质可靠程度不同的查明矿产资源,经过不同阶段的可行性评价,按照评价当时经济上的合理性可以划分为经济的、边际经济的、次边际经济的、内蕴经济的。据此,固体矿产资源/储量可分为储量、基础储量、资源量三大类16种类型,具体如表5-7所示。

表5-7 固体矿产资源/储量分类表

经济意义 \ 地质可靠程度	查明矿产资源			潜在矿产资源
	探明的	控制的	推断的	预测的
经济的	可采储量(111)			
	基础储量(111b)			
	预采储量(121)	预可采储量(122)		
	基础储量(121b)	基础储量(122b)		
边际经济的	基础储量(2M11)			
	基础储量(2M21)	基础储量(2M22)		
次边际经济的	资源量(2S11)			
	资源量(2S21)	资源量(2S22)		
内蕴经济的	资源量(331)	资源量(332)	资源量(333)	资源量(334)?

注:表中所用编码(111-334)

第1位数表示经济意义:1=经济的,2M=边际经济的,2S=次边际经济的,3=内蕴经济的;

第2位数表示可行性评价阶段:1=可行性研究,2=预可行性研究,3=概略研究;

第3位数表示地质可靠程度:1=探明的,2=控制的,3=推断的,4=预测的;

?=经济意义未定的;

b=未扣除设计、采矿损失的可采储量。

储量是指基础储量中的经济可采部分。在预可行性研究、可行性研究或编制年度采掘计划当时,经过了对经济、开采、选冶、环境、法律、市场、社会和政府等诸因素的研究及相应修改,结果表明在当时是经济可采或已经开采的部分。用扣除了设计、采矿损失的可实际开采数量表述,依据地质可靠程度和可行性评价阶段不同,又可分为可采储量和预可采储量。

基础储量是查明矿产资源的一部分。它能满足现行采矿和生产所需的指标要求(包括品位、质量、厚度、开采技术条件等),是经详查、勘探所获控制的、探明的并通过可行性研究、预可行性研究认为属于经济的、边际经济的部分,用未扣除设计、采矿损失的数量表述。

资源量是指查明矿产资源的一部分和潜在矿产资源。包括经可行性研究或预可行性研究证实为次边际经济的矿产资源以及经过勘查而未进行可行性研究或预可行性研究的内蕴经济的矿产资源,以及经过预查后预测的矿产资源。

理念原则:核算应在数量统计的基础上,综合考虑矿产的经济价值、社会价值和生态价值,关注与分析矿产资源在核算期内数量与质量变化。

数据获取原则:编制工作中为了保证资源资产负债表核算信息的可靠性与有效性,秉承"准确性与真实性"的原则,对所采用的数据质量进行控制。

3. 核算方法

步骤:根据矿产资源的特殊性,将账户分为以实物为计量尺度的账户(实物量账户)和以价值为计量尺度的账户(价值量账户);将矿产资源实物量价值化,获得以价值表示的账户,以便汇入最终的表格;综合以上的结果,将各实物量和价值量分别填入实物量表和价值量表,完成矿产资源资产负债表的编制。

账户设计:根据联合国《环境经济核算体系》(SEEA—2012)的理论方法,本方案的矿产资源资产负债表按照"资产-负债=净资产"的核算逻辑来列示资产、负债和净资产的平衡关系。

> 资产账户:
> 矿产资源资产是指由于过去的交易或事项形成的、由政府辖区拥有或控制的预期能给政府带来经济收益的矿产资源。以"存量与流量"为时间序列,基于"实物量与价值量"的数据,核算"自然资源"资产。

减去

> 负债账户:
> 矿产资源负债主要是指政府"已发生"的决策对资源开发利用而产生的破坏导致现有资源的净损失、净消耗,以及资源开发利用导致的环境代价。

等于

> 净资产账户:
> 资源资产减去负债的余额,表示矿产资源价值剩余量。

二、矿产资源资产负债表的编制方法——以核算鄂州市膨润土为例

实物量的核算从矿产资源存量和流量2个方面进行。存量主要核算矿产资源在核算期末的储量状况。流量主要核算矿产资源在核算期间储量的变化情况。

根据《固体矿产资源储量分类》(GB/T 17766—1999)、《2007—2020年鄂州市矿产资源总体规划文本》,选择查明的资源储量作为本方案中实物量的核算对象,并将查明的资源储量细分为基础储量和资源储量2个部分。

时间范围:根据矿产资源资产负债表编制的任务,本方案把1年作为1个核算期,每年一

报。鄂州市梁子湖区本次需编制2011—2015年的矿产资源资产负债表,时间从2011年1月1日至2015年12月31日。

主体范围:矿产资源资产负债表的主体是资源的所有者,根据我国《矿产资源法》规定,矿产资源归国家所有。政府是社会公共资源的管理者,因此在本方案中,矿产资源资产负债表的主体是鄂州市梁子湖区人民政府。

对象范围:纳入此次矿产资源资产负债表统计核算范围的矿产是鄂州市梁子湖区行政区划范围内的所有具有登记备案的储量数据的优势矿种资源,包括膨润土、安山岩和石灰岩3种矿产资源。

1. 矿产资源存量表的编制方法

矿产资源的存量表主要核算梁子湖区矿产资源在核算期期初和期末的储量情况,期初存量核算每年1月1日梁子湖区矿产资源的储量,期末存量核算每年12月31日梁子湖区矿产资源的储量。根据梁子湖区实际情况,分别对其矿产资源存量表细分到乡镇与矿区。2015年鄂州市梁子湖区矿产资源具体存量如表5-8和表5-9所示。

表5-8 2015年鄂州市梁子湖区矿产资源存量——乡镇(单位:万t)

矿种	乡镇	基础储量合计 $111b+121b+122b$		资源储量合计 $332+333+334$		查明的资源储量合计 $111b+121b+122b+$ $332+333+334$	
		期初储量	期末储量	期初储量	期末储量	期初储量	期末储量
膨润土	太和	56	56	20	20	76	76
	沼山	200	200	924	932	1124	1132
安山岩	太和	359	359	0	0	359	359
石灰岩	沼山	352	352	0	0	352	352

说明:

(1)表中数据来源于鄂州市国土资源局梁子湖分局;

(2)表中数据保留整数;

(3)审核关系:基础储量合计=$111b+121b+122b$,

资源储量合计=$332+333+334$,

查明的资源储量合计=$111b+121b+122b+332+334+334$;

(4)表中对于矿产的分类主要以《固体矿产资源储量分类》(GB/T 17766—1999)为依据。

表 5-9　2015 年鄂州市梁子湖区矿产资源存量——矿区（单位：万 t）

矿种	矿区名称	基础储量合计 111b+121b+122b		资源储量合计 332+333+344		查明的资源储量合计 111b+121b+122b+332+333+334	
		期初储量	期末储量	期初储量	期末储量	期初储量	期末储量
膨润土	鄂州市柯仙岩膨润土矿区	56	56	0	0	56	56
	鄂州市梁子湖区胡进膨润土矿	0	0	20	20	20	20
	鄂州市李铁铺膨润土矿区	64	64	0	0	64	64
	鄂州市胡朝宝膨润土矿区	0	0	171	171	171	171
	鄂州市梁子湖区北海-鄂家庄膨润土矿区	0	0	548	548	548	548
	鄂州市梁子湖区周家湾矿段膨润土矿区	136	136	198	198	334	334
	鄂州市梁子湖区金福膨润土矿区	0	0	7	15	7	15
	合计	256	256	944	952	1200	1208
安山岩	太和莲花采石厂	208	208	0	0	208	208
	龙泉联发采石厂	151	151	0	0	151	151
	合计	359	359	0	0	359	359
石灰岩	洪发采石厂	245	245	0	0	245	245
	鑫隆采石厂	107	107	0	0	107	107
	合计	352	352	0	0	352	352

2. 矿产资源流量表的编制方法

矿产资源的流量表主要核算梁子湖区矿产资源在核算期内的储量变化情况。其核算遵循逻辑等式：期初存量＋本期增加量－本期减少量±调整变化量＝期末存量。本期增加量包括勘查新增、重算增加、重新分类和其他。本期减少量包括采出量、勘查减少、重算减少、重新分类、损失和其他。分栏按照矿种级别分类设置。根据梁子湖区实际情况，分别对其矿产资源流量表细分到乡镇与矿区。考虑到每个乡镇、矿区的每种矿种均需要编制一个流量表，此处仅以 2015 年鄂州市梁子湖区太和镇膨润土矿产资源的流量表为例（表 5-10），其他乡镇、矿区的矿产资源流量表不一一列举。由于时间以年计，该流量表主栏包括 3 个部分：年初保有量、年末保有量和年内调整变化量。

按照以上实物量编制方法，截至 2015 年 12 月 31 日，梁子湖区矿产资源实物量信息如下：膨润土查明的资源储量 1208 万 t，其中基础储量 256 万 t，资源储量 952 万 t；安山岩查明的资源储量 359 万 t，其中基础储量 359 万 t，资源储量 0 万 t；石灰岩查明的资源储量 352 万 t，其中基础储量 352 万 t，资源储量 0 万 t。

表 5-10 2015 年鄂州市梁子湖区矿产资源流量表——太和镇膨润土(单位:万 t)

		基础储量合计				资源储量合计				查明的资源储量合计
		111b+121b+122b	111b	121b	122b	332+333+344	332	333	334	
年初保有量		56	—	—	56	20	—	20	—	76
本年增加量	年增加量	0	0	0	0	0	0	0	0	0
	勘查新增	0	—	—	—	0	—	—	—	0
	重算增加	0	—	—	—	0	—	—	—	0
	重新分类	0	—	—	—	0	—	—	—	0
	其他	0	—	—	—	0	—	—	—	0
本年减少量	年减少量	0	0	0	0	0	0	0	0	0
	采出量	0	—	—	—	0	—	—	—	0
	勘查减少	0	—	—	—	0	—	—	—	0
	重算减少	0	—	—	—	0	—	—	—	0
	重新分类	0	—	—	—	0	—	—	—	0
	损失	0	—	—	—	0	—	—	—	0
	其他	0	—	—	—	0	—	—	—	0
年内调整变化量		0	—	—	—	0	—	—	—	0
年末保有量		56	0	0	56	20	0	20	0	76

3. 矿产资源价值量表的编制方法

矿产资源价值量表主要由资产价值量表、负债价值量表和资产负债价值量表 3 部分构成。其中矿产资源资产价值量表编制通过运用逆算净价法和净收益法 2 种货币化计量方法编制资产价值量表,分别核算梁子湖区矿产资源资产的价值量。矿产资源负债主要是指政府"已发生"的决策对资源开发利用而产生的破坏导致现有资源的净损失、净消耗,以及资源开发利用导致的环境代价。负债表主要账户包含资源耗减、环境损失、生态损失 3 个部分。其中资源耗减账户主要由资源减少量账户组成;环境损失账户主要由开采矿山的保证金、矿山复垦费和地质灾害治理恢复费 3 个账户组成。生态损失账户主要由土地资源及岩石圈层破坏损失费和大气、水环境要素污染损失费 2 个账户组成。其中资源耗减部分已在资产核算时计入资产减少部分,故在本方案负债价值量部分不再重复核算。

矿产资源资产负债表总表综合反映了梁子湖区核算年度内矿产资源资产、负债和净资产价值量情况,2 种货币计价方法下的 2015 年鄂州市梁子湖区资产负债价值量总表分别如表 5-11 和表 5-12 所示。

运用逆算净价法计算,截至 2015 年 12 月 31 日,梁子湖区矿产资源资产总计 22 728.34 万元(其中,膨润土 19 893.89 万元,安山岩 1 433.88 万元,石灰岩 1 400.57 万元),负债总计 1 582.99 万元,净资产总计 21 145.35 万元;运用净现值法计算,截至 2015 年 12 月 31 日,梁子湖区矿产资源资产总计10 869.52万元(其中,膨润土10 008.74万元,安山岩245.52万元,石灰岩615.26万元),负债总计1 582.99万元,净资产总计9 286.53万元。

表5-11 2015年鄂州市梁子湖区矿产资源资产负债价值量表(逆算净价法)(单位:万元)

资源资产	期初余额	期末余额	负债与净资产	期初余额	期末余额
膨润土	19 762.24	19 893.89	资源耗减	0.00	0.00
安山岩	1 433.88	1 433.88	生态破坏	0.00	0.00
石灰岩	1 400.57	1 400.57	环境损害	1 251.16	1 582.99
			负债总额	1 251.16	1 582.99
资产总额	22 596.69	22 728.34	净资产总额	21 345.53	21 145.35
			负债与净资产总额	22 596.69	22 728.34

填表说明:
(1)表中所有数据均保留两位小数;
(2)资源耗减部分已在资产核算时计入资产减少部分,因此在负债部分不再重复计量;
(3)由于矿山开采造成的生态破坏主要涉及对土地、林木和水资源的破坏,生态损失部分在土地、林木、水资源的资产负债表进行核算,为避免重复计价,故在本方案中不进行核算;
(4)净资产总额=资产总额-负债总额。

表5-12 2015年鄂州市梁子湖区矿产资源资产负债价值量表(净收益法)(单位:万元)

资源资产	期初余额	期末余额	负债与净资产	期初余额	期末余额
膨润土	9 780.64	10 008.74	资源耗减	0.00	0.00
安山岩	245.52	245.52	生态破坏	0.00	0.00
石灰岩	615.26	615.26	环境损害	1 251.16	1 582.99
			负债总额	1 251.16	1 582.99
资产总额	10 641.42	10 869.52	净资产总额	9 390.26	9 286.53
			负债与净资产总额	10 641.42	10 869.52

第三节　矿产地质工作结构转型建议

当前,中国矿业呈现出"五期叠加"的新特征:①矿业格局的调整期。以煤炭、钢铁、水泥等为代表,产能过剩导致需求下降;以铝、铜、铅锌、镍等为代表,继续保持高位需求;以锂、钴、"三稀"金属以及油气等能源为代表,将呈现需求快速增长。②矿业复苏酝酿期。随着"一带一路"倡议进入落实阶段,投资低迷的趋势可能出现逆转,中国经济的第四次投资热潮或将拉开序幕。欧洲、日本也相继推出基础设施投资或援助计划。在全球新一轮基础设施投资热潮兴起,以及印度、印度尼西亚等新兴经济体快速发展的带动下,未来全球矿业有可能迎来新的发展机遇。③矿业技术创新孕育期。面对严峻的市场形势和激烈的市场竞争,矿业企业加大了深部、覆盖区的勘查技术研发和智能矿山、高效采矿技术以及管理创新工作。④矿业政策调整期。许多资源型国家为推动本国矿业开发,修改了很多政策措施,降低了进入门槛以吸引投资,同时加强运营的监管。⑤能源资源治理结构的改革期。以中国为代表的新兴经济体已成为能源资源贸易主要参与者,消费重心出现由西向东的转换,供应中心出现了多极化,而能源资源治理构架却形成于40年前,已无法适应当今的格局调整,改革已成为国际共识。

从长期来看,未来10~20年,将是中国全面推进新型工业化、城镇化、信息化、农业现代化、绿色化同步发展的关键时期,完成"两个百年"宏伟目标、实现中华民族伟大复兴中国梦,均需要能源资源、环境生态及其地质信息服务等方面的强劲支持与支撑,中国地质勘查业前景广阔。根据矿产资源地质工作面临的形势和发展趋势,结合中国各区域资源禀赋特点、经济发展水平和资源承载力,提出如下建议。

1. 优化能源结构

国际经验表明,能源是支撑社会经济发展的动力,能源结构优化能够更好服务经济转型发展、工业化升级。在实现第三步战略目标的过程中,我国需要实施以煤为主、多元发展的能源结构发展战略,提高天然气、水电以及核能和其他新能源在能源构成中的比重,推广使用清洁能源、清洁技术,促进经济社会低碳发展。

对比国际能源消费结构,结合中国能源资源禀赋,能源结构调整的重点是快速提高天然气消费比重,替代煤炭能源。因此,加快天然气、页岩气、煤层气的地质调查和矿产勘查力度,保障天然气快速增长资源需求,促进页岩气大规模商业化开发利用是重中之重。同时,由于中国天然气水合物资源量巨大,以及其优良性质,应加大基础理论和开发技术等方面资金投入,争取早日实现商业化开发利用。

加强大型油气盆地综合研究与整体评价,着重解决制约油气勘查的重大地质问题,提出勘查战略方向和新思路。针对我国致密油气等非常规油气的地质复杂性和难采性,加强地质理论研究、富集易采区预测技术攻关。开展油气资源调查评价新技术和新方法的研究、引进、示范和推广及相关技术规范与标准研制等,加强公益性、基础性资料的社会化服务,加强地热资源的勘探与利用。重点开展工作程度较低区块的地质矿产工作,寻找后备资源区。通过油气基础地质调查、战略选区、资源评价等基础性公益性工作,优选出有利目标区,编制油气矿业权设置方案,降低商业性勘探风险,引导和带动石油企业加大勘查开发投入。完善法规和经济调节相结合的区块管理机制,适度提高油气探矿权、采矿权使用费标准,提高区块持有成本。研究提高最低勘查投入标准,促使勘查投入不足、进展缓慢的矿业权人退出区块。依托海洋油气和非常规油气勘探开发、煤炭高效清洁利用、先进核电、可再生能源开发、智能电网等重大能源工程,加快科技成果转化,加快能源装备制造创新平台建设,支持先进能源技术装备"走出去",形成有国际竞争力的能源装备。

2. 突出服务新型工业化、城镇化的"找矿战略"

国外工业化经验表明,矿产资源一个重要职能是服务于国家工业化升级、服务于经济发展。当前,中国工业化已进入中后期,国家为了促进经济社会发展和环境改善,提出了发展新型工业化、城镇化战略。地质矿产工作为了服务这个大局,需要加强资源宏观调查评价工作,确定找矿工作重点,促进新兴产业所需战略矿产资源找矿突破,促进东部、中部、西部地区地质勘查结构更趋合理,促进相关地质矿产工作专业结构更趋合理。

(1) 优化勘查结构。在满足国计民生资源保障前提下,适当下调污染严重的矿产资源品种的勘查、勘探力度,适当增加战略性矿产资源特别是"三稀"资源的资源调查力度。

(2) 优化勘查区域布局。勘查重点应在西部地区或中部地区的山区地带,减少对经济发达或人口密集地区的干扰。

(3) 加强整装勘查。要保证整装勘查"大规模投入、大兵团作战"的效率。首先,要厘清"利益分享机制",建立各级政府、地勘单位、企业与当地群众"利益共享"机制,协调解决林地、农用地、环保、社会治安等问题,营造"和谐勘查"工作环境,保障整装勘查的顺利推进。其次,要加强组织领导。建立完善逐级负责制,确保责任和措施层层落到实处。最后,要完善各行政区域整装勘查区矿业权管理模式,在矿业权的设置与审批、矿业权市场的建设与监管、矿产勘查开发的实施与调整、矿产资源的利用与保护、对矿产勘查开发主体的服务与支持等方面,根据各区域矿种特点和资源禀赋等改革各区域管理工作制度、方法、技术等,形成更有效率的运作模式。

3. 促进矿产资源综合利用、低碳利用、清洁利用

矿产资源节约集约利用的关键是资源综合利用、低碳利用、清洁利用。地质矿产工作要加强资源全过程跟踪与管理,构建以"调查评价、示范引领、标准规范、监测监管、激励约束、税费调节"为核心的矿产资源节约与综合利用长效机制,大幅降低资源消耗强度以及对生态环境的影响。

(1) 加强综合勘查与综合评价。矿产资源勘查与评价是矿产资源节约与综合利用的基础,围绕"实现难利用资源开发利用的规模化和产业化"目标,按不同矿种,选择典型矿集区和典型复杂难利用资源设置专题,开展资源现状调查和潜力评价,探索复杂难利用资源节约与综合利用典型模式,构建主要矿集区复杂难利用资源合理开发和高效利用体系。制定区域性产业政策,扶持已形成规模的矿集区复杂难利用资源开发利用,实现规模化和产业化。

(2) 推广矿产品全生命周期评价模式,从矿产品国际国内贸易跟踪,把握国际矿产资源供需格局,支撑国家宏观经济发展战略。通过矿产品生命周期跟踪,动态比较矿业行业生命周期的碳足迹,促进矿产资源开发利用工艺进步,促进矿业行业的低碳环保发展。

(3) 从制度供给的角度强化矿产资源综合利用,提高资源利用水平。从矿产资源的调查评价、规划、勘查、开发,甚至闭坑的环节来设计一些制度,抓住规划、标准、监管等关键环节,充分发挥经济手段的调节作用。重点探索建立并完善以下 4 种制度。

• 矿产资源差别化管理制度。明确矿产资源勘查开发调控方向,综合考虑资源共(伴)生、技术经济条件、生态环境保护等因素,对优势、紧缺矿产资源实行差别化管理。

• 矿产地储备制度。加强矿产资源开发利用技术经济评价,处理好加强矿产勘查、掌控资源家底,与适度、有序、综合开发利用,以及抓住当前大宗矿产品价格振荡下行窗口期,充分利用境外资源的关系,对于当前不能开发利用的矿产资源,实施有效的资源储备和保护。

• 单矿种规划、区域专项规划编制实施制度。积极推进大型沉积盆地资源勘查开发专项规划工作,推动资源的兼探兼采和绿色开发,着力推进主要矿集区和大中型矿产地的专项规划工作,促进资源节约和综合开发。

・绿色矿业发展评估制度。统筹矿产开发与区域发展、环境保护、生态建设空间布局,加快绿色矿业示范区建设。加强宏观监测分析,建立动态监测评估制度;建立矿产资源节约与综合利用年度评估制度,通过年度评估,跟踪评价综合利用规划的各项目标年度完成情况,建立配套的奖惩制度。完善资源综合勘查、资源评价制度,夯实资源综合利用基础。

4. 加强绿色发展制度建设

绿色发展是"十三五"期间坚持的五大发展理念之一,是指导地矿工作生态文明建设的根本。健全自然资源资产产权制度是建立生态文明制度体系的重要基础,围绕改革、开放、公平、高效原则,完善矿业权出让法规制度,严格管理探矿权和采矿权的出让制度、建立市场配置勘探投资机制、依照物权法管理矿业权、加强矿业权市场建设,在公开、透明的原则下,充分发挥市场的决定性作用,为矿产资源开发的良好秩序奠定坚实的法制基础和市场环境。自然资源资产负债表是从"数量和质量、存量和流量"两个方面,了解在特定时期内矿产资源真实情况的基础,也是科学考核领导干部离任环境审计的重要依据,是生态文明建设的重要方面。应该尽快颁布自然资源实物量统计和价值量核算准则,建立自然资源台账体系,加大对自然资源统计手段与测量技术的资金投入,加快相关人才队伍的培养和建设,加强组织协调,建立相关的工作机制。

积极探索矿业勘查风险市场的建立,比如,可以制定适合我国矿产勘查工作特性和投资特性的上市融资制度、信息披露制度,探索推进在地质勘查设计、地质勘查报告、储量核实报告编写等领域的独立地质体制,培育综合性矿产勘查中介服务机构,有序开放中介服务市场等,为矿业勘查服务国家经济建设熨平"周期"提供良好的环境,避免矿业发展的"大起大落"。在整装勘查区内,要为商业资本投入搭建良好的平台,降低商业勘探风险投资的门槛,建立风险共担机制、预期收益机制,为投资方化解投资风险;探索地勘成果资本化机制,保障地勘单位的稳定发展,促进地勘单位的市场化进程;以市场竞争方式配置探矿权,按照企业承诺勘查期内的投入和工作量,作为监督考核的依据,促进企业加大勘查开发投入。

推广绿色勘查文化,积极开展绿色勘探试点,积累经验,争取早日建立科学、可行的制度、规范。

5. 优化区域地质矿产工作布局

矿产资源地质工作要根据新型城镇化、工业化、信息化、农业现代化、绿色化"五化"战略的需要,根据区域资源禀赋、经济社会发展、环境承载力等,优化区域地质矿产工作布局。

(1)东部地区。一方面,对具有资源潜力、市场需求大的铅、锌、锰、金、银、铜、石墨等矿产,加大勘查力度,保障资源供给能力。另一方面,对资源丰富但用量相对不大的钨、锑、锡、萤石、重晶石等优势矿产实施开采总量管控。在矿产资源开发前,对区域环境承载力及矿山环境扰动量进行评价,建立环境评价指标体系和技术标准,开展绿色矿业发展规划。通过矿山环境治理和生态恢复,实现矿产资源开发前后对生态环境扰动最小化和生态环境再造最优化。可以建立以"3S"技术、互联网以及最新的物联网技术为支撑,构建东部沿海"长三角""珠三角""京津冀"三大经济圈的区域矿产资源开发一体化网络,实现对区域内因矿产资源勘查开发而引发的生态环境污染的动态协同监测和联防联治。

(2)中部地区。矿产种类和储量总体比较丰富,但在矿产资源的种类上主要是以能源和有色金属为主,铁矿等非能源、非有色金属虽然也有,但储量较少。因此,中部主要是发挥资源特色,攻深找盲。在矿山生态环境保护方面,应研究制订区域,尤其是长株潭、武汉、河南中原城市圈地区矿山生态环境保护方案;山西、河南等省,应加强采煤沦陷区治理,加强地质旅游资源建设,实现保护资源和保障发展的统一;中部要充分利用国家中部崛起战略和建设国家资源型经济转型综合配套改革试验区的机遇,推进绿色矿山建设,走出一条资源型地区可持续发展的新路子。

(3)西部地区。矿产资源主要富集地区,也是生态环境承载力脆弱、经济欠发达地区。加大矿产资源勘查、勘探力度,促进西部地区资源经济发展是地质矿产工作的重点。另外,西部地区生态环境较为脆弱,在经济发展过程中,要大力发展能源矿产资源节约型的特色优势产业。在矿山生态环境保护方面,应加大对矿山生态环境保护力度,稳步推进矿山土地复垦,加大矿山地质环境治理恢复保证金的缴存基数,加强实施矿区生态补偿政策,进行和谐矿区示范基地建设,强化矿山尾矿库的无害化处理,推动西部地区绿色矿山建设,让矿产资源开发企业真正承担起相应的社会责任,形成矿产资源开发、经济发展和生态环境保护的良性循环。

(4)东北地区。具有丰富的能源、矿产资源,但资源环境问题较为严重,水污染、大气污染严重,采煤沉陷区不断扩大,能源矿产资源过量开发,地下水资源严重超采。东北地区地质矿产工作重点是依托区域成矿条件优越、矿产资源开发潜力依然巨大的优势,加强有色及贵金属资源勘查工作。在矿山生态环境保护方面,通过提高"三率"地方标准,降低污染物总量排放。强化矿产资源开发损毁生态环境治理恢复,严格执行矿山土地复垦和矿山地质环境治理保证金缴存等政策,逐步降低矿产资源开发对生态环境的污染。加大对矿产资源开发的地质环境影响评价和监管工作力度,积极推进矿产资源产权交易制度建设。加大对资源枯竭型城市历史遗留矿山地质环境治理恢复的支持,实现资源型城市经济社会全面协调可持续发展。

第六章　水工环地质工作支撑生态文明建设研究

生态文明建设是我国在新时期实施的一项重大战略决策。经过30多年的可持续快速发展,我国经济社会所面临的资源环境制约越来越突出,集中表现在资源约束趋紧、环境污染严重、生态功能退化。在新的历史时期,国家对地质矿产工作的需求正在发生着深刻的变化。当前,我国一些地区水环境质量差、水生态受损重、地下水污染较为严重、贫困区缺水、土壤环境不容乐观等问题十分突出,直接影响和损害群众健康,不利于经济社会持续发展。伴随着我国生态环境问题日趋突出,推进生态文明建设的相关文件已经陆续出台。本章从地质矿产工作出发,评价地质矿产工作在我国水土领域生态文明建设中的作用,结合十八大以来党和国家对生态文明的一系列要求,对水工环地质工作以后的发展提出相关政策和建议。

第一节　水工环地质工作支撑生态文明建设的表现形式

一、我国水文地质工作支撑生态文明建设的表现形式

1. 水文地质调查工作成果显著

进入21世纪以来,随着我国经济社会发展的需要,水文地质工作的应用范围更加广泛。同时,我国政府对水文地质工作的投入也在不断增加。整体来看,我国水文地质调查工作的国土资源调查面积逐年增加,通过拟合曲线的斜率可以发现每年的增加速度也在不断变大。同时,调查的比例尺精度也在逐步向高精度倾斜,1∶5万和1∶10万的比例尺近些年来整体占比逐年升高。

2. 地下水勘查工作持续为服务民生经济建设活动

自中华人民共和国成立以来,地下水勘查工作始终是国家民生工作的重要内容。其中,中国地质调查局开展的严重缺水区和劣质水区地下水勘查示范项目,不仅直接解决了390万人的饮水困难,示范成果还激发了地方政府的积极性,地下水开发利用区划为解决饮水困难提供了方向,又带动解决了800万人饮用地下水问题,取得了显著的社会效益、经济效益和环境效益,促进和谐社会建设和新农村建设。为了解决西北地区群众生活用水困难的问题,我国在"九五"期间实施了西北找水特别计划。该计划的第一阶段(截至1999年底)即找到水源地或富水地段50余处,完成各类勘探井和开采井350余眼,实际出水量达66.5万 m^3/日,相当于建成13个大型水源地;探明地下水可开采量每年达10亿 m^3 以上,相当于建成10座大型水库。第二阶段工作开展以来,仅在鄂尔多斯就勘查找到143处有供水意义的地下水源地,为鄂

尔多斯能源化工基地建设和人民居住生态环境建设提供了保障水源。与此同时,还在西北六省区数百个村镇新打360多口地下水开采示范井。

西北找水取得的一些重大突破,改变了一些传统的水文地质观念,为重新认识西北地区地下水资源状况和改善生态环境提供了宝贵的科学依据。在西北找水特别计划的基础上,后来开展的西北重点地区地下水资源勘查与合理开发利用示范研究,很快又在严重缺水地区的人畜饮水和重要城镇、重点农牧业区以及生态环境保护等方面取得了实质性进展,为严重缺水地区、基础设施建设区、农牧业重点开发、生态环境建设区等提供了地下水远景开发区域。

近些年来,我国的地下水勘查工作重点也由西北地区转向西南地区和华北地区。由于西北找水计划的实施,我国西北地区基本上解决了吃水问题。然而,我国的西南地区由于地处山区,有较多的贫困区和地方病区,与此同时,华北平原地区属于我国的农作物主产区,势必要保障该区域的农作物灌溉,因此,我国的地下水勘查工作的区域逐步转向西南地区和华北地区,满足了我国经济社会发展的需要。

3. 地下水监测工作逐步推进,效果显著

我国的地下水监测是随着经济社会的发展和地下水开发利用程度的提高逐步发展起来的。早在中华人民共和国成立前,地下水监测就是水文监测的一项重要工作,主要目的是了解和探求地下水与河水间的补给转换关系,现存有零星资料。中华人民共和国成立后,水利部门自20世纪50年代开展系统的地下水监测工作以来,地下水监测为工农业生产及城市生活供水提供了较大的服务。进入21世纪,随着地下水资源问题日益突出,经济社会发展和对水利投入逐步增加,地下水监测工作稳步提高。主要表现为:加强了对重点地区地下水监测站网的规划,在恢复部分原有监测站的基础上新建了一些监测站,地下水监测站网密度稳步提高;同时,地下水信息采集与传输手段有明显提高,北京、天津、山东、辽宁、陕西等地逐步开展了地下水自动监测系统试点建设,开发应用了地下水监测信息服务系统,基于互联网提供了地下水信息共享服务,取得了较为明显的成效。近些年来,我国地下水监测地级市数量稳步提升,地下水监测点个数也高达4800多个(图6-1)。

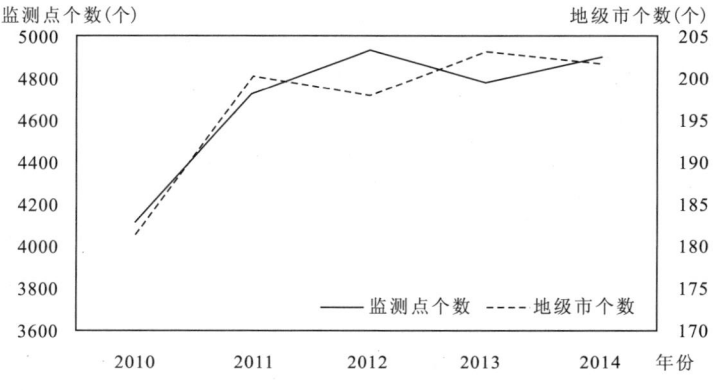

图6-1 我国设置地下水监测的地级市和监测点个数
(数据来源:《国土资源统计公报》,2015)

二、我国环境地质工作支撑生态文明建设的表现形式

1. 城市和城市群环境地质工作投入加大

环境地质调查工作一直以来都是我国地质矿产工作的重点。1978—2013年,我国城市数量从193个增加到658个。京津冀、长三角、珠三角三大城市群,以2.8%的行政区域土地面积聚集了18%的人口,并创造了36%的国内生产总值。环境地质是城市建设与发展的重要基础,良好的自然背景有利于城市经济发展;同时,城市的快速发展、人口增加和工程经济活动的加剧,又对城市产生越来越强的环境负面影响。我国一些城市地区,因过度开发利用地质资源,轻视地质环境保护,引发了不同程度的环境地质问题和地质灾害,如地下水资源衰减、地下水污染、地面沉降、地面塌陷、崩塌、滑坡、泥石流等,严重地制约了城市经济和社会的可持续发展。随着人民生活水平的不断提高,对城市地质资源和环境质量的要求也日益提高。为满足上述需求,从2004年开始,在地质大调查中部署开展了"全国主要城市环境地质调查评价",计划逐步完成全国300多个地级以上城市的调查评价工作。其主要任务和目标包括:查明城市存在的主要环境地质问题及其成因,进行有关社会影响和经济损失的评估,编制环境地质系列图件,建立数据库和评价系统,提出防治对策建议,为国土开发整治、环境地质问题与地质灾害防治,以及城市规划、建设、管理服务。1999年来,开展了环渤海、东南沿海、长江中游等地区的1∶25万环境地质调查工作,基本查明了区域地壳稳定性、海岸侵蚀和淤积面积,地面沉降等地质灾害情况,并对重要港口和城市主要环境地质问题进行了专项调查,为制定该地区社会经济和城市发展规划提供了地质依据。在环渤海、长三角、北部湾、海西西岸、珠三角、长江中游城市群等部分地区完成了1∶5万环境地质综合调查,完成面积约10万km^2,提高了重要经济区的环境地质工作程度。

2. 以农业耕地环境为主的多目标地球化学调查取得丰硕成果

中华人民共和国成立初期,土壤的地质调查工作为我国的农业发展做出了重要的贡献。1980年以来,中国在四川、山东、北京、广西、贵州、云南、河南等省(自治区、直辖市),运用农业地质指导农业生产取得了显著的经济效益和社会效益。从最初的土壤环境质量调查到评价,如今的农业地质以多目标区域地球化学调查为主。

进入21世纪以来,多目标区域地球化学调查稳步推进。2002年启动的19个部省合作农业地质调查项目已于2015年全面完成。10多年来,共完成调查面积165万km^2,查明了我国土壤中54种元素和有关指标的组成、类型、含量、强度、分布范围等,评价了土壤、环境、医学等相关重大生态问题,覆盖了我国中东部主要农牧经济区,获得了数千万个高精度土壤地球化学数据,建立了土地质量地球化学调查评价方法技术体系。利用地球化学调查成果,对有害元素进入生物链循环污染粮食、蔬菜、水产品等进行危害性评价,为实施国家主体功能区规划、优化国土开发空间布局、农业产业化和生态农业提供了重要依据。

目前,利用多目标地球化学的调查结果,发展绿色富硒耕地已经成为特色农业和生态农业新的增长点。湖北、广西、青海、浙江、福建、四川、江西、海南、湖南等省(自治区)人民政府已将开发富硒耕地作为实施农业强省战略的一项重要工作,大力开发富硒、富锌等特色耕地,形成特色农产品产业链,取得了显著的经济效益和社会效益。

3. 地质灾害工作防治投入逐年加大

我国地质和地理环境复杂,气候条件时空差异大,地质灾害种类多、分布广、危害大,是世界上地质灾害最严重的国家之一。在各种自然灾害中,我国地质灾害所造成的人口伤亡仅次于地震、洪水,位居第三位。国家对地质灾害防治工作一直以来都比较重视,从2004年以来,国家对地质灾害防治工作的投资额度逐年增加,从175 231万元增加到了1 235 363万元,增加了6.05倍,投资项目也从2247个增加到了36 984个(图6-2)。

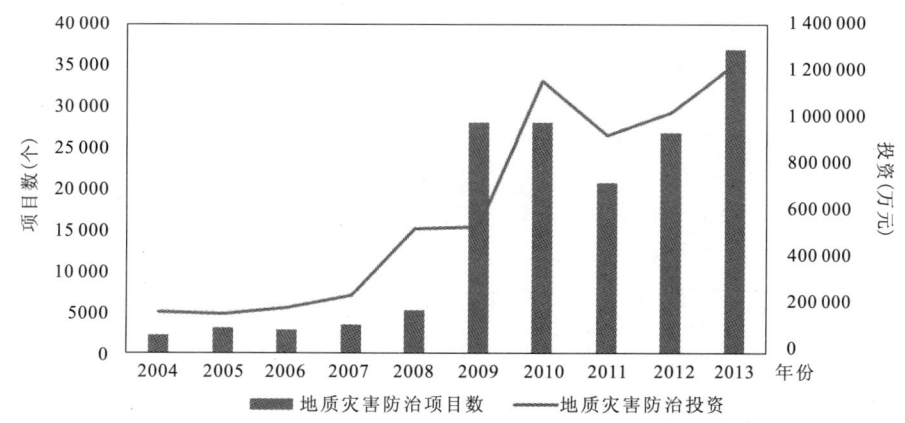

图6-2 2004年以来地质灾害防治投入和项目数变化情况
(数据来源:国家统计局,2015)

4. 地质公园和地质遗迹建设增加

地质公园的综合调查内容:地质公园的基本情况,包括地理位置、自然条件、园区范围、主要保护对象、社会经济状况、科学研究概况等;地质背景及遗迹评价,包括地质公园区域地质背景、地质遗迹的形成条件和形成过程;地质遗迹保护现状。地质环境、地质遗迹保护、地质旅游、矿业旅游已经成为国土资源文化建设浓重色彩的一笔。现在地质遗迹保护、地质公园和矿山公园建设已成为基层政府和群众普遍欢迎的工作,很多地方政府纷纷出资保护地质和矿业遗迹,很多社会投资参与到地质公园、矿山公园建设中去。保护地质遗迹和地质环境、向大众传播普及地学知识和促进地方经济可持续发展是地质公园的核心理念。

20世纪末,中国启动了国家地质公园计划,经过十几年的探索与实践,逐步完善了地质公园管理体系,出台了一系列相关法规和技术标准,并通过开展定期评估检查等措施,加强了地质公园的质量控制,使中国地质公园建设质量和管理水平有了明显提高。特别是近几年,中国地质公园的建设质量和管理水平有了明显提高,形成了"政府主导、社会广泛参与"的中国特色地质公园发展模式。自2003年起,中国开始申报和创建世界地质公园,是世界地质公园网络(GGN,Global Geoparks Network)的创始国之一。到目前为止,中国已建有世界地质公园33处、国家地质公园189处,批准国家地质公园建设资格52处、省级地质公园和建设资格235处,是世界上拥有世界地质公园最多的国家。

截至2015年,四川等13个省(自治区、直辖市)完成了省级地质遗迹调查工作,对3096处省级以上地质遗迹点建立了数据库,编制了中国重要地质遗迹资源分布图集。

三、我国工程地质工作支撑生态文明建设的表现形式

1. 工程地质促进土地综合利用与规划

一直以来,工程地质工作为我国的国土规划提供了技术保障。主要表现有以下3点。①聚焦重点,为各类城乡规划编制提供支持。围绕城市规划工作,工程地质工作积极探索并服务于城市规划。实践中,我国京津冀协同发展、长江经济带等规划编制过程中,同步开展了规划区域工程地质调查与评价,与城市规划业务融合,形成了重点规划区规划编制与地质评价任务同步下达、共同实施的管理制度,使地质信息服务真正融入了政府规划管理工作流程。②有效合理分配土地资源。工程地质工作结合水文地质、环境地质工作,服务于工业用地全生命周期管理、耕地环境质量保护、后备土地资源研判、土地供应与日常管理等经济社会工作。在土地出让公告、土地出让合同或业务办理告知单中,也告知建设单位按照有关规定履行地质灾害防治、地质资料汇交等相关义务。③信息集成,构建面向服务的地质数据中心。在实际工作中,工程地质工作将基础地质、水文环境地质等各类地质调查成果数据、地质环境监测数据以及从规划编制到土地管理的各类服务应用数据等融合,既提高了服务的时效性,又提高了服务的针对性。

2. 工程地质服务于城市建设适宜性评价

城市建设地质环境影响因素复杂多样,一般可以理解为与城市建设规划密切相关的各类工程地质环境要素的总体。它涉及到研究区工程地质条件、地质灾害与特殊岩(土)体等广泛的内容。当前,城市地质环境已成为城市建设规划、土地开发利用及制定灾害防治对策必不可缺的条件和基础,同时也是近代城市土地规划、使用和发展中面临的首要研究课题。西安地区构造活动强烈,地貌类型多变,地裂缝和地面沉降等地质灾害最为典型、严重,湿陷性黄土、饱和软黄土、液化砂土、厚层人工填土等特殊岩土广泛分布,城市规划建设需要面对很多的环境工程地质问题,因此,开展城市建设地质环境适宜性综合研究是城市发展的重要一环。

四、我国地热资源地质工作支撑生态文明建设的表现形式

1. 地热资源调查评价工作成果显著

进入21世纪,随着我国社会经济的快速发展、能源供需矛盾的加剧、能源结构的调整,以及节能减排和环境保护的需要,可再生能源的开发利用日益受到全社会的重视。地热资源(包括浅层地温能、水热型地热、干热岩)作为一种清洁、无污染的替代能源,对缓解能源供应压力、改善生态环境发挥着重要的作用,受到政府和企业的青睐。

2014年,中国地质科学院水文地质环境地质研究所组织实施的"全国地热资源调查评价"项目多点开花,在高温地热资源以及干热岩勘查、水热型地热资源调查评价、省会城市及地级市浅层地温能调查评价中取得重大突破,发现多处高温地热异常。全面完成256个地级市浅层地温能调查评价和31个省(自治区、直辖市)地热资源调查与区划。西藏自治区山南市措美

县古堆乡 230m 深度钻获 215℃ 高温地热，显示了良好的资源前景。青海省贵德 3050m 深度钻获 150℃ 干热岩，实现我国干热岩勘查零的突破。在青海省、珠三角、青藏铁路沿线、川西、新疆塔什库尔干等重点地区开展的地热资源调查评价，均取得了不同程度的进展。在青海省重点进行了共和盆地恰卜恰地区、贵德盆地三江平原、西宁盆地拉脊山前、乌兰盆地铜铺镇等地区地热资源勘查，评价了各热储层地热资源量、可开采量和地热资源开采潜力，圈定了地热异常靶区。对全国水热性地热资源进行的潜力评估结果显示，全国 31 个省（自治区、直辖区）现共有温泉 2307 个，地热井 5488 个。31 个省（自治区、直辖市）沉积盆地型地热资源量 3.88×10^{22} J，折合 2.21×10^{12} 吨标准煤；地热资源可采量 4.96×10^{21} J，折合 2.82×10^{11} 吨标准煤，地热流体可开采量为每年 3.72×10^{11} m³。全国温泉放热量共计 316 278.48 亿千卡/年，折合 1.32×10^{17} J，相当于燃烧 451.83 万吨标准煤产生的热量。

据 2015 年国土资源部发布的资料，我国浅层地热能的资源量相当于 95 亿吨标准煤，中深层地热能里的中低温地热资源量相当于 1.37 万亿吨标准煤，干热岩地热能（3～10km 深）的资源量相当于 860 万亿吨标准煤。全球地下 5km 以内的地热资源量相当于 4900 万亿吨标准煤，其中我国资源量占全球总量的 1/6。

中国地质调查局地质环境监测院全国地质环境图系编制办公室新编制的《中国地热资源分布图》（1:500 万）也通过了专家审查。

2. 地热资源服务人民生活

地热资源的开发利用服务了人民生活，实现了节能减排、环境保护。可再生、低碳绿色、连续性、经济性、技术可行性、资源潜力大是地热的 6 个特征。地热产业是可持续和循环型的环保产业，符合我国循环经济和环保产业的发展方向，对治理雾霾、改善能源结构、带动相关产业发展意义重大。中国石油化工集团公司高度重视地热利用与发展，目前已探索出多种地热开发模式和成功案例，在技术、管理经验和运作模式方面形成一套可复制、可推广的先进经验。据了解，2009 年 8 月，河北省雄县人民政府与中国石化集团新星石油有限责任公司签订战略合作协议。经过 4 年多的努力，雄县 90% 以上的供暖均采用地热能源，年替代标准煤 9 万 t，减排二氧化碳 22.5 万 t，建成华北地区首座无烟城。国家能源局将这种开发利用地热的模式称为"雄县模式"。"雄县模式"之后，我国地热界正在打造"南通小洋口模式"和"广东丰顺模式"，即在南方有条件地区，利用浅层地热能、中低温地热资源，打造"分布式地热供暖、制冷系统"以解决南方冬季供暖、夏季制冷（空调）问题。截至 2015 年底，中国石化集团新星石油有限责任公司提供的中深层地热供暖面积达 4000 万 m²，占全国中深层地热供暖面积的 40%，已成为国内地热开发利用规模最大的企业。

五、水工环地质工作与生态文明建设的关系

水文地质是指与地下水相关的地质工作，其中主要包括了地下水勘查、地下水监测等工作。环境地质这一概念则相对更加广泛，包括了关于地质环境的所有内容。水文地质与环境地质工作主要是通过地下水勘查、地下水监测等工作来实现对我国生态文明建设的促进。工程地质指地质矿产工作在城市建设、工程建设中的运用，在经济社会发展中占有支撑性作用（表 6-1）。

表 6-1 水工环地质工作与生态文明建设

工作类型	工作内容	生态文明建设内容
水文地质工作	地下水勘查工作	水资源供应、精准扶贫脱贫
水文地质工作	地下水动态监测	地下水污染、饮水安全
水文地质工作	水资源调查评价	水资源供应
环境地质工作	生态地质调查工作	水土污染、生态安全
环境地质工作	多目标地球化学元素调查	土壤环境质量、耕地分类
环境地质工作	重金属污染调查	水土污染、粮食安全
工程地质工作	土地综合利用与规划	国土空间优化
工程地质工作	城市建设适宜性评价	城镇化
工程地质工作	工程建设适宜性评价	经济发展
地热地质工作	地热资源调查评价	地热资源利用可行性
地热地质工作	地热资源开发利用	节能减排、环境保护

水工环地质工作促进生态文明建设主要是从3个方面进行评价。首先是水土资源的供需安全,水土资源是国土空间的基本元素,是人类赖以生存的物质基础。该部分的工作主要包括地下水勘查、基础地质调查、水资源调查评价、工程地质等,由于地下水勘查和基础地质调查直接关系到生态文明建设,此处均赋予较大的权重,水资源调查评价与工程地质属于间接服务于生态文明建设,因此赋予较小的权重。其次是环境污染,该部分主要涉及的地下工作包括了地下水动态监测、多目标地球化学元素调查、重金属污染调查、环境地质调查工作。同样,地下水动态监测和多目标地球化学元素调查工作能直接促进生态文明建设,赋予权重较大;重金属污染调查、生态地质调查工作能间接服务于生态文明建设,赋予权重较小。最后是从城市建设、工程建设适宜性评价和土地综合利用与规划的角度进行评价。

第二节 水工环地质工作促进生态文明建设的需求分析

根据十八大以来,《意见》指出生态文明的总目标:到2020年,资源节约型和环境友好型社会建设取得重大进展,主体功能区布局基本形成,经济发展质量和效益显著提高,生态文明主流价值观在全社会得到推行,生态文明建设水平与全面建成小康社会目标相适应。其中,主要污染物排放总量继续减少,大气环境质量、重点流域和近岸海域水环境质量得到改善,重要江河湖泊水功能区水质达标率提高到80%以上,饮用水安全保障水平持续提升,土壤环境质量总体保持稳定,环境风险得到有效控制。水工环地质工作促进生态文明建设取得了卓有成效的成绩。新时期,水工环地质工作服务水生态文明建设、重大工程建设、城市生态文明建设、地质环境监测与地质灾害防治、节能减排生态文明等需求,应着力解决如下问题。

一、水生态文明建设需求

根据水利部印发《关于加快推进水生态文明建设工作的意见》"水十条"等相关文件,其中水生态文明建设的目标是最严格水资源管理制度有效落实,"三条红线"和"四项制度"全面建立;节水型社会基本建成,用水总量得到有效控制,用水效率和效益显著提高;科学合理的水资源配置格局基本形成,防洪保安能力、供水保障能力、水资源承载能力显著增强;水资源保护与河湖健康保障体系基本建成,水功能区水质明显改善,城镇供水水源地水质全面达标,生态脆弱河流和地区水生态得到有效修复;水资源管理与保护体制基本理顺,水生态文明理念深入人心。同时,明确了水生态文明建设包括8个方面的主要工作内容:①落实最严格水资源管理制度;②优化水资源配置;③强化节约用水管理;④严格水资源保护;⑤推进水生态系统保护与修复;⑥加强水利建设中的生态保护;⑦提高保障和支撑能力;⑧广泛开展宣传教育。

根据前文论述,水资源安全供需问题是我国面临的主要资源问题之一。从水资源潜力来看,我国北方地区的地表水利用率绝大多数已经超过了国际公认的生态警戒线40%,已无潜力可言;地下水开发利用普遍存在分布不合理的现象。一些地区由于地下水的超采和不合理的开发引起了含水层疏干、浅井干涸、水质恶化、地面沉降、地面塌陷等一系列问题。如何合理开发地下水资源,遏制地下水开发引发的一系列问题,防止新的地下水开发区出现类似的问题,需要加强平原和盆地的水文地质调查工作,提高主要含水层调查程度和地下水资源评价精度。南方地区虽然水资源丰富,由于降水时空分布不均匀,很多地区存在季节性缺水问题,为了提高水资源保障程度,需要加强水文地质调查,为地下水开发与应急水源地供水提供依据。在一些地表水污染严重区域或地方病区,由于缺乏水质符合标准的淡水资源,需要加强水文地质工作,以寻找优质的地下水资源,保障当地的居民人畜用水安全。

二、重大工程建设需求

水工环地质是与国民经济和社会发展紧密结合并为它服务的一项工作。目前,我国已进入全面建设小康社会的关键时期,工业化、城镇化、市场化和国际化步伐加快,一方面发展成果令人瞩目,另一方面环境问题也更加突出,如资源消耗快速增长,土地、淡水、能源、矿产资源和环境状况对经济发展构成严重制约。水工环地质工作与社会经济发展关系越来越密切,与老百姓的生活质量息息相关,承担着保障经济社会科学发展、有序发展的重要责任。

服务铁路、高速公路等交通重大工程建设的选线、设计与施工,需要加强铁路、公路沿线工程地质调查与评价工作,支撑《国家铁路、高速公路十三五规划建设》。主要是从地质力学、地质构造、地应力场和数值模拟等多学科角度,应用最新的地质调查与研究方法提高铁路、公路沿线地质调查工作精度,为减少工程设计与施工方面的盲目性提供了重要依据,为未来铁路、公路的进一步勘探工作奠定了重要地质基础,提供夯实的地质信息资料。

服务机场、火车站等重大工程的选址与施工建设,加速城市化进程,拉动地方经济发展,需要加强城市建设用地工程地质与水文地质工作,我国大中型城市普遍存在地面沉降、岩溶塌陷等复杂的城市地质灾害,尤其是我国云南、四川、重庆、湖南等地,在复杂的地形地貌和特殊的地质条件下兴建大量的岩土工程,需要加强工程地质与水文地质工作,为重大工程建设提供地质资料。

三、城市生态文明建设需求

优化城市空间开发格局、提升地质环境健康水平是城市生态文明的内在要求，水工环地质工作在城市生态文明建设的需求驱动下必将发生明显变化。城市生态文明建设下的水工环地质工作需求大致分为两种类型：一是问题导向型，二是理念推动型。问题导向型的地质工作需求主要是由于现实地质环境条件及存在的问题对水工环地质工作产生的需求。在城市生态文明建设过程中，涉及到城乡土地利用、资源开发、废物处置、环境保护和灾害防治等领域的地质资源问题日益突出，甚至直接影响和制约着城市生态文明建设。如工程建设的加载和开挖，破坏了地层表面的力平衡，使工程设施产生沉降、位移甚至失稳；对地下水的超量抽取造成了一些城市和地区的水位下降，水资源枯竭，进一步造成了地面沉降、岩溶塌陷、地裂缝等地质灾害；大量废弃物的排出，包括工业废水、生活污水、工业垃圾、建筑垃圾和生活垃圾，造成了环境的严重污染。人们需要通过土地质量调查与评价、地质环境调查与评价、地质环境污染风险评价与修复等地质工作来解决这些问题。理念推动型的地质需求则是基于可持续发展的战略理念和对城市生态系统长期动态平衡的关注，为"防患于未然"所产生的前瞻性地质调查需求。

加强城市集约节约利用建设，是水工环地质工作未来需求基础导向，针对土地资源的地上、地下的联合开发，对城市地下地质情况进行详细调查，并建立三维地质模型，指导对地下空间的开发利用，提高对土地资源的集约利用，对地表水、地下水资源的联合调度，对地热能等清洁能源的开发利用，需要深化水工环地质调查与评价；为满足城市可持续发展的需要，各类资源在时间、区域上的优化配置更受关注。

重视城市地质环境适宜性评价，是水工环地质工作未来需求的延伸导向，结合生态文明建设，为服务城乡发展布局、产业结构调整、重大工程建设、生态环境保护、城乡居住环境改善、生活质量提高，需要开展地质环境适宜性综合评价。为进行地质环境功能区划，提升生态宜居水平提供技术支撑；开展污染源特征调查、地球化学背景评价、地质作用分析等生态环境地质学研究，开展城市各类废弃物地质处置的实验研究和应用示范，加强地源热泵、水源热泵等浅层地温能的应用研究，注重滩涂、湿地等作为后备土地的资源属性评估以及作为生态环境的重要依托予以合理利用，是提高人们健康和生活质量的基本技术支持；针对城市资源和环境安全，建立水-土-岩综合的、立体的地质环境监测体系，开展地质灾害风险区划，完善城市地质灾害监控体系、预警预报系统，实现实时监控，及时响应、实时评价城镇化建设过程中地质条件动态，减轻或避免灾害风险，是资源利用、灾害防治、污染控制及环境保护的基础依据。

四、地质环境监测与地质灾害防治需求

1. 优化国土空间开发格局需要水土基础地质调查工作

优化国土空间开发格局是生态文明建设的首要任务。其目标是根据国土空间的多样性、非均衡性、脆弱性特征，通过统筹人口、经济、国土资源、生态环境，调整优化国土空间开发格局，促进生产空间集约高效、生活空间宜居适度、生态空间山清水秀。其中，农产品主产区是我国保障农产品供给安全的重要区域，农村居民安居乐业的美好家园，社会主义新农村建设的示范区。农产品主产区应着力保护耕地，稳定粮食生产，发展现代农业，增强农业综合生产能力，

增加农民收入,加快建设社会主义新农村,保障农产品供给,确保国家粮食安全和食物安全。服务主体功能区战略实施,推进农产品主产区建设,需要夯实区域地质环境基础,提高水文地质、工程地质工作程度。服务区域发展战略实施,推进"一带一路"、京津冀、长江经济带等跨区域经济带与重要经济区持续发展,需要加强水工环地质调查。

2. 提升地质环境健康水平需要加强水土污染调查研究

水土污染已成为全国关注的环境问题和热点话题。我国地下水水质恶化问题突出,118个大中型城市的地下水不同程度地受到污染;在珠三角、长三角、淮河流域、华北平原等地的地下水污染调查中都不同程度地检测到微量有机污染物,严重地威胁了广大人民群众的饮水安全。由于土壤和地下水污染,多个省份出现癌症村现象,对当地居民身体健康乃至生命安全构成了极大的威胁。有媒体披露,多个地区由于土壤重金属污染导致农作物重金属含量超标,增加了人们对食品安全问题的担忧。在少数老少边穷地区,由于饮用高砷高氟苦碱的地下水而导致的地方病仍然困扰着当地居民,亟待开展长期地下水监测与研究。随着我国产业结构调整与科技创新战略的实施,页岩气、天然气水合物、战略性新兴矿产资源可能将进入大规模开采,新的污染风险可能会威胁土壤和地下水质量安全,新的微量有机物可能会通过各种渠道进入土壤和地下水中。应对新的污染风险,需要突出水土污染调查研究的先行性和预警性。

3. 保障社会、经济可持续发展需要加强地质灾害防治工作

城市化建设与大规模的重大工程建设导致我国地质灾害发生的危害性逐步加大,给社会经济造成了较大的损失,也给人民生活造成了极大的困扰。为保障城市经济可持续发展,维持社会稳定,需要加大地质灾害防治的投资。在地质灾害重点发生区域,中南部、西南部地区要着重加强地质灾害的治理,持续增加地质灾害资金投入与灾害项目数量,解决由于水土流失导致的泥石流、滑坡、崩坍等地质灾害;同时,加大城市地质灾害防治,着重解决城市化过程中引发的地质灾害,如地面沉降、地面塌陷、岩溶塌陷等给城市造成巨大损失的地质灾害。就目前来看,尊重区域差异性,做好地质灾害防治差异性措施是一项主要任务,主要体现在东部沿海城市主要地质灾害治理为海水入侵防治;长江中游城市主要是岩溶塌陷与地面沉降;中部地区主要解决城市地面沉降防治;西北部着重解决荒漠化、水土流失导致的泥石流等地质灾害。为保障经济可持续发展、重大工程建设而进行的地质灾害预警与治理,在未来一定时间内,会成为水工环地质工作的需求热点之一。

五、节能减排生态文明建设需求

2014年,全国能源消费总量中,煤炭占66.0%。煤炭等传统化石能源在我国能源结构中占有比例过大。就拿京津冀地区来说,大气污染严重,除了机动车和工业等因素,分散的燃煤供暖也是重要原因。要想实现绿色发展,就必须提高清洁能源在能源结构中的比重,利用好地热资源是必经之路。《能源发展战略行动计划(2014—2020年)》立足于我国以煤为主的能源结构,坚持发展非化石能源与化石能源清洁高效利用并举,逐步取消化石燃料补贴,支持可再生和清洁能源,明确提出"一降三升"的能源结构调整路径,应对气候变化挑战。到2020年,非化石能源占一次能源消费比重达到15%,天然气比重达到10%以上,煤炭消费比重控制在62%以内,地热能开发要达到5000万吨标准煤。到2030年,非化石能源占一次能源消费比重提高到20%左右。地热资源具有分布普遍、利用简便、可再生、清洁、绿色等禀赋，可以显著改善能源结构，能够缓解北方地区雾霾危害，为南方冬季供暖提供稳定能源，解决高原、边远地区用电短缺问题，促进东部发达地区优化能源消费结构和产业结构等。我国主要城市有超过1/3的面积适宜采用地下水地源热泵方式供暖或制冷，而地埋管地源热泵系统适宜区和较适宜区占82%，浅层地热能资源是我国东部地区和南方分布式供暖的首选。在利用水热型地热资源方面，应逐步形成西南地区高温地热发电、东南沿海中低温地热发电、华北和东北地区地热供暖的主格局，并进一步规范和发展地热旅游疗养市场。

第三节 新时期水工环地质工作的战略部署

一、利用环境地质调查工作，指导耕地制度建设

水工环地质工作要发挥自身的优势，做好支撑服务，必须建立三大体系。①农业地质的调查评价体系。根据市场经济体制下，中央和地方不同的事权以及政府、社会和市场对农业地质不同的要求，建立不同调查比例尺、不同技术要求、不同成果表达方式的农业地质调查评价体系。②绿色土地质量评价标准体系。在调查的基础上，要对某块土地做出评价，必须建立一整套土地质量的评价标准体系，包括土地的综合评价标准，土地的专项评价标准，土地的全国统一的评价标准，土地的地方评价标准等。土地质量评价标准体系应纳入国家和地方标准体系建设规划之中。③土地质量的动态监测体系。随着水环境、大气环境，以及农药化肥的使用等，今年是绿色清洁的土地，明年不一定是绿色清洁的土地。因此，要尽快建立全国及区域的土地质量动态监测网络体系。

服务于基本耕地保护制度。在永久基本农田质量调查评价的基础上，把永久基本农田质量档案建立起来，从而实现土地数量质量并重管护；依据绿色土地的评价标准，对符合绿色土地条件的，依法通过绿色土地的质量认证，发给绿色土地证书；要制定绿色土地保护规定，对依法认定为绿色土地的，要落实绿色土地的保护责任单位和责任人，并进行严格的监管；在依法认定的绿色土地上产出的农产品，应有绿色土地的标识，实现产地质量的可追溯；根据土地质量动态监测结果，经政府同意，由指定机构定期向社会公告土地质量动态监测结果，接受社会监督。

二、加大地下水勘查工作，服务于国家精准扶贫脱贫

我国地下水的长期持续开采为保障经济社会快速发展和农业稳产高产发挥了重要作用。全国地下水资源及其环境问题调查评价工作内容包括技术标准、关键技术、综合评价、战略研究及质量监控，区域地下水调查评价专题研究，地下水数值模型与同位素技术以及综合研究等。结合党中央的精准扶贫脱贫的任务要求，继续全力推进《全国农村饮水安全工程"十二五"规划》实施，优先安排贫困地区农村饮水安全工程建设，到2020年，农村饮水安全保障程度和自来水普及率进一步提高。

前期的地下水勘查工作主要集中于我国的西北地区以及西藏地区，效果显著。我国西南

地区以及华北地区的部分山区,仍然存在较大的用水困难问题,同时这些地区也有较多的贫困区,未来的地质矿产工作应当优先保障赣州和乌蒙山等地区脱贫攻坚。结合我国的脱贫计划,向国家级贫困地区加大相关地质矿产工作的投入;同时,利用地质调查结果,对我国的扶贫脱贫工作绩效进行考核评价。

三、扩大地下水动态监测范围,致力于改善生态环境

在国土资源、水利及环境保护等部门已有的地下水监测工作基础上,充分衔接"国家地下水监测工程"监测网络,整合并优化地下水环境监测布设点位,完善地下水环境监测网络,实现地下水环境监测信息共享。建立区域地下水污染监测系统(国控网),实现国家对地下水环境的总体监控;建立重点地区地下水污染监测系统(省控网),实现对人口密集和重点工业园区、地下水重点污染源区、重要水源等地区的有效监测;强化水厂的地下水取水检测能力(取水点控)、地下水区域性污染因子和污染风险的识别能力,增加检测项目,提高检测精度,强化地下水水质突变等异常因子识别。加大地下水环境监测仪器、设备投入,建立专业的地下水环境监测队伍,逐步建立地下水环境监测评价体系和信息共享平台。

建立地下水污染风险防范体系。建立预警预报标准库,构建地下水污染预报、应急信息发布和综合信息社会化服务系统。制定地下水污染防治应急措施,增强供水厂对地下水污染物的应急处理能力,强化水处理工艺的净化效果,分区域、有重点地增强水厂对氟化物、铁、锰、氨氮和硫酸盐等污染物的处理能力,建立地下水污染突发事件应急预案和技术储备体系。全过程监管地下水资源的开发利用,分层开采水质差异大的多层地下水含水层,不得混合开采已受污染的潜水和承压水,人工回灌不得恶化地下水质。提高用水效率,节约使用地下水,严格实施地下水用水总量控制。研究制定地下水超采区及生态环境敏感区的压采和限采方案,保障地下水采补平衡,避免造成地下水环境污染及生态破坏。

四、推动环境调查服务国家和地方区域战略,试点地质环境调查的企业化经营

近些年来,中国地质调查局分别为京津冀协同发展、长江经济带等国家区域战略进行了地质调查工作服务,主要服务层面面向的是国家的区域战略规划。地方政府的战略规划较少涉及,今后的一段时间,中国地质调查局服务国家战略的同时也能够服务于地方政府。

地质灾害、矿山地质环境治理领域每年都有大量资金投入,是一个很大的市场,需要大量的地勘企业、学校、科研机构等进入,而企业化的地勘单位是首选之一。目前,很多地勘单位都出现没有项目可接的惨淡状态,如若加入地质灾害领域,恰好能改变这个状态。因此地勘改革的重要方向就在于地质环境调查。地质环境各个领域的治理、保护、开发环节,都已经吸引并还会持续吸引地勘单位进入。从改革发展角度来看,这个领域主要是以企业方式进入才比较方便,所以应选择企业化的地勘单位。地质灾害应急也需要地质专家,应急的产业化还没有起步。

五、扩大工程地质服务范围,促进国土空间优化

以往的工程地质服务于工程建设和城市建设,对我国的经济社会发展起到了促进作用。十八大以来,我国对国土空间的开发更加关注,十八大报告多次提到优化国土空间开发格局,

必须珍惜每一寸国土,按照人口资源环境相均衡,生产空间、生活空间、生态空间3类空间科学布局,经济效益、社会效益、生态效益3个效益有机统一的原则,控制开发强度,调整空间结构,促进生产空间集约高效、生活空间宜居适度、生态空间山清水秀,给自然留下更多修复空间,给农业留下更多良田,给子孙后代留下天蓝、地绿、水净的美好家园。工程地质工作应当扩大服务范围,结合环境地质、水文地质、基础地质工作,整合地质资料数据,为完善我国国土空间的基础数据做好准备。同时,结合主体功能区规划以及各地区的地质环境问题,完善工程地质适应性评价体系,根据评价结果更好地进行城市建设。

六、推动地热资源规模化应用,促进生态文明建设

地热能行业产业链长,地质勘探、产品研发、制造、系统设计安装、售后服务等方面涉及面广,属于技术密集型产业。近年来,虽然国家对地热能项目有节能投资项目无偿补助、按投资规模给予资助、按节能效果给予奖励等相关政策,但对于这一新型清洁能源来说还不够,还需要在相关技术研发、资源合理利用以及市场准入等方面制定出台新的优惠政策,以鼓励地热能推广应用,积极引导社会资金投入,逐步形成浅层地热能开发有度、市场有序的良好局面。鉴于地热资源利用对促进生态文明建设具有重要意义,对城市治污减霾作用巨大,地热资源相关管理部门需要根据地热开发利用实际,制定流程简便、分工明确、监管有力的地热能开发利用项目管理办法,简化审批办法,提高行政效率,加强项目后续运行及环境保护监管,建立信息监测体系,完善设备检测认证制度等,在涉及地热资源应用政策制定、项目技术推广会商时,给予积极支持。同时,政府相关部门也应当大力支持地热资源技术应用,从政策、资金、技术推广等方面对从事干热岩供热技术研发的企业加大支持力度,不断扩大市场份额,为节能减排、治污减霾发挥更大的作用。此外还要广泛宣传,让更多的人了解地热能尤其是能够带来显著社会效益、环境效益的干热岩新技术;做好技术推广,实现规模化应用,切实降低建筑供暖领域煤炭、天然气使用量,减少二氧化碳排放。

第七章　地质矿产工作促进国土空间开发格局优化研究

优化国土空间开发格局作为生态文明建设的首要任务,通过地质矿产工作来促进国土空间开发格局优化的研究是间接完成地质矿产工作促进生态文明建设的一个重要途径。那么,如何根据资源环境承载力来调节城市规模,优化国土空间开发格局,将成为地质矿产工作一个新的突破点。资源环境承载力是在一定时期一个地区自然资源、地理地质、生态环境等综合条件所能承载的社会经济发展总体水平,建设生态文明必须正确认识和评价一个地区的资源环境承载能力。近年来,随着经济社会的持续快速发展,我国面临的资源环境约束也持续加剧,迫切需要不断提高资源环境综合承载力。

第一节　地质矿产工作促进资源环境承载力和城市管理的评价研究

一、资源环境承载力对城市规模调节分析

随着近年来经济的快速发展和城市化水平的迅速提高,我国各城市的人口规模不断增加,环境污染日益严重,给资源环境带来的压力不断增大。经济转型和可持续发展已经成为当今社会的热点问题,城市资源环境承载力问题备受关注。提高城市资源环境承载力既是城市经济发展的需要,也是加快城市化进程、提高城市发展质量的需要。通过对国土空间开发格局的现状分析,发现我国空间开发格局存在一些问题,而解决这些问题急需优化结构来调整现有的土地供求不均衡,根据资源环境承载力调节城市规模,以满足社会生活及经济发展的需要,更好地达到生态文明建设的目标。

那么,如何根据资源环境承载力调节城市规模？主要措施如下：

(1)提高资源使用效率,减轻城市群资源和环境承载压力。城市群作为高度集聚的经济体,其资源使用量势必随着其经济总量变得越来越大,环境污染问题也将会越来越突出,在目前的资源环境约束条件下,提高资源使用效率是减轻城市群资源环境承载压力的有效途径。第一,大力发展新能源、环保市场及相关技术市场,加快技术创新促进资源利用效率。当前中国能源使用结构中主要是不可再生能源煤炭,煤炭能源的大量使用带来了严重的环境问题,同时,能源对外依存度也过大。为实现资源的可持续利用以及保护环境,必须大力发展清洁型能源,加快风能、太阳能、地热能与核能的开发和使用。社会生产过程要以"减量化、再利用、资源化"为生产原则,尽可能少的资源消耗和环境污染来实现最大化的发展效应,获得更好的经济效益、社会效益与生态环境效益。第二,形成节约资源的理念,强化居民生态环保的意识,形成

合理的生活方式。引导居民自觉节约资源,在全社会形成节约光荣、浪费可耻的新风尚;积极倡导绿色的生活和消费方式;提倡市民绿色出行、低碳生活、绿色消费理念,倡导居民理性消费、科学消费,形成节俭办事、减少污染、有益健康的生活方式。第三,提高基本公共服务资源的覆盖范围,提升公共服务资源的使用效率。一方面,各城市因地制宜地建设各类清洁、高效、节能的现代公共服务基础设施,根据城市人口、产业发展规律和趋势,增加基本公共服务设施的供给;另一方面,提高单位公共基础设施的使用覆盖面,避免公共资源闲置和浪费现象,进而提升资源的使用效率。

(2)优化城市群空间结构,促进资源环境承载力的提升。城市群空间结构的重组和优化可以实现城市群经济增长效应和可持续发展效应,城市群内城市规模大小合理、密度适宜、定位明确、产业分布合理、空间组合有序,可以促进城市群生态空间结构优化高效,使得城市群社会经济与生态环境协同发展。一定程度上来说,城市群的空间功能结构决定了其资源环境承载力。一方面是城市群内部城市功能结构的优化。城市群是多个城市集聚的综合体,其内部功能结构布局决定了城市群经济发展的路径、资源的使用效率以及环境的承载能力,也是城市群健康发展和可持续发展的重要决定因素。城市群的内部功能结构的优化将有效提高城市群的国土开发和各种资源的使用效率,实现人口、资源、环境的协调和可持续发展。另一方面是城市群的产业结构优化。城市群产业结构的优化有以下2个方面的内容:一是优化城市群整体产业结构,形成产业梯度。在城市群总体发展战略目标下,按照城市群内部空间结构和城市功能定位使不同的产业分布到各城市,形成梯度明显、能级清晰的产业空间分布,产业梯度与各城市的功能相匹配,从而最大限度地发挥各城市的优势,同时实现城市群产业综合竞争力的提升。二是单个城市选择自身合理产业结构,实现城市群整体产业结构最优化,城市内部的产业结构在很大程度上决定了城市的资源消耗和污染排放结构,城市内部产业结构优化将有利于减少城市资源消耗和污染排放,同时还有利于城市群形成多样化的产业和完整的产业链,促进各种资源要素在城市间、产业间优化配置,在城市群内部实现产业间的协同发展,进而提升城市资源环境的承载力。

二、地质矿产工作促进资源环境承载力评价

资源环境承载力研究还不是一个十分成熟的科学概念,尚存在一些争议,但对它所涵盖的范围还是具有一定的共同点,即应该能够表现自然资源、环境与生态相关因素的各种要素特点。如土地资源环境、水资源环境、森林、矿产、大气、生物多样性等各方面,其中大气和生物多样性与地质矿产工作没有特别紧密的联系,因此地质矿产工作促进资源环境承载力主要体现在土地资源承载力、水资源承载力和森林资源承载力这3个方面(表7-1)。

从以上表格结合我国的发展阶段和方向来看,现有的指标中还缺乏2个重要的要素——能源资源和经济资源。能源是工业化和城镇化发展的一个重要基础,可以说现代化基本就是建立在能源的基础之上的。而经济资源决定了主体功能区的资源总量吸收外界资源能力,例如用资金购买能源,加大开发地下空间投资从而扩大可利用土地资源等,可以说经济能力以一定比率等价于其他资源。

如图7-1所示,地质矿产工作对资源环境承载力的提升有着显著效果。地质矿产工作能够支持主体功能区地下空间的开发利用,从而扩大可利用土地资源量,提高土地资源承载力;地质矿产工作能促进地下水进行勘查开发,扩大水资源供给,提高水资源承载力;地质矿产工

作服务于矿产资源勘查开发,提高矿产资源保障能力;地质矿产工作优化土壤环境及水环境保障,促进绿地扩张,提高森林资源承载力;地质矿产工作能摸清主体功能区地质环境,预防突发性地质灾害带来的损失。

表 7-1 结合主体功能区指标划分建立地质矿产工作相关资源环境承载力体系

要素	指标	描述
土地资源承载力	人均耕地面积(亩/人)	通过计算区域内耕地面积和人口数量,反映主体功能区农产品主产区供给粮食水平
	人均土地面积(hm^2/人)	通过计算区域内土地面积和人口数量,反映主体功能区土地容纳人口水平
	人均建设用地面积(m^2/人)	通过计算区域内建设用地面积和人口数量,反映主体功能区城市发展可利用土地资源水平
水资源承载力	耕地公顷水资源(m^3/hm^2)	通过计算区域内耕地面积和水资源容量,反映主体功能区内农产品主产区用水量
	水资源开发利用率(%)	反映该区域可利用水资源水平
	人均水资源占有量(m^3/人)	通过计算该区域内水资源和人口数量,反映主体功能区人均水资源水平
森林承载力	森林覆盖率(%)	通过计算主体功能区森林覆盖率,反证生态脆弱程度,并反映一部分环境容量
	人均森林占有量(m^3/人)	通过计算区域内森林覆盖面积和人口数量,反映主体功能区人均拥有绿地水平
	生态保护红线区占行政区域土地面积比重(%)	通过计算生态保护红线区面积与行政区域土地面积的比例,反映主体功能区生态重要性

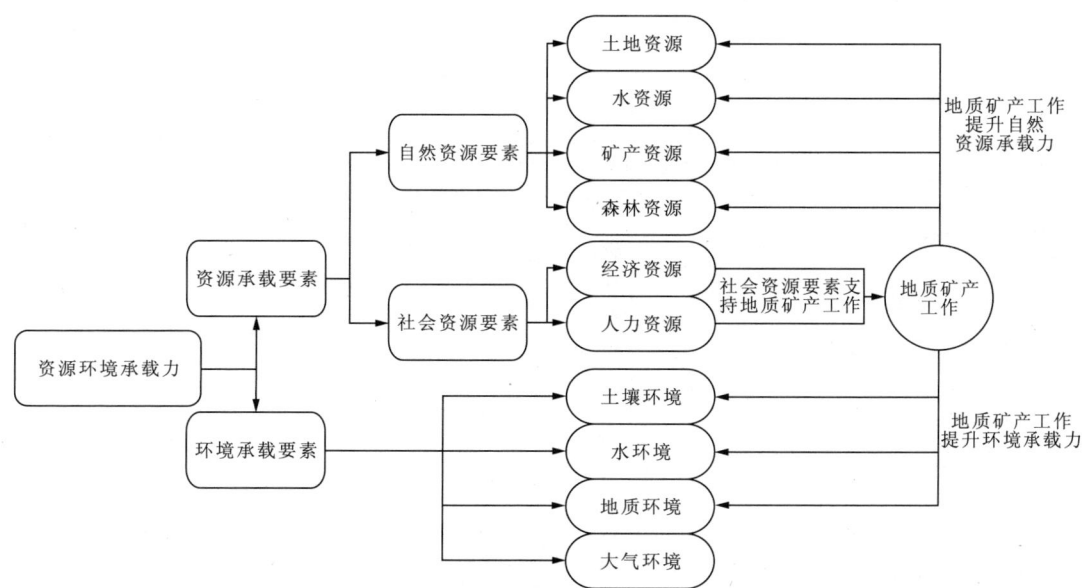

图 7-1 地质矿产工作提升资源环境承载力示意图

地质矿产工作是人地系统的重要连接点,是经济活动、社会活动与资源环境相互影响的基础。资源环境决定了资源环境承载力的大小,经济活动促进科技进步,社会活动形成社会需求,三者都对资源环境承载力有着重大影响。资源环境承载力决定了人类社会可持续发展,影响着人类社会的发展能力,而人类社会的发展能力又能形成生态环境的可持续发展。

第二节 资源环境承载力促进国土空间治理研究

一、地质矿产工作在主体功能区的应用

我国主体功能区规划明确将国土空间分成优化开发、重点开发、限制开发和禁止开发四大类。不同主体功能区资源环境承载力不同,国土空间用途、开发利用与保护方式各异。而国土规划、土地规划、城市规划、矿产资源规划等,都要把资源环境承载力作为前置条件,从空间层面上对地区产业、人口等要素的集聚特征,以及资源环境要素的整合效应等空间因素进行分析研究。应在主体功能区规划指导下,做好国土空间定位、用途管制及相应的保护、开发、利用与发展规划。探索区域系统的开放性特征对资源环境承载力的影响和优化。

为使各省能在全国主体功能区划分的基础上,积极有效地开展省级主体功能区划分工作,国家在总结已有主体功能区研究成果和实践经验的基础上,从省级主体功能区的特点出发,制定了《省级主体功能区域划分技术规程》(以下简称《规程》),用于指导各省主体功能区工作的具体开展。在《规程》中,设计了9个基础指标(表7-2),通过这些基础指标的定量和定性分析获得单要素的评价结果,并在此基础上进行区域综合情况的评价和功能定位。在这9个基础指标之中,与资源环境承载力相关的指标就有6个之多(表7-3),由此可见,资源环境承载力在主体功能区划中的重要性。

表7-2 省级主体功能区划分指标项的功能与含义

要素	指标项	描述
土地资源承载力	人均耕地面积(亩/人)	通过计算区域内耕地面积和人口数量,反映主体功能区农产品主产区供给粮食水平
	人均土地面积(hm^2/人)	通过计算区域内土地面积和人口数量,反映主体功能区土地容纳人口水平
	人均建设用地面积(m^2/人)	通过计算区域内建设用地面积和人口数量,反映主体功能区城市发展可利用土地资源水平
水资源承载力	耕地公顷水资源(m^3/hm^2)	通过计算区域内耕地面积和水资源容量,反映主体功能区内农产品主产区用水量
	水资源开发利用率(%)	反映该区域可利用水资源水平
	人均水资源占有量(m^3/人)	通过计算该区域内水资源和人口数量,反映主体功能区人均水资源水平
森林承载力	森林覆盖率(%)	通过计算主体功能区森林覆盖率,反映生态脆弱程度,并反映一部分环境容量
	人均森林占有量(m^3/人)	通过计算区域内森林覆盖面积和人口数量,反映主体功能区人均拥有绿地水平
	生态保护红线区占行政区域土地面积比重(%)	通过计算生态保护红线区面积与行政区域土地面积的比例,反映主体功能区生态重要性

表 7-3 与资源环境承载力相关的指标及其描述

序号	指标项	功能描述
1	可利用土地资源	评价一个地区剩余或潜在可利用土地资源的承载能力
2	可利用水资源	评价一个地区剩余或潜在可利用水资源的承载能力
3	环境容量	评价区域生态环境不受危害前提下可容纳污染物的能力
4	生态系统脆弱性	表征区域尺度生态环境脆弱程度的集成性指标
5	生态重要性	表征区域尺度生态系统结构、功能程度
6	自然灾害危险性	评估区域自然灾害发生的可能性和灾害损失的严重性

这6个指标分别反映了区域的土地资源、水资源、大气与水环境、生态等要素的潜力和分布情况。按照《规程》，不同省市的区划评价具体操作具有一定的弹性范围，主要体现在2个方面。一是调整部分指标的计算参数。通过选择最能代表本省资源环境特点的因子作为部分指标的计算参数，使得计算结果最大限度地反映区域特点，如自然灾害危险性指标参数的选择。二是有限度地增加部分辅助指标。通过增加代表区域显著特点的指标来弥补基础指标在某一方面对不同省之间差异性反映的不足，如增加基本农田保护指标、生态修复指标等。这些调整往往也是与表现资源环境承载力的指标相关，由此可见，资源环境承载力是最能反映区域特点的评价指标，也是省级主体功能区划工作的重点所在。

二、地质矿产工作促进国土空间开发格局优化的评价体系

基于对地质矿产工作与国土空间优化的关系分析，发现虽然地质矿产工作对国土空间优化的促进作用较为微弱，但是随着地质矿产工作的投入增长率不断增大，对国土空间优化的促进作用就更为明显。随着遥感类新科学技术在国土空间的不断应用，也为地质矿产工作的投入重心提供新方向，地质矿产工作的投入重点也应随着现代科技的进步而不断创新，进一步提高地质矿产工作投入增长率对国土空间优化的促进作用。地质科技也成为地质矿产工作作用于国土空间优化的未来发展方向，针对地质矿产工作对国土空间优化的作用制定相应的评价指标体系（表7-4），促进土地的合理利用。

三、地质矿产工作促进国土空间开发格局优化的表现形式

（一）地质调查工作促进国土空间开发格局优化

地质调查工作对国土空间开发规划，推进城市化建设和重大工程项目等意义重大。全面开展地质调查工作不仅可以保障社会稳步向前，而且可以保障民生建设；提高地质调查工作创新力度，加大投入，更能帮助我国经济得到质的提高，能够帮助我国在国际上占有一席之地。地质调查工作的广泛推进，还可以帮助全人类认识地球，探索土地、海洋、地质等多方面的奥秘，在向它们获取资源的同时，提高人类与自然的和谐程度，真正做到物质与精神共同文明。地质调查工作在我国历年的投入中呈递增趋势，特别是2010年的增长率达到180.5%，投入

量约为 2009 年的 2.8 倍(图 7-2)。到 2014 年,地质调查工作投入金额已达到 78.2 亿元,以地质矿产工作为契机来优化国土空间开发,促进生态文明建设将成为地质矿产工作的未来发展趋势。

表 7-4 地质矿产工作促进国土空间开发格局优化的评价指标体系

一级指标	二级指标	三级指标
地质调查	地质调查工作	地质调查工作的投入量
地质勘查	地质勘查工作	地质勘查工作的投入量
地质遗迹	地质公园遗址	地质公园遗址建设数量
		中央投入地质遗址保护资金金额
地质科学技术	遥感技术应用	遥感地质勘查投入量
		遥感地质土地调查投入量
	地理信息系统技术应用	地理信息数据生成图
		测绘服务总值或测绘资质单位完成服务总值
		GIS 土地资源监测投入量
	全球定位系统技术应用	全球定位系统测量点数量
		GPS 土地测量投入量
	地球化学探测技术应用	地化探技术土地研究投资量
	地球物理勘查技术应用	地球物理勘查在国土资源调查中的投入量
		地球物理勘查在地下空间勘探中的投入量

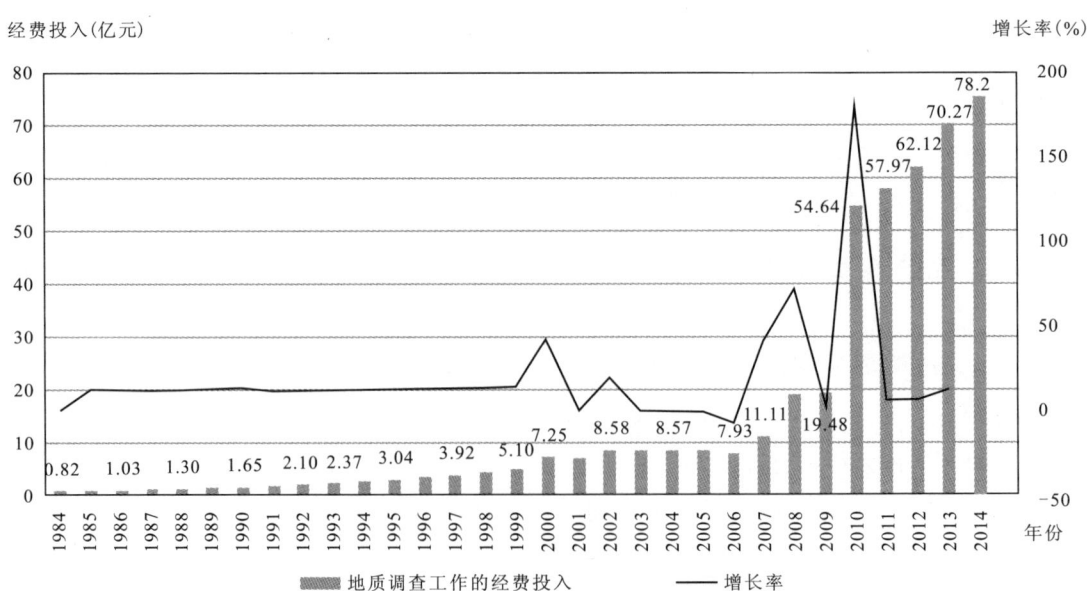

图 7-2 1984—2014 年我国地质调查工作的经费投入及增长率变化

(二)地质勘查工作的投入促进国土空间开发格局优化

地质勘查包括物探、化探、遥感、钻探、实验等多种技术,形成空中、地面和深部综合勘查,地质勘查工作不仅能为地质找矿提供有力的技术支撑,还可以为国土资源的合理利用提供地质资料。中国地质勘查从2006年起一直以超过20%的速度逐年增长,至2012年达到顶峰。2013年,地质勘查工作的投入由于需求发生转变,呈现下降迹象,近几年降速为10%左右。到2014年,非油气地质勘查工作的投入约为400亿元(图7-3)。

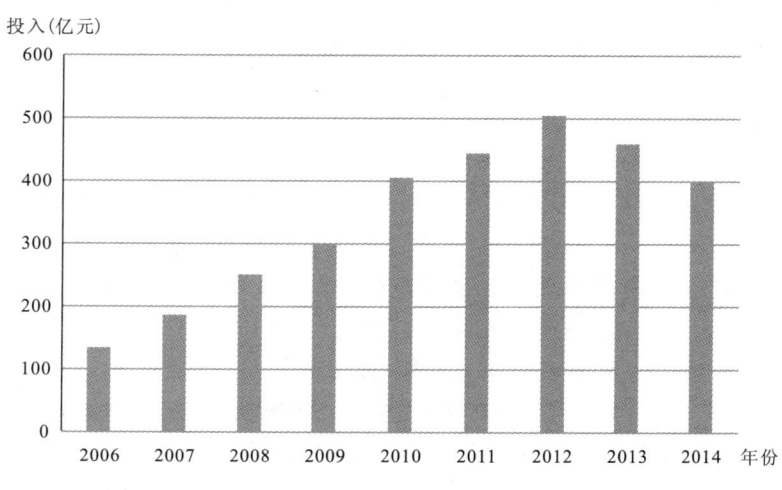

图7-3 2006—2014年地质勘查工作投入的历年变化

地质勘查工作的投入在我国不同区域的投入比重也是不同的,随着中国西部大开发和"一带一路"倡议的实施,中国西部地区地质勘查工作的投入比重逐年上升,中部地区比重不断缩小,东部地区一直保持投资低位。落实国家西部大开发战略,西部地区已成为中国地质勘查工作的主要组成部分。2014年,西部地区地质勘查工作的投入比重为51%,东部地区16%,中部地区29%,东北地区4%。地质勘查工作在国土空间区域内的不均衡投入,也为优化国土空间格局开发提供了新的思路,开发战略应顺应国家政策、战略的重心,有侧重地运用西部大开发战略的优势,同时应兼顾东部地区投资较少的现状,扩大地质勘查工作在东部地区的投资范围,利用地质勘查工作更好地为不同区域制定相关开发战略。

(三)地质科学技术促进国土空间开发格局优化

地质科学技术促进国土空间格局优化主要体现在,"3S"技术、地球化学探测技术、地球物理勘探技术在国土空间开发上的运用。地质科学技术运用范围的扩宽也为国土空间开发格局优化提供了新的思路。

1. 遥感技术(RS)促进国土空间开发格局优化

(1)国家开展遥感监测。国家相关部门组织采集覆盖全国的2015年度最新遥感数据,加工制作分县(市、区)土地利用遥感正射影像图,提取2015年度遥感监测图斑,制作2015年度遥感监测成果,并套合部综合监管平台的各类用地审批备案信息,分发各地开展实地调查。

(2) 地方开展土地利用现状变更调查。各地在规定时间段内以实地现状认定地类为原则,日常变更为基础,利用遥感监测成果,按照土地变更调查的有关要求,调查 2015 年度内每一块变化土地的地类、范围、权属和面积等实际情况。依据基本农田划区定界(或依法占用、调整等)资料,调整数据库中基本农田图斑的位置和范围。

(3) 县级开展变更调查成果检查。在县级自查的基础上,各国土资源部门负责对调查成果质量负总责。开展数据更新入库和汇总统计分析,依托综合监管平台,将用地管理信息与现状调查结果空间叠加,自动分类标注新增建设用地和新增耕地管理信息,计算各类面积,汇总形成年度土地利用变化最终结果。

2. 地理信息系统(GIS)技术促进国土空间开发格局优化

地理信息系统技术不仅运用在资源管理和配置、土地信息系统和地籍管理等领域,还广泛地运用到城市规划和管理中,成为地质矿产工作促进国土空间开发的一项具有发展前景的新技术。通过地理信息系统技术,可以对区域地质形态结构进行全覆盖调查,生成的数据地图也为国土空间优化开发提供参考基础(图 7-4)。测绘服务于国土空间开发格局优化,测绘服务值在一定程度上反映了现阶段地理信息系统的价值所在(图 7-5)。地理信息系统在土地资源管理中也有广泛应用。合理利用土地资源、掌握土地利用的动态信息是新形势下土地管理工作的需要,土地管理的特色是对土地空间特性的管理。土地空间特性,包括土地的地理位置、相邻关系,图层的划分,以及与土地相关的各种空间属性和人文属性。而地理信息系统技术最初的应用领域,就是建立与土地管理、土地规划相关(包括地籍管理、土地数据库等有关系统的管理和规划等)的土地信息系统,应用地理信息系统技术能够更好地了解土地的空间特性,服务于国土空间优化。

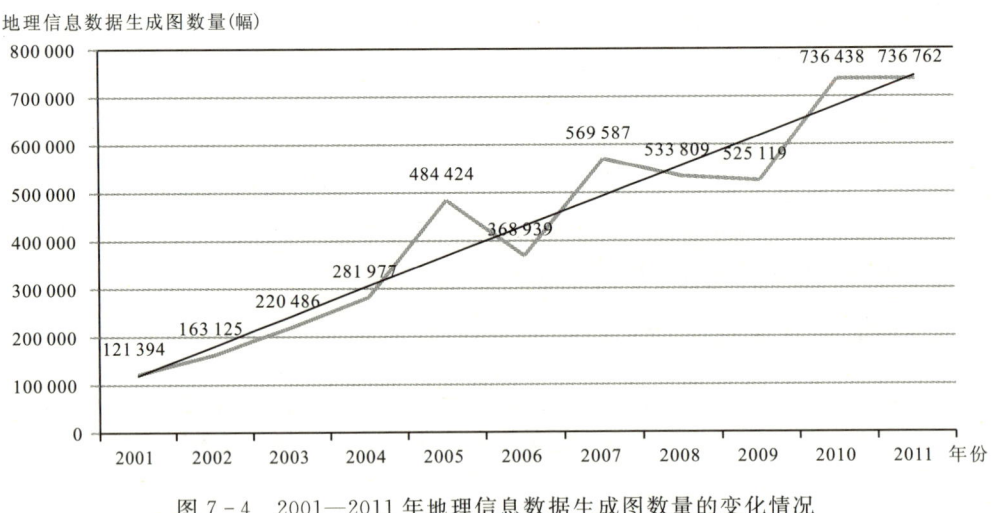

图 7-4 2001—2011 年地理信息数据生成图数量的变化情况

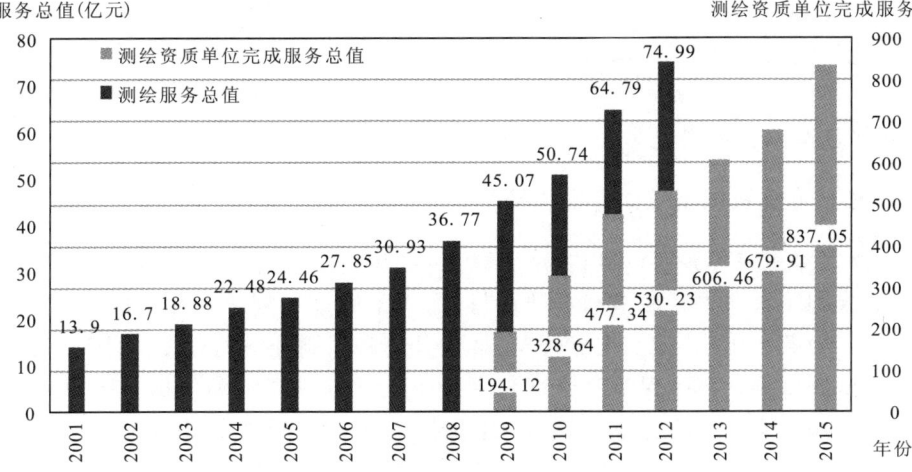

图 7-5 测绘服务总值及测绘资质单位完成服务总值

3. 全球定位系统(GPS)促进国土空间开发格局优化

由于全球定位系统具有精度高、速度快、费用省、操作简便等优点,GPS 技术被广泛地运用到土地测量和工程建筑当中,取代了常规测量手段。通过全球定位系统建立的 GPS 大地控制网以它特有的高精度把我国传统大地网进行了全面改善和加强,从而克服了传统大地网的精度不均匀、系统误差较大等传统测量手段不可避免的缺点,为国土空间规划提供基础测绘保障。

工程施工中采用 GPS 技术建立施工控制网,满足从勘测到施工相应的精度要求。主要是用于建立各种道路工程控制网及测定航测外控点等。随着高等级公路的迅速发展,对勘测技术提出了更高的要求,因此用常规测量手段不仅布网困难,而且难以满足高精度的要求。中国已逐步采用 GPS 技术建立线路首级高精度控制网,然后用常规方法布设导线加密。GPS 技术也同样应用于特大桥梁的控制测量中。由于无需通视,可构成较强的网形,提高点位精度,同时对检测常规测量的支点也非常有效。GPS 技术在隧道测量中也具有广泛的应用前景,减少了常规方法的中间环节。此外,还可利用 GPS 技术建立城市和工程控制网,进行大型结构物变形监测,航空摄影测量,地形、地籍、房地产测绘,地理信息更新测量,海洋测绘等。

全球定位系统在土地测量中应用同样服务于国土空间优化,GPS 技术也成为未来国土空间规划中的重要组成部分。

4. 地球化学探测技术促进国土空间开发格局优化

利用地球化学探测技术从宏观尺度初步掌握调查区耕地的地球化学状况,可为土地利用规划和"三条红线"划定提供更高的精度服务,并可建立国家土地地球化学监测网络和预警体系,持续更新土地地球化学数据库,使地质调查成果更加有力地支撑国家土地资源管理立法、土地利用规划、"三条红线"划定、特色土地资源开发、优质土地资源保护和污染土地整治修复等工作。

运用地球化学探测技术可以对耕地属性进行研究分析,硒是世界卫生组织和国际营养组织确认的人体必需营养元素,摄入不足或过多均会危害人体健康。调查发现,2014年全国有5244万亩绿色富硒耕地,主要分布在闽粤琼区、西南区、湘鄂皖赣区、苏浙沪区、晋豫区及西北区(《中国耕地地球化学调查报告》,2016)。目前,绿色富硒耕地已经成为发展特色农业和生态农业新的增长点。湖北、广西等省区人民政府已将开发富硒耕地作为国土空间规划的一项重要任务。针对绿色富硒耕地建议对它进行严格保护和科学开发利用。

5. 地球物理技术促进国土空间开发格局优化

利用地球物理探测获得数据,运用磁法、重力测量和放射性测量3种方法进行区域地球物理测量,并对成果编图来获得区域地球物理资料,深入了解地层划分、底壳结构以明确土地性质是否适合开发,服务于优化开发、重点开发、禁止开发和限制开发的分类,为国土空间开发提供参考,为国土资源规划、管理、保护和合理利用提供地学基础资料和依据。区域地球物理的成果,还被广泛应用于重大工程建设、国家基础测绘、油气资源调查与评价、地震研究、浅层地下水和土质调查等经济社会发展的方方面面,这些都是国土空间开发规划所需考虑的部分。以区域地球物理调查获得的海量数据为基础,更新了一批区域地球物理调查图件,有效地进行了一定深度范围内的岩性和构造调查与填图,解决了一批重大基础地质问题。

四、地质矿产工作促进国土空间开发格局优化的量化分析

通过地质矿产工作促进国土空间开发格局优化所建立的评价体系,来进一步分析各指标对于国土空间开发格局优化的影响程度,以进行国土空间开发格局对地质矿产工作的需求分析。

通过对国土空间开发的现状问题进行分析,发现耕地面积逐年减少、土地资源供需矛盾、土地资源低效利用等问题的存在,使得国土空间开发必须进行优化处理;通过对国土开发程度的分析,发现区域间空间开发也存在程度差异,这也为各区域空间开发优化提供参考。优化国土空间开发应不仅体现在土地空间上耕地面积、绿化面积的高效布局,还体现在居民生活的满意度及生产的土地空间利用度上。党的十八大报告提出,要优化国土空间开发格局,给自然留下更多的修复空间,给农业留下更多的良田。生态文明建设与国土资源开发利用息息相关,国土资源是生态文明建设的关键领域、物质基础、能源来源、空间载体和构成要素。在生态文明的背景下,地质矿产工作应为生态文明建设提供重要支撑和服务,将地质矿产工作深入到国土空间开发格局的优化中,来更好地服务于生态文明的发展,所以建立二者之间相关关系研究是十分必要的。通过对国土空间优化的开发理念分析将国土空间优化的评价指标建立在生活、生产和生态3类层面的空间分析,具体指标如表7-5所示。

1. 地质调查资金投入对国土空间开发格局优化的量化分析

地质矿产工作在国土空间优化中的未来发展重点运用具体体现在遥感技术、地理信息系统、全球定位系统、地球化学探测技术、地球物理调查技术等系统技术对国土空间优化的土地调查、资源管理、测量开发等方面的实施。地质矿产工作在国土空间优化各类技术上的运用在具体数据分析上会产生多大的作用需要进一步定量分析。采取地质调查经费投入作为地质矿产工作的反映指标,采取控件开发优化指数作为空间开发优化程度的评价指标,由于两类数据相交集的可获取数据较少,所以只能进行简单的相关性分析。

表 7-5 国土空间优化的评价指标

准则层	指标层	单位	统计方式	指标属性
生活空间	人口密度	人/km²	辖区常居人口/市辖区面积	约束指标
	人均居住面积	m²/人	居住用地面积/常住人口	激励指标
	人均耕地面积	m²/人	道路面积/常住人口	激励指标
生产空间	单位土地产出	元/m²	地区生产总值/市辖区面积	激励指标
	产业结构高度化指数	%	第三产业比重/第一产业比重	激励指标
	单位辖区面积工业企业数量	个/km²	工业企业数量/市辖区面积	激励指标
	建成区面积占辖区面积比重	%	建成区面积/市辖区面积	激励指标
生态空间	建成区绿化覆盖率	%	建成区绿化面积/建成区面积	激励指标
	湿地面积占行政区域土地面积比重	%	湿地面积/行政区域土地面积	激励指标
	人均绿地面积	m²/人	绿地面积/常住人口	激励指标
	自然保护区占辖区面积比重	%	自然保护区面积/辖区面积	激励指标

建立地质调查经费投入与国土空间优化指数之间的线性相关性分析,对二者之间两种函数关系进行分析,将地质调查经费投入用 X 序列表示,将地质调查经费投入增长率用 $\ln X$ 表示,将国土空间优化指数用 Y 序列表示,用最小二乘法计算得到的结果如表 7-6 所示。

表 7-6 地质调查经费投入增长率与国土空间优化的关系

Variable	Coefficient	Std. Error	t-Statistic	Prob.	R^2
$\ln X$	0.108 850	0.014 602	7.454 209	0.0000	0.822 394
C	−0.341 239	0.043 020	−7.932 034	0.0000	

通过上表分析,地质调查经费投入增加 1%,国土空间优化指数就会提高 0.108 85 个单位。这说明地质调查经费投入增长率的提升对于国土空间优化的影响程度相较于地质矿产工作资金的投入资金增加对国土空间优化的影响程度更大。地质调查经费投入增长率的提升在一定程度上比简单资金叠加对于国土空间优化的作用更强,也更能反映地质矿产工作对于国土空间优化的作用。

2. 地质勘查投入对国土空间开发格局优化的量化分析

通过地质勘查投入在国土空间开发格局中的应用,进一步分析二者之间的数量关系,来解释国土空间开发格局优化对于地质勘查投入的需求度。由图 7-6 可见,地质勘查投入对国土空间优化为"抛物线"效应,在前期是促进作用,到达一定程度促进作用转为作用低下,甚至是抑制作用。这也与经济学边际效应递减规律相关联,当地质勘查投入到达一定量,再继续增加投入,对国土空间开发格局优化的正向作用小于资金投入本身可以带来的收益,资金的投入不仅包含显性成本还包括隐性成本,地质勘查投入到达峰值后,优化国土空间开发格局的程度会小于其成本损耗。目前地质勘查投入还没有到达最高点,这也表明地质勘查对国土空间优化还有一定的促进作用,现阶段仍可以加大勘查资金投入来达到优化国土空间开发格局的目的(图 7-6)。

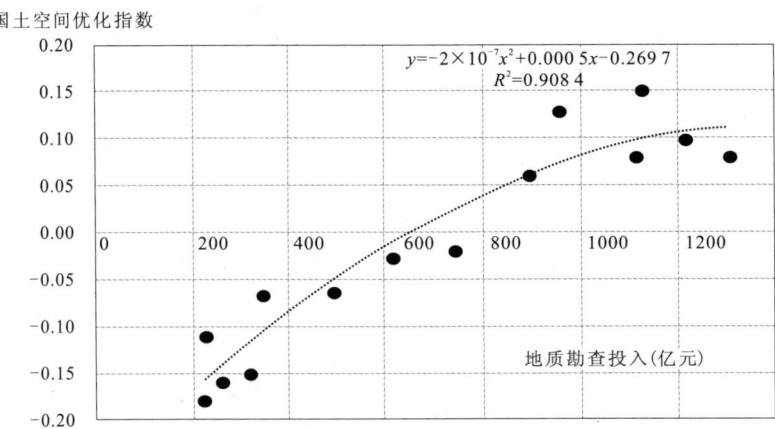

图7-6 地质勘查投入与国土空间优化的关系

3. 中央投入地质遗址保护资金对国土空间开发格局优化的量化分析

通过中央投入地质遗址保护资金在国土空间开发格局优化中的应用,来进一步分析二者之间的数量关系。由图7-7发现,中央投入地质遗址保护资金对国土空间开发格局优化的作用过程,与地质调查资金投入对国土空间开发格局优化的作用过程类似,均为扩大资金投入增长率来提高国土空间开发格局优化度。国土空间开发格局优化指数随着地质遗址保护资金投入增长率的增加而提高。这也表明中央不仅要保证每年对地质遗址进行保护资金投入,还要加大每年的投入比重,保证正向增长率来提高国土空间开发格局优化水平。

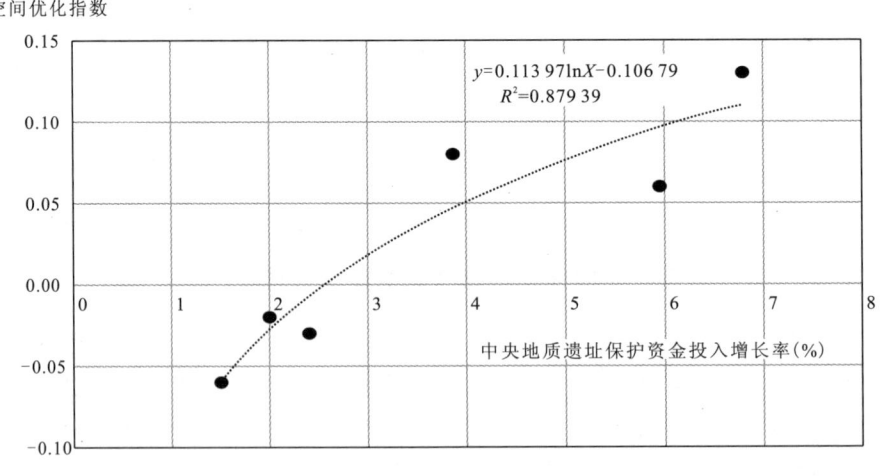

图7-7 中央地质遗址保护资金投入增长率与国土空间优化的关系

4. 测绘服务总值对国土空间开发格局优化的量化分析

根据测绘服务总值在国土空间中的应用,进一步分析测绘服务对国土空间优化的具体作用程度,来明确国土空间优化对于测绘服务总值的需求度。通过图7-8发现,测绘服务总值对国土空间优化的作用方向,与地质勘查投入对国土空间开发格局优化的作用方向相似,均呈"抛物线"效应。由图7-8可知,现阶段测绘服务总值对国土空间优化的作用比较小,但测绘服务总值仍在一定程度上对国土空间开发格局优化指数有一定的促进作用。

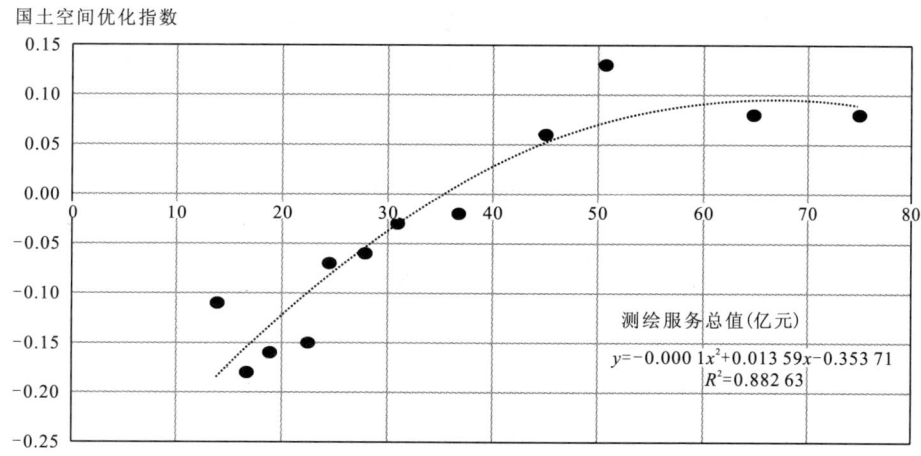

图7-8 测绘服务总值与国土空间优化的关系

第三节 地质矿产工作促进国土空间开发格局优化的科学规划

一、依据山水地貌规划城市布局

《中共中央关于制定国民经济和社会发展第十三个五年规划的建议》和中国共产党第十八届中央委员会第五次全体会议都提出了坚持绿色发展路线。坚持绿色发展、着力改善生态环境是城市建设必须坚持的理念,在城市文化景观的建设中应促进人文景观与自然和谐共生,构建科学合理的城市文化景观格局。具体到每一个城镇,都需要依托山水地貌优化城市形态和功能,实行绿色规划、设计、施工标准,并借由城市景观大力发展旅游业,开拓经济新增长点。

1. 依据山水地貌规划城市布局的制约

目前我国城市文化景观建设大多缺少绿色节能、生态、保护环境和可持续发展的设计思路,主要表现在3个方面:①环保意识薄弱,优势资源浪费。城市建设缺乏环保理念,为建设城市,开山填海,对自然生态环境造成破坏,适应性设计运用较少,可持续性开发差。②缺乏长期规划和可持续发展理念。我国一部分城市建设在规划设计上缺乏长期和可持续发展意识,不仅造成周边环境及建筑的不和谐,还出现了以破坏生态为代价的恶性开发现象。③人工痕迹严重,建设维护成本高。城市建设过于注重追求外在形象,过于强调视觉画面,忽视地域气候、土地、水文特点,人工痕迹严重。

2. 重视城市区域差异,合理规划城市布局

1)生态敏感区管制

生态敏感区作为一个区域中生态环境变化最激烈和最易出现生态问题的区域,也是区域生态系统可持续发展及进行生态环境综合整治的关键地区。城市规划区外围从构成生态环境的各要素出发,抽取生态敏感因子,构建指标体系(表7-7),对生态环境进行合理划分,有计划地对城市环境予以保护。

表7-7 生态敏感因子指标体系

类别	分级标准	高度敏感区	中度敏感区	低度敏感区
湖泊水岸	面积	不小于50hm²	—	—
山(森)林	林种	生态林	经济林区	—
湿地	核心区、外围区	核心区	缓冲区	边缘区
农田	基本农田	是	—	—
丘陵(坡耕地)	坡度大小	>45°	30°～45°	>30°

建成区内的山体、林地、湖泊、河流、沟渠等生态敏感区域,在人为干扰的情况下自我恢复能力较差,它改变将对城市生态环境影响较大,必须优先控制,尽可能地与绿地系统相结合。

2)山体空间管制

根据山体在城市空间格局、景观风貌、郁闭度、生物多样性以及对改善城区生态环境等方面的作用,对城区内主要的山体进行分级保护。加强山体周边绿色空间管制,严格控制山缘环境的建设,控制城区的沿保护山体周边新建、改建和扩建的建筑物距山体保护边线的水平距离。

3)滨水空间管制

在滨水区域,水陆之间通过缓坡地形,形成自然的绿色空间过渡。临水可设置游览步道,结合植物的栽植构成自然弯曲的水岸,形成自然生态、开阔舒展的滨水空间。制定保护范围,严格控制水边建筑密度和体量,形成绿色水岸,构成水上活动开敞空间、岸边绿色开敞空间、风景旅游服务空间(低层、低密度)、城市建设协调过渡空间、城市建设空间等"弧形"空间层次,对破坏生态、景观的建筑物进行整治和拆除。

二、地质矿产工作促进国土空间用途管制

目前我国已有主体功能分区、土地用途分区、城乡建设分区、土地利用性质分区、生态功能分区、水土流失防治分区、地质灾害防治分区等诸多规划分区系统。针对不同区域,怎样利用地质矿产工作完成国土空间用途管制是地质矿产工作促进国土空间开发格局优化的重点。地质矿产工作通过地质勘查、地质调查、RS技术、GIS技术、GPS技术等方面在国土空间中的应用,促进国土空间用途管制,规划各区域的发展重心。地质矿产工作体现在数据调查、分析研究、边界划定、变化监测等各个阶段,以及遥感数据获取、遥感影像处理、空间分析、地理建模、

图像显示与输出、数据库建设、数据库管理、网络发布等各种技术。在"3S"技术等现代技术的辅助下,划区定界最终要形成图表一体的数据库成果。其中划区定界图的编绘须达到一定的分辨精度(可基于较高精度的地籍图进行编绘),运用不同色彩和线条等清晰美观地表示出不同规划区域的范围和边界。地质矿产工作在国土空间中的应用,进一步促进了国土空间用途管制。

1. 地质矿产工作全面促进实施各级主体功能区战略

针对不同地区的生态建设水平不同、发展程度不同,突出不同的重点。对于主体功能区,要体现功能区定位,严控"生态保护红线"(表7-8)。提升生产用地效益,提高产业发展水平。在科学确定三大产业发展所需用地空间规模和布局的基础上,通过确定单位面积第二、三产业用地利用效益和投资准入门槛,引导不同门类行业实现结构调整和转型升级,这也是生态文明建设的要求。

表7-8 地质矿产工作促进实施主体功能区的用途管制

主体功能区	发展重点	地质矿产工作	具体措施
优化开发区	优化空间结构、优化城镇布局、优化人口布局、优化产业结构	地质调查、地质勘查、遥感地质、地质灾害监测预警等	地质调查确定国土工业化率,即合理确定地区工业用地占城乡建设用地总规模的比重,根据调查结果适当减少工矿建设空间,扩大绿色生态空间;通过遥感地质监测重大工程建筑的实施,并对地质灾害进行监测预警
重点开发区	优化空间结构、提高效益、降低消耗、保护环境	地质调查、地质勘查、遥感地质、地质灾害监测预警等	通过地质矿产工作来选择产业发展项目,应从加快技术创新和结构调整,提升空间开发利用效益出发,严格规范产业项目落地,促进产业开发与生态环境保护之间实现协调。通过遥感地质监测重大工程建筑的实施,并对地质灾害进行监测预警
农产品主产区	优先保护耕地土壤环境、保障农产品主产区的环境安全、改善农村人居环境	地质调查、遥感地质、地质灾害监测预警、地质调查等	利用地质调查加强乡村土地利用规划管控,严格控制生态保护红线,保障耕地环境和面积。通过遥感地质监测地质灾害,减少洪灾旱灾,大力建设旱涝保收高标准基本农田,推进高标准基本农田示范县建设。调整优化农村居民点用地布局,逐步推进农村居民点用地适度集中,进一步保护自然生态景观及生态环境,传承乡村生态文化景观特色
生态功能区	推进生态保育、增强区域生态服务功能和生态系统的抗干扰能力、夯实生态屏障	遥感地质、地质灾害监测预警等	利用遥感地质来对生态用地类型实施管控,实行生态保护、修复和维护"三同步"工程,将自然保护区、自然与文化遗产保护区、风景名胜区、森林公园、地质公园等生态空间进行绝对保护;并进行地质灾害预警,及时对出现问题的林、草、水等生态空间进行修复
禁止开发区	保持生态环境质量、生物多样性状况和珍稀物种的自然繁衍	遥感地质、地质灾害监测预警等	

对于优化开发区,可通过地质调查确定国土工业化率,即合理确定地区工业用地占城乡建设用地总规模的比重,同步实施各级各类工业园区不同产业类型用地的投资准入和开发效益门槛,根据地区工业发展水平、空间梯度、产业导向、发展定位的不同,不断优化产业结构,调整产业发展方向。

对于重点开发区,可通过地质勘查、地质调查来选择产业发展项目,同时加快技术创新和结构调整,通过设置差别化的工业用地规模和产业用地准入,从提升空间开发利用效益出发,严格规范产业项目落地,促进产业开发与生态环境保护之间实现协调。

对于农产品主产区,利用地质调查加强乡村土地利用规划管控,严格控制生态保护红线,保障耕地环境和面积。通过遥感地质监测地质灾害,减少洪灾旱灾,大力建设旱涝保收高标准基本农田,推进高标准基本农田示范县建设。调整优化农村居民点用地布局,逐步推进农村居民点用地适度集中,进一步保护自然生态景观及生态环境,传承乡村生态文化景观特色。

对于生态功能区和禁止开发区,利用地质调查在重点生态功能区、生态环境敏感区和脆弱区等区域划定生态保护红线,科学划定森林、草原、湿地、海洋等领域生态保护红线,防止生态系统遭到破坏。

2. 地质矿产工作全面促进城市群建设空间布局

城市群布局要依据城市自然环境承载力,依据地势地貌,重现自然山水,在城市地下空间开发利用、地下水系安全、城市边界等方面布局环境地质调查、水文地质调查、基础地质调查。主要经济带和重要经济区,要根据国家或地区经济发展的长远规划、生态环境保护的基本目标和经济发展水平等方面展开资源调查和评价及资源勘查、环境评价等工作。

对于城市群建设空间布局,随着我国城市化进程的推进,正快速地从地质找矿向城市地质、环境地质等新领域拓展,在解决资源瓶颈、保障资源安全、保护生态环境、提供工程基础、防治地质灾害、城市建设及应急管理等方面,发挥着越来越重要的作用。根据我国城市发展规划中城市群划分和东西部经济发展带的宏观部署,城市地质工作必将向大规模区域化系统性全方位发展。针对不同经济发展带、同一发展带内不同城市群特点开展地质矿产工作,以资源和环境安全为原则,有所侧重地部署城市地质工作内容(表 7-9)。例如对西部发展带城市群(关中城市群)而言,地质环境地质灾害评价是主要城市地质工作内容;对东部发展带沿海城市群则是地质环境评价为首要工作,如长三角城市群 16 个城市的城市地质工作就以地质环境评价监测为主要内容,对地面沉降、江岸坍塌、岩溶塌陷、软土地基、海水入侵以及水质污染进行调查研究,工作方法采用定量模型评价加实时监测;对于特大城市的管理运行是以保障地质生态安全为主,对突变的灾害实施评价治理,对缓变的灾害(地面沉降、水质污染、土壤污染、地裂缝、活动构造)实施监测,建设监测系统;对中部发展带,如中原城市群地质工作则要资源环境并重,加强黄河两岸地裂缝、地面塌陷、滑坡和水质污染调查评价,建设各类监测站网。

表 7-9 地质矿产工作促进城市群的用途管制

发展带	代表城市群	地质矿产工作重心
东部发展带	长三角城市群	地质环境评价监测
中部发展带	中原城市群	地质资源环境并重
西部发展带	关中城市群	地质环境地质灾害评价

第四节　地质矿产工作促进国土空间优化的未来战略部署

一、利用资源环境承载力调节城市规模促进国土空间开发格局优化

1. 利用地质矿产工作提升城市资源承载力

地质矿产工作提升城市群资源承载力主要从促进土地资源、水资源以及矿产资源这三大类资源承载力的提升过程中体现。首先,可以利用数字模拟、数据库和三维可视化等技术,建立城市地质可视化数据管理和服务系统,实现各专业数据的科学管理和有机集成。通过图形图像方式形象地表达城市地质构造单元的时空分布和各种地质参数,为政府和公众提供地层、岩性、地质构造、地下水资源、地热资源、矿产资源、岩土工程、地面沉降、崩塌、滑坡、泥石流、地震、环境生态、地球化学、地球物理等方面的地质信息服务,实现城市的科学规划和管理。其次,我国城市群呈现出不同程度的生产生活用水紧张、水污染等问题;沿海经济发达城市还有海水入侵、地面沉降等问题;有些城市还有地下热水、温水、矿泉水的调查评价和开发利用问题,需要水文地质调查评价。因此改善供水、提高水质至关重要。开展深层地下水供水水量与质量的调查评价,开展应急备用水源地的地质调查,提交城市群地下水污染防治建议以及工业用水与城市生活用水预测建议预案。掌握地下水资源的数量、质量、空间分布、埋藏补给条件。掌握地表水分布、水质、水量和污水排放的影响等。最后,要在城市群区域内的资源型城市寻找与生存发展有关的新矿源,加强对矿山废弃物的利用和处置,加快采空区的恢复和复垦,开展矿业城市地质灾害与环境污染调查和治理措施,推进矿业城市经济转型等。要综合调查和评价金属、非金属矿产资源、能源矿产资源和地热、地下水资源以及各种地质灾害,提高矿业城市可持续发展的资源保障程度,提交矿业城市矿产资源数据库和开发利用报告以及地质灾害防治报告。

2. 利用地质矿产工作提升城市环境承载力

环境承载力主要包括三大类:土壤环境、水环境和大气环境。所以应当开展生态环境地球化学调查和农业地球化学调查。生态环境地球化学调查包括调查表层土壤和岩(土)体地球化学背景及地质环境污染状况,进行水、空气质量评价,查清城市及周边地区和潜在城市化地区环境地球化学背景、土壤地球化学背景及污染现状和趋势,为生态环境治理与保护以及农业区划提供地球化学背景资料。同时在农业地球化学调查这一方向内,应建立城市地球化学数据库,提交城市污染主要原因与治理建议,农业区划和生态种植建议以及地方病防治建议。做好土壤调查与土地利用、土壤改良及土地复垦等有关的地质调查工作。做好土壤环境质量调查,查明地面沉降、地裂缝、地面塌陷、崩塌、滑坡、泥石流、地震等灾害情况,并提出应对、防范措施。预测和模拟各种灾害一旦发生对城市不同方位的建筑物可能造成的破坏程度,以及灾害发生的空间、时间和强度,对城市地壳的稳定性进行评价。

3. 利用地质矿产工作提升城市发展质量

地质矿产工作能解决城市建设和发展需要的地基选择与布局规划,包括住宅区、交通建设、桥闸涵洞的地基选择和布局规划。提交城市群地下空间可利用程度以及地下工程对地面沉降、地下水影响的报告,为城市向高、大、深方向发展提供决策依据。要解决地壳稳定性、活断层、基岩调查、第四纪地层内选址等工程地质、地球物理、构造应力分析等问题。通过对城市群生产生活废弃物的污染范围、深度和强度的调查,制定堆放和治理相关措施。开展适宜于生活和工业固体、液体废弃物处置场地和地质条件的调查与评价,查明垃圾填埋场及其对地下水的污染现状和趋势。分析填埋场产生的淋滤液对土壤、地层、地下水和地表水的潜在威胁。评价污染的可能性并做出预测,提出可行的防治措施和建议。调查地质旅游景观资源和地下古迹的分布情况,对开发前景进行评价,促进城市群区域内旅游产业发展。做好包括城市地下洞穴、城市基岩岩性调查和开发利用评价,为城市国防工程建设提供地质资料,为未来可能发生的战争做好防御准备。利用数字模拟、数据库和三维可视化等技术,建立城市地质可视化数据管理和服务系统,实现各专业数据的科学管理和有机集成。通过图形图像方式形象地表达城市地质构造单元的时空分布和各种地质参数,为政府和公众提供地层、岩性、地质构造、地下水资源、地热资源、矿产资源、岩土工程、地面沉降、崩塌、滑坡、泥石流、地震、环境生态、地球化学、地球物理等方面的地质信息服务,实现城市的科学规划和管理。

二、利用山水地貌规划城市布局促进国土空间开发格局优化

1. 科学制订城市开发规划

科学合理的发展规划是推进城市绿色发展的前提条件。坚持以生态文明为指导,做好城市"十三五"总体规划、片区控制性详细规划,以及生态环境、综合交通、市政设施、公共服务、城市旅游等专项规划,努力形成一整套科学完备的城市规划体系,更好地指导城市开发建设。要着眼于城市未来发展的战略地位,科学划分主体功能区分划,确定各片区的功能定位和发展方向,同时把绿色发展理念贯穿到城市规划的各个方面,着力保护好城市历史文化,让城市的空间布局既体现历史风貌,又凝聚现代气息,凸显出城市特有的地域文化和民族文化特色。

2. 不断提升城市生态水平

良好的生态环境是推进城市绿色发展的重要决定因素。要坚持环境保护和生态建设两篇文章一起做,一方面,加强环境保护,牢固树立"绿水青山就是金山银山"的理念,认真贯彻新环保法及一系列环境法律法规,严格环境准入,严把项目审批,实现从末端治理到源头治理、从事后处理到过程控制;加大环境执法力度,严密监管污染企业废水、废气、废渣排放对大气、水体、地下水和土质的影响,严格落实处罚整治措施,有效避免和减少污染物排放,促进生态环境保护的长效性和持续性。另一方面,加强生态建设,着力提高城市绿容率、绿视率,构建城市绿色生态空间。加快林业生态建设步伐,充分利用自然山体、河道水系,促进林业生态建设与自然景观相融合。完善水生态保护格局,实现水资源可持续利用。努力把城市建设成为青山常在、碧水长流、鲜花常开、空气常新的山水园林城市,让良好生态成为经济社会发展的"绿色动力"。

3. 全面完善城市基础设施

配套完善的现代基础设施网络是推进城市绿色发展的根本支撑。按照优化结构、完善功能、适度超前、统筹规划的原则，大力加强交通、能源、水利、信息化基础设施建设。建设现代综合交通运输系统，贯彻交通引领城市发展、服务产业发展的理念，以突出区位交通优势为中心，以实现市内通畅、市外通达为原则，以提升能力、强化枢纽、完善设施、公交优先为主要内容，加快航空、铁路、公路、水路、运输枢纽场站等交通基础设施建设，统筹各种运输方式发展，构建区内畅通、区外通达的综合交通运输体系。建设现代能源支撑系统，适应全球气候变化新要求和能源利用方式新变化，实施"内节外引"的能源战略，坚持节能优先、扩大引入和加快发展清洁能源并重，着力优化能源生产和消费结构，不断提高能源开发利用效率。建设和谐水利支持系统，围绕重点水利工程，增强水资源水环境的承载和保障能力，加快构建复合型、多功能的现代水利网络。

三、利用地质矿产工作促进国土空间用途管制实现格局优化

随着地质科学技术在国土空间优化的适用范围扩大，规划各类高新技术的重点工作方向是研究的主要内容，地质科学技术的进一步使用将成为国土空间开发格局优化的重点。针对地质科技的发展现状及未来趋势，遵循不同技术的作用机理，制定相应的重点工作范围（表7-10）。

表7-10 地质矿产工作促进国土空间优化的工作重点表

高新技术	发展现状	未来趋势	优点	工作重点
RS技术	国家投资资本上升，民间投资资本下降，广泛运用于矿产资源勘查、地质灾害监测	运用范围更加广泛，国家投入继续增加，更倾向地质矿产工作生态环境观察	减少野外地质工作量，增加地质资料可信性	继续加强在土地变更调查中的运用
GIS技术	产业增速年均20%以上，广泛运用于资源管理和配置、土地信息系统和地籍管理、城市规划和管理	建立空间信息网格，强调空间在土地规划中的重要性	地质数据资料生成效率高	动态监测土地空间信息，进行土地资源管理
GPS技术	2008年前测量点年均增长率14%以上，近几年不断下降，广泛运用于矿产资源勘查、地质灾害预报及地质调查	测量点增速趋向饱和，在国土规划中更倾向地质灾害防治工作	速度快，费用低，操作简便，提高定位精度，便于地质填图与测绘	工程建筑监测、地质灾害防治、土地测量
地球化学探测技术	中央、地方投资，参与组织及人数充足，广泛运用于矿产资源勘查	国家投入持续增加，更倾向在城市区域地质调查、区域地壳稳定性评价及环境地质调查中的应用	探测深度较大，找矿判别能力强	调查土地属性；进行特色土地资源开发、优质土地资源保护和污染土地整治修复
地球物理勘查技术	主要服务于区域地质、深部地质、矿产地质、水工环地质和地球物理场本身等方面的研究	应用领域不断拓宽，更加广泛应用于水利、交通、城建、环保等方面	增加对地下土壤、水、地层划分、底壳结构空间深部的了解	地下空间开发及工程建设；支持重大基础设施建设

另外在主体功能区方面,应结合不同区域的特点有针对性地开展地质矿产工作,利用地质矿产工作促进国土空间用途管制实现格局优化。

其中,在优化开发区域内,要减少工矿建设空间和农村生活空间,适当扩大服务业、交通、城市居住、公共设施空间,扩大绿色生态空间。同时,许多重大开发项目、重大工程不仅工程时间长,而且波及面广,工程建设的后续影响难以预料,所以需对工程效果进行长期跟踪监测。利用遥感地质进行动态、连续、准确地监视与评价辅助重大工程的规划、开展和决策。在国土空间开发中,可以通过遥感技术进行地形规划,监控项目工程的建设进度及质量,并制定完整的安全保卫电子信息系统。

在重点开发区域内,要对各级各类优化开发区和重点开发区的城镇群,进行必要的生态空间维护,形成承载生态文明建设的用地空间单元。通过地质调查划定城市生态保护红线,促进形成有利于污染控制和降低居民健康风险的城市空间格局。保护对区域生态系统服务功能极重要的基础生态用地,将区域开敞空间与城市绿地系统有机结合起来,加强生态用地的连通性。

在农产品主产区域内,对于土壤清洁的农用地,要根据土壤环境保护工作需要,在其周边划出一定范围的防护区域,禁止在防护区域内新建有色金属、皮革制品、石油煤炭、化工医药、铅蓄电池制造、电镀以及其他排放有毒有害污染物的项目,逐步关闭或搬迁防护区域内的已有项目。对中轻度污染农用地,采取严格环境准入、加强污染源监管等措施,加强环境健康风险评估,防止土壤污染加重,相关责任方在土壤环境健康风险评估基础上开展土壤污染管治与修复。对重度污染农用地,严格用途管制,有序开展重度污染耕地种植结构调整,有效控制土壤环境风险。

在生态功能区域内,可以利用遥感地质来对生态用地类型实施管控,实施生态保护、修复和维护"三同步"工程,将自然保护区、自然与文化遗产保护区、风景名胜区、森林公园、地质公园等生态空间进行绝对保护;进行地质灾害预警,及时对出现问题的林、草、水等生态空间进行修复。制定和落实科学的生态补偿制度和专项财政转移支付制度,使保护者得到补偿与激励。同时监测实施重大生态修复工程建设,加强环境公共服务设施建设。

第八章 矿山地质工作促进矿区生态文明建设评价研究

保护自然资源和生态环境,构建人与自然和谐相处的生态文明,已成为世界各国努力的方向。作为矿产资源开发利用的生产作业和居民生活区域,矿区是经济社会发展的重要矿物原料与能源供应基地,也是实现生态文明的空间载体。然而,受矿业生产规律的制约,矿产开发利用会改变矿区原有生态系统的结构和功能,产生严重的生态破坏与环境污染。当前,在社会历史与经济技术条件等因素的作用下,我国很多已建成的矿区正面临着资源枯竭、环境污染和生态恶化的困境。加强矿山地质工作力度,促进矿区生态文明建设,尤其是通过构建科学的评价指标体系对矿山地质工作促进生态文明建设展开评价与认识,并依此寻求解决矿区资源节约、环境保护与生态发展的途径和方法,对促进矿区可持续发展具有积极的现实意义。

第一节 矿山地质工作促进矿区生态文明建设评价研究

我国正处在经济社会高速发展的时期,工业化、城镇化的快速推进将加大对矿产资源需求的强度,矿区生态环境已经面临严峻的考验,这需要加强矿区地质工作的力度,促进矿区生态文明建设。按照党的"十八大"明确提出的生态文明发展目标,建设矿区生态文明是中国矿业走集约化、现代化发展道路的必然选择,也是缓解矿区生态问题的根本途径。要建设矿区生态文明,必须在加强矿区地质工作的基础上,运用正确有效的指标体系对矿山地质工作促进矿区生态文明发展状况展开评价,以有效缓解矿区生态环境压力,及时发现存在的问题,并及时调整建设方案解决问题。结合当前我国矿区资源、环境、生态及经济社会发展的实际,矿山地质工作促进矿区生态文明建设的内容如下。

一、矿山地质工作促进矿区生态文明建设主要内容

1. 矿山地质工作促进矿区矿产资源节约与综合利用

矿产资源是矿区存在的基础,矿产资源的节约和综合利用是矿区生态文明建设的内在要求。进行矿山地质工作促进矿区生态文明评价,首要任务就是要在系统认识区内矿产资源开发利用的资源条件、技术水平和开发强度等问题的基础上,判断正在实施或已经实施的矿区地质工作是否符合生态文明建设的规律,是否符合区域可持续发展目标,是否有利于矿区人与自然关系的和谐,进而调整实施有利于资源节约综合利用的矿产资源生产开发方式,提高矿产资源节约综合利用的效果。在生态文明评价结论和生态文明建设目标的引导下,通过进一步完善矿区资源、经济、技术与管理政策,激励矿山企业加强资源循环利用、科技攻关和工程示范,

促进矿区内矿山企业提高矿产资源节约和综合利用水平。这对于提高国内资源保障能力,加快转变资源利用方式具有现实意义,也是矿山地质工作促进矿区生态文明评价需要解决的基本问题。

在矿山开发建设的过程中,注重节约、集约用地,保护矿区生态环境。加强矿区土地复垦与生态重建是关系经济社会可持续发展全局的系统工程。矿山地质工作促进矿区生态文明评价要重点分析矿产资源开采对矿区土地资源占用及破坏的规模、结构及影响等情况,从土地资源对生态保护的内在关系和基础作用出发,揭示矿区土地资源利用与损害规律。矿山地质工作促进矿区生态文明评价要加强对土地资源粗放利用、污染破坏及复垦困难等问题的关注,促进各级管理部门进一步高度重视土地资源在巩固矿区生态基础、保障资源环境承载能力方面具有重要作用。

3. 矿山地质工作促进矿业生产和矿区生活减排

矿业生产和矿区居民生活所导致的污染排放是影响矿区生态健康的主要因素。减少污染排放是矿区转变经济发展方式、拓展和优化发展空间的内在需要。矿山地质工作促进矿区生态文明评价,要充分把握区内矿业生产和居民生活所排放的废水、废气和固体废弃物在数量、分布、强度与重点等方面的情况,准确把握这些污染排放对矿区环境保护和生态健康的现实影响。矿山地质工作促进矿区生态文明的评价结果经过信息发布,将发挥舆论与行动导向的作用,促进矿区环境管理部门进一步完善区域减排规划、监测与评价体系,加强污染防控监督执法,实施环境保护技术、管理与机制创新,并在产业结构升级和生产生活方式优化的目标指引下,激励和约束矿山企业生产及居民生活行为,形成源头控制与末端治理、清洁生产与低碳消费相结合的矿区减排路径,为矿区深化总量减排,改善空气和水土质量,全面实现生态文明发展历史性转变指明方向。

4. 地质灾害防治工作促进矿区生态文明建设

矿业生产活动对矿区地质灾害的发生具有直接作用,防范和减少矿区地质灾害发生是保障矿区经济社会建设成果、规避区内自然资源与环境生态风险的保障条件。矿山地质工作促进矿区生态文明评价要结合矿区地质灾害形成与发展的技术经济特征,系统分析地质灾害发生的类型、影响及区内地质灾害防范治理的努力程度等问题,客观呈现地质灾害预警与治理在促进矿区生态文明中的地位与作用。在矿山地质工作促进矿区生态文明评价结论的启示下,政府管理部门将更加重视地质灾害的发育特征及形成因素,科学制定地质灾害危险性区划,强化区内重要地质灾害隐患点的勘查监测与防治,完善与实施群测群防系统的建设与运行方案,并及时调整区域资源开发与环境保护管理政策,督促矿山企业调整矿业生产行为,从源头上减少矿区生态文明建设的地质灾害风险。

5. 矿山地质工作促进矿区经济、社会、资源和环境协调发展

矿区经济、社会、资源和环境的协调发展是促进我国全面实现生态文明的微观基础,实现矿区经济、社会、资源和环境的协调发展是矿区生态文明建设的最终目标。在面临资源环境约束和诸多生态问题的现实国情下,展开矿区生态文明评价,是把握矿区经济、社会、资源和环境诸要素发展规律,科学规划、定量考核和具体实施生态文明建设措施的必要前提。因此,矿山

地质工作促进矿区生态文明评价要站在矿区经济、社会、资源和环境协调发展的高度,全面分析和判断区内经济发展、社会进步、资源利用与环境变化等方面的现实表征、协调程度和内在机理,从区域发展的综合视角揭示矿区经济、社会、资源和环境协调发展的水平和制约,并系统把握矿区生态文明建设的难点和重点。矿山地质工作促进矿区生态文明评价的结论将为各级政府及其管理部门提供认识经济、社会、资源和环境发展以及生态文明建设规律的理论依据与现实证据,同时成为矿区生态文明建设成果的检验标准,指导矿区进一步完善区域经济发展规划,创新资源环境与经济社会协调发展政策,激励矿山企业和居民发展绿色低碳、生态环保的生产生活方式等实施技术和制度变革,矿区因地、因时制宜建设生态文明,促进区域经济、社会、资源和环境协调发展。

二、矿山地质工作促进矿区生态文明建设评价研究

矿山地质工作促进矿区生态文明评价是促进矿区生态文明建设的逻辑起点,而指标体系的构建在评价研究中具有基础性、关键性的作用。已有的相关评价指标体系及其运用为更好地推进矿区资源、环境与经济社会协调发展产生了积极的作用。然而,由于矿山地质工作内容较多,以及生态文明具有丰富的内涵,指标变量的理解和认识必然是一个渐进的过程,矿山地质工作促进矿区生态文明评价指标体系也必然要求在理论与实践的指引下不断完善。对此,本书从指标选择的原则、指标体系设计的目的和指标体系的构成3个方面,提出了矿山地质工作促进矿区生态文明评价指标体系的完善构想。

根据当前我国矿区资源环境开发利用的实际,结合生态文明的内涵和本质特征,借鉴现有研究成果和各地实践经验,在总体结构上我们将矿山地质工作促进矿区生态文明评价系统分为4个层次:第一个层次为总体层,即评价对象,综合反映矿山地质工作促进矿区生态文明发展总体水平;第二个层次为系统层,由资源利用、环境保护、生态经济、社会发展和绿色保障5个评价子系统构成;第三个层次为目标层,即子系统运行应达成的效果;第四个层次为指标层,根据生态文明发展目标,在每个评价子系统项下细分为若干评价要素,形成一系列单项指标(表8-1)。

矿山地质工作促进矿区生态文明建设的方向是实现矿区内自然资源环境与经济社会协调发展。指标体系中系统层各子系统的有序运行是实现这一目标的关键。因此,在资源利用系统内,强调资源节约集约和可持续利用,选取开采回采率、选矿回收率和矿产资源综合利用率指标加以评价;在环境保护系统内,强调矿区环境质量的改善,选取废水排放达标率、废气排放达标率、环境噪声等效声级和空气质量达标率指标加以评价;清洁生产系统是生态文明建设中最具活力的内容,主要以清洁高效的生产方式得以展现,选取工业用水重复利用率、固废综合利用率、单位能耗和用水强度指标加以评价;矿区生态文明建设还需要系统的生态修复,这是生态文明发展的重要条件,选取矿山恢复面积、绿色矿山占比、塌陷土地复垦率和地质灾害发生次数指标加以评价;社会发展系统是生态文明建设的重要目标,建设人民满意的和谐矿区是生态文明建设肩负的使命,选取人均可支配收入、人均预期寿命、人均公共绿地面积和基本养老保险覆盖率指标加以评价。

矿山地质工作促进矿区生态文明评价指标体系的设计是一项具有探索性、复杂性的工作。如何科学界定、选取指标,需要有效的经验判断,且存在着诸多技术与方法的困难。本书提出的指标体系主要考虑了矿区这一特定对象在资源开发利用、生态环境保护和经济社会发展方面的内在特质,突出系统性、针对性和科学性,也兼顾了指标数据的可获得性。当然,随着理论

与实证研究的不断深化,不断改进现有的指标体系,进一步提高一些具体指标选取的实用性和可操作性,以便更加真实客观、准确、公正地评价矿区生态文明发展水平,有效指导矿区生态文明建设的进程。

表8-1 矿山地质工作促进矿区生态文明评价指标体系

总体层	系统层	目标层	指标层	单位
矿山地质工作促进矿区生态文明评价指标体系	资源利用系统	持续开发	开采回采率	%
			选矿回收率	%
			矿产资源综合利用率	%
	环境保护系统	环境质量	废水排放达标率	%
			废气排放达标率	%
			环境噪声等效声级	dB
			空气质量达标率	%
	清洁生产系统	清洁高效	工业用水重复利用率	%
			固废综合利用率	%
			单位能耗	吨标准煤/万元
			用水强度	t/万元
	生态修复系统	生态修复	矿山恢复面积	m^2
			绿色矿山占比	%
			塌陷土地复垦率	%
			地质灾害发生次数	次/年
	社会发展系统	人民满意	人均可支配收入	元/人
			人均预期寿命	岁
			人均公共绿地面积	m^2
			基本养老保险覆盖率	%

第二节 矿区生态文明评价实证研究

一、研究对象

远安县位于湖北省西部,地处偏远山区,是湖北省唯一不整体对外开放县。全县版图面积1752km^2,下辖6镇1乡,人口共计19.5万人,是宜昌市三大磷矿主产区之一,拥有单一矿区最大规模、亚洲最大的单一磷矿矿床杨柳磷矿区,截至2014年,累计查明磷矿资源量10.52亿t,保有储量 8.43 亿 t。已设磷矿探矿权 12 家,处于详查阶段的 4 家,普查阶段的 8 家,已设探矿权查明资源储量 7.405 亿 t。现有磷矿开采企业 10 家,年设计规模 430 万 t(表 8-2)。

表 8-2 远安县磷矿采矿权现状及产能预测统计

矿山名称	采矿权人名称	矿区面积（km²）	设计开采规模（t/a）	保有资源储量（t）	预计服务年限（a）
湖北宜化集团矿业有限责任公司神农磷矿	湖北宜化集团矿业有限责任公司	2.309 3	40	102.5	1.9
宜昌东圣九女矿业有限公司九女磷矿	宜昌东圣九女矿业有限公司	3.586 6	60	251.8	3.1
湖北广原化工集团有限公司柳山沟磷矿	湖北广原化工集团有限公司	7.997 2	60	349.4	4.4
远安县昌盛矿业有限公司砦门磷矿	远安县昌盛矿业有限公司	2.429 3	15	45.6	2.3
湖北恒顺矿业有限责任公司恒顺磷矿	湖北恒顺矿业有限责任公司	2.729 7	25	293.1	8.8
远安县宜洲矿业有限责任公司郑家坪磷矿	远安县宜洲矿业有限责任公司	1.964 7	10	127.5	9.6
远安县东扬矿业有限公司响水槽磷矿	远安县东扬矿业有限公司	3.391 0	50	601.3	9
远安县宏亮矿业有限责任公司白岩坡磷矿	远安县宏亮矿业有限责任公司	2.197 6	10	93.3	7
远安县燎原矿业有限责任公司苏家坡磷矿	远安县燎原矿业有限责任公司	5.380 1	80	3656.6	34.3
湖北东圣化工集团东达矿业有限公司晒旗河磷矿	湖北东圣化工集团东达矿业有限公司	6.596 7	80	4742	44.5
小计		38.582 2	430	10 263.1	

二、矿区生态文明建设的评价方法

1、熵权法测度矿区生态文明建设水平

为了科学测度远安县杨柳磷矿区生态文明建设水平,我们采用熵权法利用变异系数确定权重的方式计算出生态文明建设水平的综合指数。

首先,对原始数据进行最大值或最小值标准化处理:

$$E_n'' = \frac{S_n - \min(S_n)}{\max(S_n) - \min(S_n)} \quad (8-1)$$

式中，S_n 表示远安县的第 n 个指标的取值（$n=1,2,\cdots,j$）。

其次，对标准化后的数据向右平移 1 个单位：

$$E_n' = 1 + E_n'' \quad (8-2)$$

然后，计算远安县杨柳磷矿区的第 n 个生态文明建设指标的比重 E_n：

$$E_n = \frac{E_n'}{\sum_{n=1}^{i} E_n'} \quad (8-3)$$

接着，计算出第 n 个生态文明建设指标的熵值 e_n 和变异系数 g_n：

$$e_n = -\frac{1}{\ln i} \sum_{m=1}^{i} E_n \ln E_n \quad (8-4)$$

$$g_n = 1 - e_n \quad (8-5)$$

然后，计算出第 n 个生态文明建设指标在综合评价中的权重：

$$W_n = \frac{g_n}{\sum_{n=1}^{j} g_n} \quad (8-6)$$

最后，得出综合评价指数：

$$\text{ECO}_n = \sum_{n=1}^{j} W_n E_n \quad (8-7)$$

式中，ECO_n 表示远安县杨柳磷矿区当年的生态文明建设指数。ECO_n 越大，表示远安县杨柳磷矿区的生态文明建设水平越高。

2. 协调发展模型测度矿区各系统协调发展水平

选择应用较为广泛的耦合协调度模型方法，该模型的原理是基于效益理论和平衡理论来构造模型。效益理论是各系统间保持同步发展从而达到综合效益的最大化，以系统的效益之和衡量；平衡理论则是指系统间保持平衡状态，任何一个系统效益的增加不能造成其他系统效益的下降，以系统的乘积代表。5 个系统的耦合协调度模型：

$$C = \left\{ \frac{f(x) \times g(y) \times e(i) \times w(j) \times h(n)}{\left[\frac{f(x) \times g(y) \times e(i) \times w(j) \times h(n)}{5} \right]^5} \right\}^k \quad (8-8)$$

式中，C 为协调度；k 为调节系数，$k \geq 2$；$f(x)$、$g(y)$、$e(i)$、$w(j)$、$h(n)$ 分别为资源利用、环境保护、清洁生产、生态恢复和社会发展子系统的综合评价指数。本书中 $k=4$。

矿区生态文明系统的协调度 C 能够反映各个子系统之间的协调发展状况，但是无法反映出矿区生态文明系统的综合发展水平，在此参考其他学者成果，提出协调度计算模型：

$$D = \sqrt{C \times W} \quad (8-9)$$

式中，D 为协调发展度；C 为系统协调度；W 为 5 个子系统综合发展水平。

对于 5 个子系统来说，W 的计算公式：

$$W = af(x) + bg(y) + ce(i) + dw(j) + rh(n) \quad (8-10)$$

式中，a、b、c、d、r 的取值按照等权重的处理方式。结合矿区发展的特征和前人的研究，将矿区生态文明各子系统协调发展度按照表 8-3 进行分类。

表 8-3 矿区协调发展度分类区间

失调衰退区间		协调发展区间	
协调发展度	类型	协调发展度	类型
0~0.09	极度失调衰退	0.50~0.59	勉强协调发展
0.10~0.19	严重失调衰退	0.60~0.69	初级协调发展
0.20~0.29	中度失调衰退	0.70~0.79	中级协调发展
0.30~0.39	轻度失调衰退	0.80~0.89	良好协调发展
0.40~0.49	濒临失调衰退	0.90~1.00	优质协调发展

3. 功效函数

设复合系统的子系统为 $S_j, j \in [t,k]$，矿区生态文明评价体系包括 5 个子系统，即 $k=5$。设其发展过程中的序参变量为 $e_j=(e_{j1}, e_{j2}, \cdots, e_{jm})$。根据协同论可知：系统处于稳定状态时，状态方程为线性；慢弛豫变量在系统稳定状态时也有量的变化，这种量的变化对系统有序度有两种功效：一种是正功效，即慢弛豫变量增大，系统有序趋势增加；另一种是负功效，即慢弛豫变量增大，系统有序趋势减少。综上所述，指标变量对系统有序的功效可用线性功效函数法表示为公式：

$$\text{当 } u_j(e_{ji}) \text{ 具有正功效时}, u_j(e_{ji}) = \begin{cases} 1, & e_{ji} \geq \alpha_{ji} \\ \dfrac{e_{ji}-\beta_{ji}}{\alpha_{ji}-\beta_{ji}}, & \beta_{ji} < e_{ji} < \alpha_{ji} \\ 0, & e_{ji} \leq \beta_{ji} \end{cases} \quad (8-11)$$

$$\text{当 } u_j(e_{ji}) \text{ 具有负功效时}, u_j(e_{ji}) = \begin{cases} 1, & e_{ji} \leq \alpha_{ji} \\ \dfrac{\beta_{ji}-e_{ji}}{\beta_{ji}-\alpha_{ji}}, & \alpha_{ji} < e_{ji} < \beta_{ji} \\ 0, & e_{ji} \geq \beta_{ji} \end{cases} \quad (8-12)$$

式中，α_{ji}、β_{ji} 分别为系统稳定临界点上的序参变量的上、下限值。上下限的具体确定标准：依据现有的环境与社会、经济协调发展的理论，力求定量化作为标准值，具体参考包括《水污染防治行动计划》《土壤污染防治行动计划》《大气污染防治行动计划》《环境空气质量标准》(GB 3095—2012)、《工业企业厂界噪声排放标准》(GB 12348—2008)、《尾矿库环境风险评估技术导则(试行)》(HJ 740—2015)，国家环境保护模范城市考核指标及其实施细则，国家城市环境综合整治定量考核指标实施细则，生态县、生态市、生态省建设指标等；参考矿区经济与社会发展、林业、能源、环境保护等规划标准、宜昌市"十三五"及 2020 年经济发展战略及国家环境质量标准、国家生态省建设标准等来确定各指标标准值。凡已有国家标准的或国际标准的指标，尽量采用规定的标准值。本书以研究矿区 2008 年的实际值作为序参量的下限值，指标上限相应于指标的远安县杨柳磷矿区总体规划值、对比标准值、期望值或理想值。

三、数据来源

本书所采用的指标数据主要来源于《湖北省统计年鉴》(2009—2015年)、《中国城市统计年鉴》(2009—2015)、《中国国土资源年鉴》(2009—2015)、《中国矿业年鉴》(2009—2015)、《宜昌市统计年鉴》(2009—2015),以及远安县国土资源局、各矿山企业提供的相关材料。空气质量达标率,采用远安县一年内二级空气质量天数占全年的比例,2013年、2014年用空气质量指数(AQI)替代原有的空气污染指数(API)。

四、矿区生态文明评价的结果分析

1. 矿区生态文明综合评价结果分析

调研显示,远安县杨柳磷矿区依法取得采矿权、矿山安全生产许可证、林木采伐许可证、爆炸物品使用许可证等相关证照;矿产资源开发利用符合国家法律、法规和产业政策,并依法足额缴纳了资源税、资源补偿费及征地费用等税费;具备经审批的矿产资源开发利用方案、矿山环境影响评价、矿山地质环境评估、矿山环境保护与综合治理方案、土地复垦方案、水土保持措施(方案)和安全现状综合评价等报告,说明已具备矿区生态文明评价的准入基本条件,因此可以对它进行生态文明评价。

根据矿区生态文明评价体系,运用2008—2014年间相关数据进行计算,相关结果如表8-4和图8-1所示。

表8-4 2008—2014年远安县杨柳磷矿区生态文明综合评价指数

子系统	不同年份各子系统综合评价指数						
	2008年	2009年	2010年	2011年	2012年	2013年	2014年
资源利用系统	0.098	0.106	0.131	0.144	0.153	0.172	0.196
环境保护系统	0.141	0.129	0.150	0.149	0.126	0.153	0.152
清洁生产系统	0.171	0.156	0.149	0.143	0.131	0.115	0.135
生态恢复系统	0.124	0.110	0.135	0.128	0.157	0.158	0.188
社会发展系统	0.100	0.129	0.109	0.149	0.142	0.183	0.188
生态文明指数	0.127	0.126	0.135	0.143	0.141	0.157	0.172

从表8-4和图8-1可以看出,远安县杨柳磷矿区的生态文明建设水平持续增强,生态文明综合评价指数由2008年的0.127增加到2014年的0.172。从组成生态文明评价指数的各个系统来看,资源利用、生态恢复、社会发展子系统一直处于较平稳上升发展的态势,环境保护系统呈上下波动状态,整体上从2008年至2014年略有增长,而清洁生产系统从2008年至2013年则持续呈现出小幅下降的态势,在2014年有所回升。为了更好的说明远安县杨柳磷矿区生态文明各子系统的发展情况,以下将5个子系统的得分呈现在雷达图(图8-2)上。

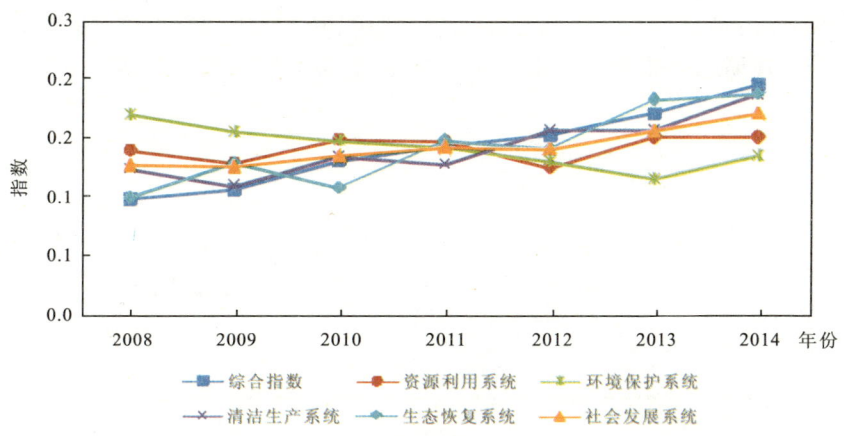

图 8-1 2008—2014 年远安县杨柳磷矿区生态文明综合评价指数

如图 8-2 所示,2008—2011 年远安县杨柳磷矿区资源综合利用、社会发展系统得分大幅上升。2011 年,远安县杨柳磷矿区开采回采率、选矿回采率和矿产资源综合利用率较 2008 年分别提升了 3.69%、11.08% 和 13.52%,资源利用效率大幅提高;矿区居民人均可支配收入为 1.55 万元/a,较 2008 年增长了 43.91%。这段时期,远安县杨柳磷矿区生态恢复、清洁生产和环境保护系统得分则变化较小。2011 年,远安县杨柳磷矿区固废综合利用率较 2008 年下降了 3.15%,在磷矿资源加快开发的背景下,清洁生产没有贯穿到资源开发的全过程;矿区矿山恢复面积较 2008 年减少了 0.048km²,生态恢复的速度减缓。

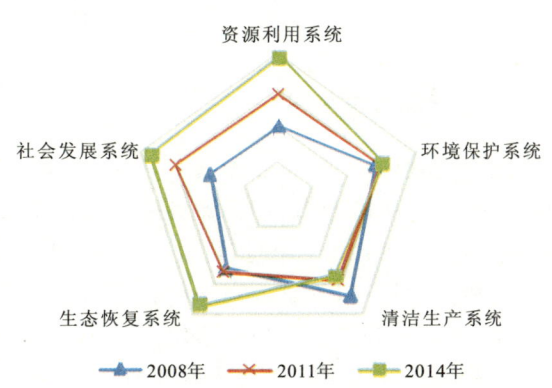

图 8-2 2008 年、2011 年和 2014 年远安县杨柳磷矿区生态文明雷达图

2011—2014 年,远安县杨柳磷矿区资源利用、社会发展和生态恢复 3 个子系统的得分大幅上升。在远安县杨柳磷矿区资源综合利用效率不断提高、民生不断改善的同时,已开采矿区的生态恢复进度也在加快。2014 年远安县杨柳磷矿区已建成国家级绿色矿山 6 座,较 2011 年增加了 5 倍;矿区矿山恢复面积为 0.29km²,较 2011 年增加了 38.09%。

2. 矿区生态文明建设各子系统协调发展分析

根据公式(8-8)~公式(8-10),计算出 2008—2014 年远安县杨柳磷矿区生态文明建设子系统协调发展度 D,如图 8-3 所示。根据表 8-3 矿区生态文明协调发展分类区间,矿区的生态文明动态协调发展指数 D 在考察年度内一直处于大于 0.6 的态势,在 2011 年超过了 0.7,这说明矿区的生态文明系统在所考察的 2008—2014 年这一时段的总体协调发展水平处于初级协调发展和中级协调发展的状态,在 2008—2011 年呈现出平稳增长的上升态势,在 2011—2014 年呈现小幅下降的态势。从图 8-2 中可以找到与之相关联的原因,2008—2011

年,远安县杨柳磷矿区生态文明各子系统间的差距较小,因此考察期内该区的协调发展水平呈现最大幅度的提高;2011—2014 年,矿区的资源利用、社会发展和生态恢复系统得分增幅较大,与清洁生产和环境保护系统的差距不断扩大,因此考察期内该区的协调发展水平呈现小幅度的下降。

图 8-3 2008—2014 年远安县杨柳磷矿区生态文明子系统协调发展指度

3. 指标功效值分析

根据公式(8-11)和公式(8-12)计算远安县杨柳磷矿区生态文明建设系统各指标的功效值,由表 8-5 可以看出,在资源利用子系统中,绝大部分指标都处于不断提高的趋势,总体仍然处于较高水平(2014 年时,功效值为 0.74),而开采回采率(2008—2014 年的功效值均低于0.3)亟待大力提高,为矿区实现可持续发展奠定了良好的多元化发展结构基础。在环境保护系统中,绝大部分指标的功效值较高,唯独环境噪声有待进一步降低。在清洁生产系统中,远安县杨柳磷矿区的用水强度的能效值较低,需要降低水耗。在生态恢复系统中,矿山恢复面积的能效增长较慢,需要进一步加快开发矿山的治理和恢复。在社会发展系统中,绝大部分指标都处于不断提高的较高的功效值水平,但是养老保险覆盖率的能效值较低(除 2011 年外,其他年份均低于 0.2)。

表 8-5 远安县杨柳磷矿区生态文明评价各指标功效值

系统层	指标层	下限	上限	2008 年	2009 年	2010 年	2011 年	2012 年	2013 年	2014 年
资源利用系统	开采回采率	0.43	1.00	0.43	0.47	0.50	0.60	0.63	0.71	0.74
	选矿回收率	0.20	1.00	0.20	0.21	0.21	0.19	0.24	0.26	0.26
	矿产资源综合利用率	0.56	1.00	0.56	0.54	0.58	0.59	0.61	0.63	0.65
环境保护系统	废水排放达标率	0.63	1.00	0.63	0.75	0.75	1.00	1.00	1.00	1.00
	废气排放达标率	0.45	1.00	1.00	1.00	1.00	1.00	1.00	1.00	1.00
	环境噪声等效声级	0.15	1.00	0.15	0.15	0.15	0.15	0.25	0.25	0.25
	空气质量达标率	0.40	1.00	0.40	0.45	0.48	0.50	0.48	0.45	0.50

续表 8-5

系统层	指标层	下限	上限	2008年	2009年	2010年	2011年	2012年	2013年	2014年
清洁生产系统	工业用水重复利用率	0.33	1.00	0.33	0.33	0.5	0.67	0.67	0.67	0.67
	固废综合利用率	0.06	1.00	0.06	0.13	0.19	0.21	0.25	0.28	0.31
	单位能耗	0.72	1.00	0.72	0.88	0.82	0.65	0.61	0.55	0.55
	用水强度	0.38	1.00	0.38	0.21	0.18	0.17	0.16	0.15	0.14
生态修复系统	矿山恢复面积	0.16	1.00	0.16	0.21	0.23	0.14	0.28	0.33	0.34
	绿色矿山占比	0.38	1.00	0.38	0.40	0.40	0.43	0.44	0.44	0.47
	塌陷土地复垦率	0.32	1.00	0.32	0.34	0.41	0.42	0.38	0.39	0.35
	地质灾害发生率	0.15	1.00	0.15	0.21	0.31	0.16	0.18	0.19	0.25
社会发展系统	职工人均收入	0.61	1.00	0.61	0.65	0.68	0.72	0.75	0.77	0.79
	人均预期寿命	0.65	1.00	0.65	0.65	0.65	0.68	0.68	0.68	0.72
	人均公共绿地面积	0.33	1.00	0.33	0.37	0.44	0.48	0.52	0.50	0.57
	基本养老保险覆盖率	0.12	1.00	0.12	0.15	0.18	0.21	0.19	0.18	0.17

第三节 生态文明视角下矿山地质工作需求性分析

一、我国矿区存在的生态环境问题

矿区赋存的矿产资源是经济建设和社会发展的物质基础,是矿业赖以生存和发展的前提。随着工业化进程的快速推进,当前我国矿产资源与能源需求不断增长,矿区内的矿产资源开发由此也不断加快,生态系统健康也由此受到了前所未有的冲击。主要表现为以下几点。

1. 矿区土地资源破坏严重

矿区内的矿山开发对土地资源产生着重要影响。一方面,矿产开发过程本身需要占用大量的土地,其资源开采行为对土地资源造成很较大的破坏;另一方面,矿区内露天采掘、倾卸固体废石、尾矿坝和地面沉陷等导致矿区土地难以重新利用。表8-6的数据显示,2008年,我国矿山占用破坏的土地面积为1 739 152hm^2,其中,尾矿堆放、露天采坑和采矿坍塌所导致的土地破坏面积分别达到926 162hm^2、536 582hm^2 和248 459hm^2,而黑龙江、青海与内蒙古等省区矿山占用破坏土地的面积巨大,已经成为全国矿山占用破坏土地面积最为主要的地区。2010年,我国矿山占用破坏土地面积为2 484 184hm^2,这一数据为2008年的1.43倍,增幅为43%。与此同时,矿产资源开采中产生大量的粉尘、烟尘和有毒物质沉积于土壤表面或渗入土壤,改变了矿区土地资源的结构、功能与性质,进而破坏原有的植被与生态,造成严重的水土流失,土地复垦难以实现。矿区矿山开发所导致对土地资源的破坏已经成为影响经济社会可持续发展的重要障碍。

表 8-6 2012 年全国及主要省区矿山占用破坏土地面积情况（单位：hm²）

地区	占用破坏土地	尾矿堆放	露天采坑	采矿塌陷
全国	2 812 735	926 162	536 582	248 459
黑龙江省	904 047	832 759	50 863	19 829
青海省	244 005	4136	233 887	1173
内蒙古自治区	496 182	2609	47 798	22 621
安徽省	80 299	7953	17 625	32 677
辽宁省	127 978	18 018	14 671	17 068
山西省	125 630	4515	2909	43 179
江西省	61 986	9489	25 273	2464
河北省	70 570	9445	13 626	16 114
甘肃省	50 910	5756	16 637	9101
新疆维吾尔自治区	55 320	609	26 309	2513

2. 矿区水体资源恶化

矿区内矿产资源开采中排放的矿坑水、废石场的雨淋污水以及选矿厂排出的洗矿、尾矿废水共同组成了矿山废水。这些废水大部分含镉、铬、铅等重金属离子。重金属是一种永久性污染物，能在生物体内富集，通过食物链危害人体健康，也能影响农作物生长。同时，矿业废水中还包含氰化物、氨氮等各类化学物质，选矿废水和露天矿、尾矿、废石堆等受雨水淋滤后排出的废水及矿区其他工业排放的污水也是重要的废水污染源，如不经处理而外排也将对环境造成严重的影响。表 8-7 展示的近年来我国矿业废水排放及其污染构成情况显示，2008—2010 年，随着我国矿业开发程度的提高，煤炭开采与洗选、石油和天然气开采所导致的污水排放总量呈现了较快的增长趋势。金属和非金属采选业的污水排放总量虽然得到了有效的遏制且逐年减少，但是，从总量上看，其数值依然较大。另外，通过对表 8-7 的进一步分析还可以发现，矿业污水中排放量最大的污染物分别是氨氮、石油类、挥发酚等物质，包含这类物质的污水影响了区域水体水质，势必对矿区产生严重的生态环境损害，威胁矿区居民的健康。

3. 矿区大气环境污染严重

矿区内矿产资源开采伴生着严重的大气污染。矿产开发中凿岩爆破、挖掘运输、矿井排风、瓦斯抽放、燃煤锅炉、煤矸石自燃以及各种金属矿产品加工厂等生产流程，产生大量的 CO、NO、CO_2、SO_2、H_2S 等气体和粉尘。表 8-8 显示的是 2008—2010 年近 3 年间矿区矿业废气的排放数据，尽管近 3 年我国煤炭开采和选冶、有色金属矿采选的废气排放总量略有下降，但是，石油和天然气开采、黑色金属矿采选及非金属矿采选 3 个行业的废气排放总量依然呈现增长趋势。在排放结构上，无论是能源类矿业开采还是金属矿、非金属矿采选业内，SO_2、粉尘排放及烟尘排放绝对量十分巨大。大气中的有害气体与扬尘、湿气结合，形成酸雨和污水，危及地面农作物，造成森林、草场、农作物大面积死亡，并侵蚀人体健康，对矿区的局部环境产生重大影响。

表 8-7 2008—2010年全国矿业废水中主要污染物排放量

排放物	煤炭开采和洗选业			石油和天然气开采业			黑色金属矿采选业			有色金属矿采选业			非金属矿采选业		
	2008年	2009年	2010年	2008年	2009年	2010年	2008年	2009年	2010年	2008年	2009年	2010年	2008年	2009年	2010年
废水总量(万t)	72 209.0	80 236.0	104 765.0	11 209.0	10 197.0	11 555.0	16 859.0	15 546.0	15 353.0	42 764.0	37 307.0	38 852.0	9 309.0	7 719.0	7 683.0
镉(t)	0.3	0.3	0.0	—	—	—	0.3	0.2	0.2	12.9	12.5	11.9	0.0	0.0	0.0
六价铬(t)	0.7	0.1	0.1	0.03	0.0	—	0.3	0.2	0.1	3.1	1.2	1.6	0.5	0.5	0.5
铅(t)	1.1	0.1	0.0	—	—	—	9.9	5.2	4.5	142.5	115.4	86.7	0.4	0.4	0.5
砷(t)	0.4	0.3	0.2	7.4	7.9	7.1	0.6	0.4	0.6	119.9	114.5	42.9	0.4	0.4	0.5
挥发酚(t)	266.0	264.7	260.1	0.1	0.1	0.1	0.1	0.5	0.0	11.6	1.2	1.0	0.0	0.2	2.0
氰化物(t)	1.9	1.7	1.8	—	—	—	—	0.1	—	10.3	5.5	2.4	0.0	—	—
化学需氧量(t)	80 040.0	91 673.0	100 174.0	18 132.0	16 600.0	32 593.0	10 669.0	11 045.0	10 031.0	48 209.0	46 212.0	32 177.0	8 784.0	6 731.0	8 361.0
石油类(t)	294.1	590.2	858.2	684.4	397.1	408.7	42.9	81.6	24.7	35.0	25.0	24.4	18.1	19.0	9.1
氨氮(t)	4 200.8	4 709.6	5 669.4	1 392.4	756.2	1001.6	353.5	473.6	1797.9	1 789.5	1 855.5	1 553.3	205.6	289.0	363.9

数据来源:《中国环境统计年鉴》(2009—2011)(中国国家统计局)。

表 8-8 2008—2010年全国矿业废气排放量

排放物	煤炭开采和洗选业			石油和天然气开采业			黑色金属矿采选业			有色金属矿采选业			非金属矿采选业		
	2008年	2009年	2010年	2008年	2009年	2010年	2008年	2009年	2010年	2008年	2009年	2010年	2008年	2009年	2010年
废气排放量(亿标准立方米)	2 452.0	2 334.0	2 324.0	894.0	1 092.0	1 026.0	2 225.0	1 489.0	2 472.0	622.0	359.0	469.0	809.0	834.0	861.0
烟尘排放量(t)	100 000.0	98 282.0	116 162.0	11 000.0	11 052.0	12 837.0	23 000.0	18 401.0	18 869.0	14 000.0	12 072.0	12 831.0	35 000.0	22 325.0	24 713.0
SO$_2$排放量(t)	148 700.0	149 861.0	160 255.0	31 400.0	35 302.0	35 589.0	53 100.0	54 538.0	52 769.0	15 390.0	123 028.0	111 247.0	63 400.0	45 230.0	41 345.0
粉尘排放量(t)	13 660.0	187 839.0	149 119.0	—	5.0	12.0	40 100.0	37 815.0	53 335.0	11 100.0	11 614.0	8 585.0	39 200.0	25 905.0	28 589.0

数据来源:《中国环境统计年鉴》(2009—2011)(中国国家统计局)。

4. 矿区地质灾害防治体制不完善

矿区内矿产资源开发对地质环境也产生着危害。资源开发活动导致矿区地表植的破坏，长期裸露的露天矿边坡、废石堆、尾矿库每年可造成大量的水土流失，甚至垮塌形成滑坡，造成人员伤亡，尾矿库的溃坝而形成泥石流、岩土崩塌、地面塌陷等，矿山地质灾害会给人类造成巨大的损失。表8-9提供的数据显示，除了个别年份外，2003—2015年，我国地质灾害发生的次数呈现逐步上升的趋势，2013年全国地质灾害发生次数为15 403次。而地质灾害导致的人员伤亡数量也增长快速，2013年地质灾害人员伤亡人数已达到2003年的7倍，直接经济损失也由2003年的504 325万元上升到528 000万元。矿区与矿山开发所导致的地质环境影响改变了人们生产生活的安全。

表8-9 2003—2013年全国地质灾害损失情况

年份	地质灾害次数(次)	滑坡(次)	崩塌(次)	泥石流(次)	地面塌陷(次)	人员伤亡(人)	死亡人数(人)	直接经济损失(万元)
2003	15 489	10 240	2604	1549	574	1333	767	504 325
2004	13 555	9130	2593	1157	445	1407	734	408 828
2005	17 751	9367	7654	566	137	1223	578	357 678
2006	102 804	88 523	1316	417	398	1227	663	431 590
2007	25 364	15 478	7722	1215	578	1123	598	247 528
2008	26 580	13 450	8080	843	454	1598	656	326 936
2009	10 580	6310	2378	1442	326	845	331	190 109
2010	30 670	22 250	5688	1981	478	3445	2244	638 509
2011	15 664	11 490	2319	1380	360	534	245	40 100
2012	14 322	10 888	2088	922	347	634	292	101 500
2013	15 403	9849	3313	1541	371	9338	481	528 000

二、矿山地质工作促进矿区生态文明建设的需求分析

矿区作为矿产资源承接载体，其地质环境与生态系统的稳定对我国矿产资源的需求保障具有重要作用，这就要求我国未来要加强矿山地质工作的力度。具体需求如下。

1. 服务我国可持续发展道路的战略选择，需要提升矿区地质环境的恢复与治理水平

提升矿区地质环境治理是顺应发展大势、是实现永续发展的战略抉择。良好生态环境是人和社会持续发展的根本基础。蓝天白云、青山绿水是长远发展的最大本钱。过去，矿区内矿业活动大量占用了土地资源，还严重破坏了周边环境，尤其是在一些群采、滥采、矿业秩序混乱的矿区，乱采乱掘，随意弃渣，造成了周边土壤、水域和大气环境污染。生态环境方面的欠账，使全国许多矿区不同程度出现了发达国家上百年工业化过程中分阶段出现的环境问题，新老

环境问题日益叠加,资源约束趋紧、环境污染严重、生态系统退化的形势十分严峻。

进入新时期,地区与地区之间的发展竞争已由过去单纯"拼资源"上升为"拼环境""拼文化"等多个层面,良好的生态环境在经济社会发展各个领域的比重日益突出。面对严峻的挑战,我们别无选择,只有可持续发展之路,才能实现经济社会发展与生态环境保护的共赢,为子孙后代留下可持续发展的"绿色银行",留下天蓝、地绿、水净的美好家园。这也是实现全面建成小康社会的必由之路。

2. 服务我国矿区经济、社会发展的稳定,需要加大矿区地质灾害调查评价、监测与预警

矿区矿产资源开发给人类带来巨大的实惠和财富的同时,由于忽视环境保护工作,不合理的开发破坏了矿区的土地资源、诱发了地质灾害、污染了矿区的环境。高强度、大规模的人为地质作用,强烈地改变和破坏了矿区原有的地应力平衡,诱发或加剧了矿山崩塌、滑坡、泥石流、地面塌陷、地裂缝等地质灾害的发生,严重威胁着矿山的正常生产和人居生存安全,影响了资源开发、经济发展、环境保护的协调发展和社会的和谐稳定。因此,需要加大地质灾害的调查评价、监测与预警,以便于摸清矿区矿山地质灾害的分布状况、危害程度及潜在危害,减少矿区人员伤亡与经济损失,这对合理开发矿产资源、保护矿山地质环境及矿区生态环境重建具有重要的现实意义。

3. 服务我国矿区经济转型与生态文明建设,需要加强矿山地质工作促进矿区森林面积、草场面积、矿区人文景观数量提升

当前,我国大部分矿区受困于矿产资源储量约束,矿产资源产量下降,难以维持依靠资源拉动经济建设,这就迫切需要矿区优化产业结构,实施经济转型。生态文明建设既是人类发展的永恒追求,也是党的十八大提出的一项战略举措,尤其对于依赖矿产资源矿区的经济转型具有重大的理论和现实意义,其战略思想与矿区实施转型目的具有高度的耦合性。要想实现矿区经济转型与生态文明建设,需要加强矿山地质工作对矿区地质环境的修复工作,同时加强矿区林地覆盖面积、草场覆盖面积、人文景观数量,依靠第三产业带动矿区的经济转型与生态文明建设。

第四节 新时期内我国矿山地质工作的战略部署

一、从法律与实践两个层面加快推进矿区土地资源复垦的战略部署

依据国土资源部《中国国土资源公报》数据显示,我国目前已恢复治理矿山面积仅占4.8%,矿区土地整治和生态文明建设力度有待加强。矿山地质工作未来主要在两个方面上加强对矿区土地资源的生态文明建设:

(1)在实践层面,加强我国矿区生态环境建设与土地整治工作的资金投入,统筹各部门,中央与地方,各学科专家,建立政府领导、主管部门负责、各方参与、统一管理的运行机制,推进矿区耕地面积恢复工作的进程。

(2)法律层面,完善法律体系,注重科技引导,修订、完善相关法律法规体系,出台矿区生态

建设与土地整治后土地利用相关的土地政策,方便地方和企业有章可循,树立"特色矿区""可持续之路矿区"典型。

二、加大矿区废水治理投入,促进矿区水体资源优化的战略部署

上文的分析说明我国矿区的矿山废水问题较为突出,解决矿区水体资源问题的根本在于加强矿山地质工作对水体资源的保护与利用。矿山地质工作需要主要从以下几点改善矿区水体资源的利用:①改善矿区用水结构,实施产业结构优化,实现矿区中短期用水产业结构调整,加强对水资源需水量与可供水量的勘查预测,合理调配矿区水资源;②完善水资源的管理、治理、保护、节约制度,实现水资源生态文明建设;③重视保水治水技术的应用与实现矿井水资源化;④加强对水资源源头的地质环境保护力度,促进矿区整体地质环境整治。

三、完善矿山地质工作体系与制度改革,推进矿区绿色矿山建设战略部署

新常态下,随着中国经济发展方式的转变,矿业要健康可持续发展,离不开绿色矿山建设。"十三五"期间,矿业发展将面临更大的压力,也将承担更大的责任,按照规划要求,到2020年要形成全国绿色矿山建设的基本格局。当前,国土资源部致力于绿色矿山试点建设工作,截至目前,总共筛选出4批661家绿色矿山试点单位,并完成了前两批绿色矿山试点单位的评估。

矿山地质工作要加大矿区地质环境治理与修复,完善矿山地质工作体系与制度改革。主要体现在以下几个方面:

(1)要实施严格的矿区企业资源生态环境修复备用金制,约束矿区企业行为。

(2)严格矿区资源开采准入门槛。新建绿色矿山要符合规划,并且有与其规模相适应的注册资金和技术人员,开采规模要在最小控制规模之上等条件。

(3)把绿色矿山创建纳入综合考核,健全并落实考核机制。对所有矿区都要安装视频监控设备,由相关部门在平台实施动态监管。通过信息化管理,对所在矿区进行检查与审核,对复核不能通过的企业直接摘掉"绿色矿山"的帽子。

绿色矿山作为保障矿业健康可持续发展的重要抓手,通过绿色矿山建设促进矿业发展方式的转变,充分运用经济、行政等多种手段,制定有利于促进资源合理利用、环境保护等方面的政策措施,建立完善制度,构建规范矿产资源开发利用秩序的长效机制。

第九章　地质灾害防治与生态文明建设研究

生态文明建设要求加大自然生态系统和环境保护力度，让人民群众喝上干净水、在良好的环境中生产生活。生态文明建设与地质灾害防治思想具有高度的耦合性。所以，地质灾害防治对促进生态文明建设具有举足轻重的地位。基于以上背景，本章主要从3个方面对地质灾害防治工作促进生态文明建设进行探究：①从地质灾害防治需求性分析、地质灾害防治经济效益分析、地质灾害社会效益分析、地质灾害生态效益分析4个维度探究地质矿产工作促进地质灾害防治效益评价；②从地质灾害制度建设、地质灾害调查评价、地质灾害预防预警、地质灾害治理4个方面详述地质灾害防治工作建设现状，并统计"十五""十一五""十二五"期间我国地质灾害防治数据作分析，明确地质灾害防治所取得的成效；③结合我国生态文明建设现状与地质灾害防治工作，探究我国地质灾害工作防治未来需求与战略部署。

第一节　地质灾害防治效益评价

基于地质灾害防治需求性、经济性、社会性、生态性的特征，以构建地质灾害防治效益评价为基础，建立地质灾害防治促进生态文明建设指标体系。采取定性与定量分析结合的方式，不能用数据表示的指标变量采用专家打分或案例分析的方式进行评价，具体见图9-1。下文我们将对地质灾害防治的需求性评价、经济效益评价、社会效益评价、生态环境效益评价进行具体的分析。

一、地质灾害防治需求性评价

地质灾害活动频率越大、危害越大，表明社会对地质灾害防治的需求程度越高。对地质灾害防治需求程度进行评价，可选择"专家评价法"进行需求性定量评价，主要包括以下4个方面的内容。

1. 地质灾害发育度（历史条件）

地质灾害发育度是指过去时间内，地质灾害在单位面积发生的个数，发育多代表发生的次数多，地质灾害严重，不发育就是区域内无灾害。本章主要运用历史灾害危害强度、灾害活动的强度（沉降中心地带）、灾害危害面积、历史灾害活动频次4个维度测度地质灾害发育度。

2. 地质灾害风险度（潜在条件）

地质灾害风险度是指地质灾害活动及其对人类造成破坏损失的可能性。它所反映的是发生地质灾害的可能机会与破坏损失程度。本章主要运用区域地质构造的简单-复杂性、地貌类型(突发性灾害)坡高-坡度、地下水开采状况、自然气候类型降雨量4个方面测度地质灾害风险度。

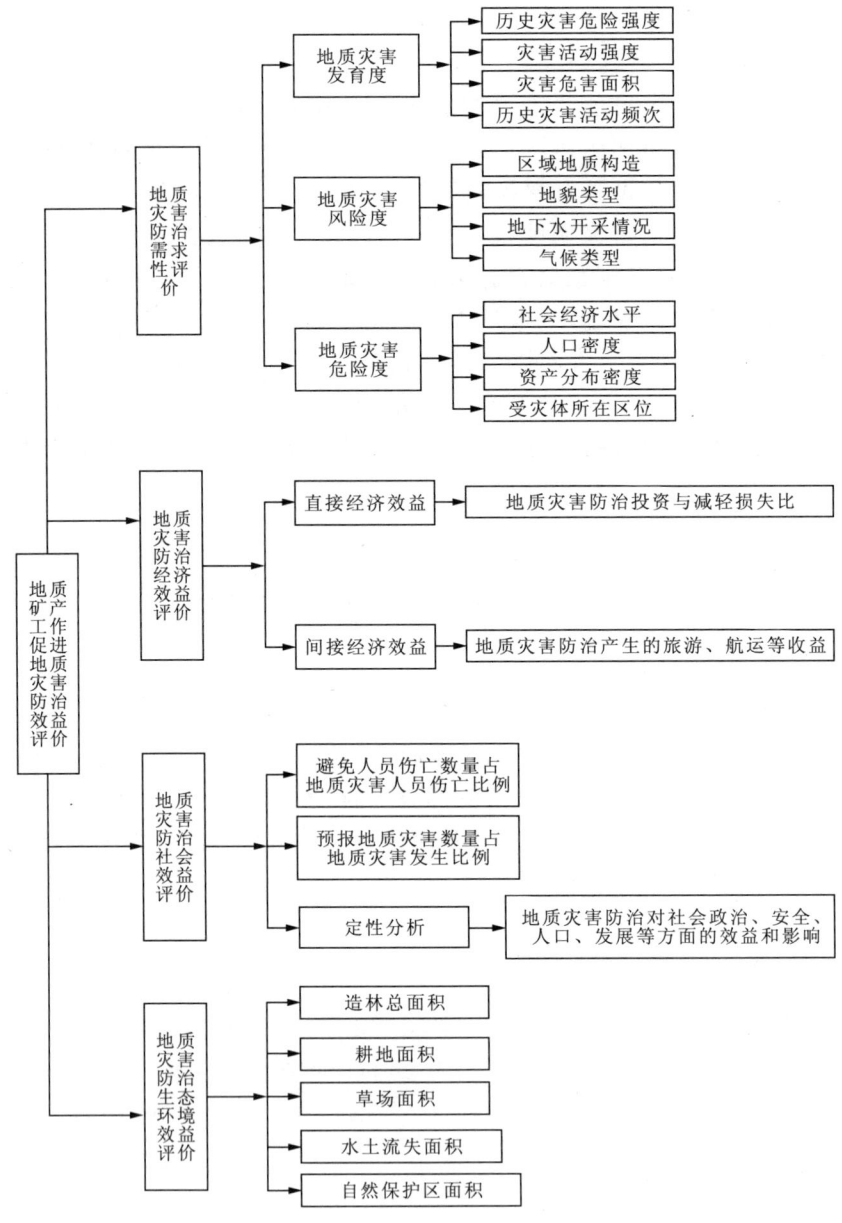

图 9-1 地质灾害防治促进生态文明建设评价图

3. 地质灾害危害度(易损性分析)

地质灾害危害度是指地质灾害发生引起的损失大小。它与地区社会经济水平、人口密度、资产分布密度及灾害发生区位有关。本章将社会经济水平分为4个档次,即大于5000元、

4000～5000 元、3000～4000 元、小于 3000 元。同理,将人口密度分为 3 个层次,资产密度分为 3 个层次,所在区位分为 4 个层次,并利用 4 个指标衡量地质灾害危害度(表 9-1)。

表 9-1 地质灾害需求性评价量表

评价方案	评价因子	评价标准	打分
地质灾害发育度（历史条件）	历史灾害危害强度	强烈破坏(损毁率>80%)	100
		中等破坏(损毁率50%～80%)	80
		轻微破坏(损毁率5%～50%)	50
		基本无破坏(损毁率<5%)	0
	灾害活动的强度（沉降中心地带）	累计沉降量>2m	100
		累计沉降量1.0～2.0m	80
		累计沉降量<1.0m	50
	灾害危害面积(km^2)	>500	100
		100～500	80
		10～100	50
		≤10	0
	历史灾害活动频次（灾害发生概率）	>1 次/a	100
		1 次/(1～5a)	80
		1 次/(5～50a)	50
		1 次/>50a	0
地质灾害风险度（潜在条件）	区域地质构造	复杂	100
		中等	80
		简单	50
	地貌类型（突发性灾害）	坡高>300m 或坡度>50°	100
		坡高>200～300m 或坡度 30°～50°	80
		坡高>100～200m 或坡度 10°～30°	50
		坡高<100m 或坡度<10°	0
	地下水开采状况	严重超采	100
		中度超采	80
		轻度超采	50
	气候类型（降水量 mm/a）	降水量>1500	100
		降水量 1200～1500	80
		降水量 1000～1200	50
		降水量<1000	0

续表 9-1

评价方案	评价因子	评价标准	打分
地质灾害危害度（易损性分析）	社会经济水平	人均收入 5000 元以上	100
		人均收入 4000~5000	80
		人均收入 3000~4000	50
		人均收入＜3000	0
	人口密度（人/km²）	＞1000	100
		500~1000	80
		＜500	50
	资产分布密度（万元/km²）	＞1000	100
		500~1000	80
		＜500	50
	受灾体所处区位	灾害分布在城镇中心区	100
		灾害分布在环城镇中心区	80
		灾害分布在城乡结合区	50
		灾害分布在农业、荒山区	0

注：a 为一个地质灾害统计周期，一般指 1 年，1 次/(1~5a)指 1~5 个统计周期发生 1 次地质灾害，即地质灾害发生频率为(0.02~1)次/每周期。

4. 地质灾害防治需求性评价流程

地质灾害防治需求性评价流程如下：

(1)先将评价方案分类排队，组成系统，按类别、层次将评价方案、评价因子先后填入表内，成为评价表。评价因子可根据不同灾害种类进行增减。

(2)对评价表上各因子按加权法统一进行评价。用评价表进行定量评价(表 9-1)，评价表的内容可根据项目的具体要求进行增加或减少。

将各因子计分标准分为 100、80、50、0 四个分档。100 分表示 100%的需求；80 分表示 80%的需求；50 分表示 50%的需求或 50%的不需求；0 分表示不需求。

地质灾害防治需求程度评价计分值，是各因子计分值的加权数。100 分表示 100%的需求；90 分表示 90%的需求；80 分表示 80%的需求。

评价方案 i 一般有 n 个评价因子，每个评价因子的计分值用 P_{ij} 表示，j 表示评价因子的序列号；评价的需求程度定值(U_i)可用下式求得。其表达式为：

$$U_i = \sum_{i=1}^{n} = W_{ij}P_{ij}$$

式中，U_i 为需求程度定值，即方案 i 加权总分；W_{ij} 为第 i 方案因数 j 权数；P_{ij} 为第 i 方案 j 因子的评分；i 为方案序列号；j 为评价因子的序列号。

二、地质灾害防治经济效益评价

地质灾害防治的经济效益主要分为直接经济效益与间接经济效益。

1. 直接经济效益

本书运用指标变量地质灾害防治投入与减轻损失的比例作为衡量地质灾害直接效益的指标变量,按照《中国统计年鉴》、国土资源部发行的《国土资源公报》、国土资源部地质环境司发布的《地质灾害通报》所公布数据,将"地质灾害防治投资"作为"地质灾害防治投入"的替代变量,将地质灾害避免损失作为地质灾害防治减轻损失的替代变量,计算地质灾害防治投入与减轻损失的比例。经过计算,地质灾害防治投入与减轻损失之比大致为 5∶1,如图 9-2 所示;2008 年、2009 年地质灾害防治投入与减轻损失的比例上升到 30∶1,为近 10 年最高值,表明我国治理地质灾害防治加大了力度。图 9-2 计算出的结果能够反映直接效益的基本趋势。但是,《地质灾害防治十二五规划》数据显示,根据地质工作者多年经验测算,我国地质灾害防治的投入与减轻损失的比例为 1∶7～1∶10。所以地质灾害防治效益还存在其他无法用数据衡量的收益,这样的收益是巨大的,我们统称为地质灾害防治间接经济效益。

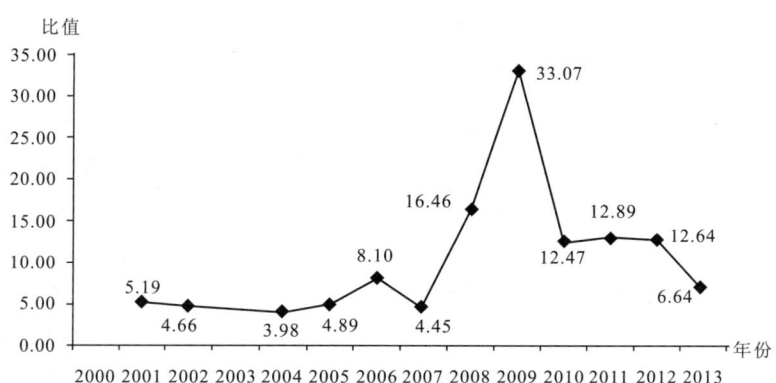

图 9-2 地质灾害防治投入与减轻损失的比值

(数据来源:《全国地质灾害通报》,2015)

2. 间接经济效益

地质灾害防治会产生较大的间接经济效益,通过采取地质灾害防治措施,可避免地质灾害的发生或降低发生的概率,减轻地质灾害对农林牧渔业、基础设施、城镇和农村居民财产、城乡企事业单位财产和骨干运输线中断等造成的直接或间接经济损失。

例如,三峡库区地质灾害防治二期科研中,中国国土资源经济研究院进行了三峡库区地质灾害防治工程减灾效益评估研究,二期三峡工程地质灾害防治投资 15.06 亿元、避免损失 104.06 亿元、资金利税率为 691%。根据这个计算,则二期地质灾害防治总共投入 40 亿元,可避免经济损失总计 276.4 亿元,社会净收益为 236.4 亿元。投入产出比为 1∶6.9。

根据此研究成果类推,三期地质灾害防治投入 71 亿元,按 1∶6.9 的投入产出比可以得到

490.6亿元的经济收益(236.4+490.6=727亿元),三峡库区治理工作取得的经济效益实际为727亿元。

以上所述均为避免直接经济损失带来的收益,不包括减少防止次生灾害如长江断航、道路断运、涌浪等产生的间接经济损失带来的收益。由于三峡库区蓄水提前,二期、三期地质灾害防治的成功实施,保障了三峡工程二期(135m)、三期(156m)、四期(175m)的顺利蓄水,提前发电获取了发电效益,这一部分效益也可以算作防治经济效益的间接收益。

所以,地质灾害防治投资建设所带来的航运、发电所带来的受益是地质灾害防治的间接受益,间接受益占地质灾害防治所产生总经济效益的比例较大,目前无法用数据衡量。

三、地质灾害防治社会效益评价

地质灾害防治的社会效益主要体现在减少人员伤亡和受灾人口,减轻人们精神负担或心理创伤,保证社会正常的生产与生活活动,保护重要基础设施,促进地区经济社会可持续发展等。本书主要运用两个量化指标去评价地质灾害防治的社会效益,即避免人员伤亡数量占地质灾害人员伤亡的比重、预报地质灾害数量占地质灾害发生的比重;当然地质灾害防治的某些社会效益无法用数据来衡量,本书统称为地质灾害防治定性社会效益,主要体现在地质灾害防治对社会政治、安全、人口等方面的效益和影响。

1. 预报地质灾害成功数量占地质灾害发生数量的比重

地质灾害预报占地质灾害发生数量的比重这项指标能够反映地质灾害防治预警预告水平,地质灾害预报成功数量与地质灾害防治社会效益成正比,地质灾害发生数量与地质灾害防治社会效益成反比。因此,预报地质灾害成功数量占地质灾害发生数量的比重与地质灾害防治社会效益成正比,这一指标变量能够反映地质灾害防治所产生的社会效益趋势。如图9-3所示,预报地质灾害成功数量占地质灾害发生数量的比重在2013年达到顶峰,为0.241,其余大部分时间均值稳定在0.04左右波动。从地质灾害预告数量相对于我国地质灾害发生数量来看,预告的数量相比地质灾害发生的数量,所占比重较小,较为理想的数据是稳定在10%的水平,这会使地质灾害对社会的不利影响程度大幅度降低。

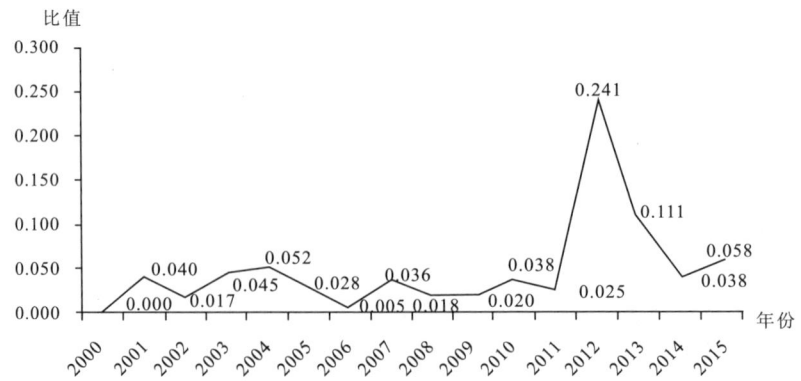

图9-3 2000—2015年预报地质灾害成功数量占地质灾害发生数量的比重变化趋势图
(数据来源:《全国地质灾害通报》,2015)

2. 避免人员伤亡数量与地质灾害人员伤亡数量之比

通过地质灾害的防治、预警预告，能提前对可能发生的地质灾害进行判断，提前疏散人群，避免人员伤亡。避免人员伤亡的数量越大，说明地质灾害防治社会效果越好；反之，地质灾害人员伤亡越大，说明地质灾害防治效果越差。这样，避免人员伤亡数量与地质灾害人员伤亡之比和地质灾害防治的社会效益成正比。如图9-4所示，2000—2015年之间，我国地质灾害防治所避免人员伤亡的数量由2000年的2600人，增加到2013年的186 166人，说明我国地质灾害防治所产生的社会效益显著，整体呈现递增趋势；同理，地质灾害所导致的人员伤亡，由2000年的27 692人下降到2015年的413人，地质灾害致死率下降较为明显。如图9-5所示，地质灾害防治避免人员伤亡数量与地质灾害人员伤亡的比值，平均趋势是处于上升阶段，于2013年达到顶峰，后又下降，到2015年稳定在44左右；表明我国地质灾害防治社会效益显著提升。随着地质灾害防治时间的迁移，针对前期地质灾害易发区域的综合治理，会促使地质灾害致死率下降，地质灾害预警技术的提升会使地质灾害防治避免人员伤亡数量在一定时间内加强效果较明显。这对维持社会结构稳定、减少矛盾产生有重大的意义。

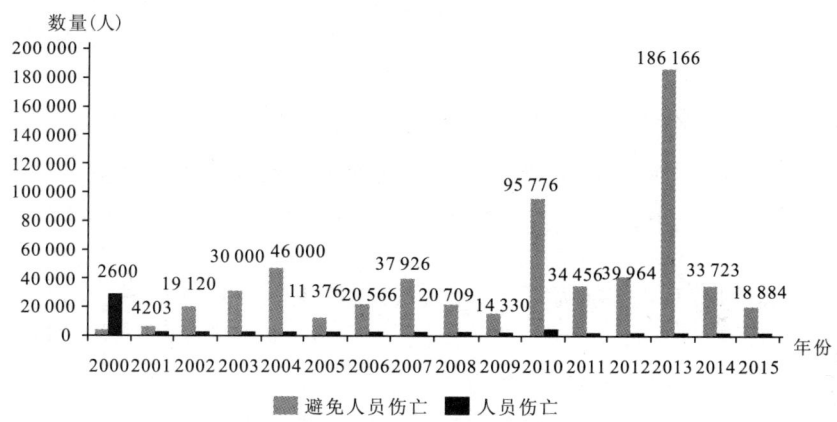

图9-4　地质灾害防治避免人员伤亡数量与地质灾害致人员伤亡数量对比图
（数据来源：《全国地质灾害通报》，2015）

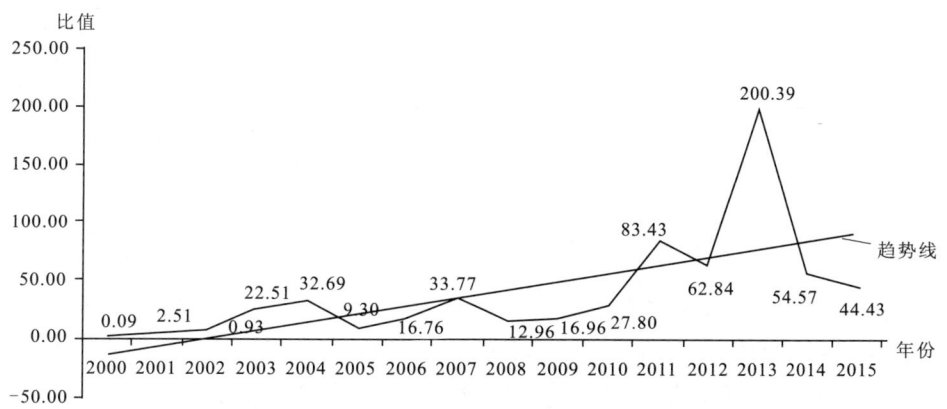

图9-5　地质灾害防治避免人员伤亡数量与地质灾害人员伤亡数量的比值变化趋势图
（数据来源：《全国地质灾害通报》，2015）

3. 地质灾害防治定性社会效益分析

大规模地质灾害,造成人员生命与财产的损失。而这种可能出现的损失经大规模地质灾害防治工作得到了极大的控制与减少,舒缓了灾区群众的紧张情绪,减少了不和谐因素可能出现的概率,对于维护灾区群体心理层面的平稳和稳定做出了贡献。尤其是当下社会转型期间,社会矛盾加剧,人员伤亡或者财产损失都有可能引发不可预料的事态。因此,这种存在于社会心理层面上的保健因素有着极其重要的稳定作用。

四、地质灾害防治生态环境效益评价

地质灾害防治将减轻或消除地质灾害对人民生命财产安全的威胁,促进人与自然的协调发展,具有显著生态环境效益。通过实施地质灾害防治措施,可以减轻地质灾害对生态环境的破坏,减少水土流失,保护山地丘陵区宝贵的水土资源、森林植被、自然景观,改善人居环境等。主要体现在以下几个方面:

(1)对水土保持的影响。地质灾害防治的实施会在局部时段、局部区域加剧人为因素的作用,比如,某些施工活动会在短时期内破坏地表植被,扰动土体结构,将对局部区域的水土保持产生不利影响,但是,防治工程竣工后则有利于改善规划区的水土流失状况,增强水土保持能力。

(2)对植物和动物的影响。地质灾害防治实施对植被的不利影响主要是施工临时占地、土石方开挖、交通道路修建等使植被面积减少,造成短时、局部区域的植被破坏,施工活动还可能会对局部范围陆生动物的活动造成一定程度的影响,但工程竣工后则有利于动植物的生存生长。

(3)对土地利用的影响。地质灾害防治的实施对减少土地资源损毁,改善土地利用结构,促进区域经济持续发展具有重要作用。防治过程中可能临时占用部分农地、林地,但是工程竣工后的土地利用结构将趋向更加合理,有利于人类与自然生态的和谐共存。

(4)对景观等的影响。地质灾害防治措施的实施可能会在短时期内破坏原来的地形地貌、森林植被,改变局部地域的景观,但工程竣工后则可以有效保护风景名胜和游客的生命安全,甚至改善自然景观质量。

第二节 地质矿产工作促进地质灾害防治的现状与成效分析

一、地质灾害防治制度建设现状

地质灾害防治制度建设主要包括地质灾害防治法律法规、行业规划等方面的体系建设,表9-2为近几年我国地质灾害防治所出台的法律法规文件,与之对应的是制度建设促进我国生态文明建设的内容,主要包括经济可持续发展、社会稳定、资源节约、环境友好等方面。

表 9-2 地质灾害防治制度建设促进生态文明建设一览表

地质灾害防治制度建设	制度建设状况	服务生态文明建设的内容
地质灾害防治法律体系建设（国家层面）	《地质灾害防治条例》	防治地质灾害，避免和减轻了地质灾害造成的损失，维护了人民生命和财产安全，促进了经济和社会的可持续发展
	《关于加强地质灾害防治工作的决定》	我国地质灾害防治工作迈向更加科学的道路，最大程度地保障了人民群众的生命财产安全，其根本理念为"以人为本"的地质灾害防治
	《环境保护法》《矿产资源法》《水土保持法》《水法》《防洪法》《森林法》	为服务地质灾害防治提供制度保障
部门法规体系建设	《地质灾害防治"十一五"规划》	科学有效地做好地质灾害防治工作，保障经济社会全面协调可持续发展
	《地质灾害防治"十二五"规划》	有助于建立完善的地质灾害防治体系，妥善处理了当前与长远、整体与局部、中央与地方的关系，有针对性地全面部署地灾防治工作，对避免和减轻地质灾害给人民群众生命财产造成的损失，对建设资源节约型和环境友好型社会，具有重大的意义
地方法规制度建设	各省（区、市）和大部分易发区的市、县：应急预案和防治规划，资质管理、信息报送和应急响应机制	推进了全国地质灾害监测预警体系的建设和地质环境管理、保护工作

二、地质灾害调查评价工作建设现状

地质灾害调查评价是基础性的地质矿产工作，地质灾害防治、监测、应急工作的开展都得益于地质灾害的调查评价提供的资料、图集。因此，地质灾害调查评价工作一直是我国地质灾害防治环节中投入资金、人力最大的环节，所取得的成果也较多，这里围绕全国、省域、县（市）3个维度列出了"十二五"期间我国地质灾害调查评价的部分成果以及地质灾害调查评价促进生态文明建设的内容，见表 9-3。

表 9-3 地质灾害调查评价主要成果及服务生态文明建设内容

地质灾害调查评价	主要成果	服务生态文明建设的内容
全国地质灾害调查评价	全国范围内 1∶50 万比例尺环境地质调查图	全面反映了各区域的地质灾害类型及发育特点，为推进地质矿产工作促进生态文明建设提供了夯实的资料基础
	以六大区域（东北、西北、中南、西南、华北、华南）为主的区域地质灾害调查图集	
	每年更新形成编制，包括崩塌、泥石流、滑坡、地裂缝等一系列的地质灾害分布图集、隐患分布图集	

续表 9-3

地质灾害调查评价	主要成果	服务生态文明建设的内容
地质灾害调查为主的省域环境地质调查评价	31个省(自治区、直辖市)的环境地质背景;人类活动与地质环境相互作用和影响因素;开发利用自然资源诱发的主要地质灾害、特殊不良地质环境条件、环境地质问题的发育特征和分布规律	为各省级人民政府制定防灾、减灾、治灾规划提供参考依据,同时为合理加快经济发展,加强环境监督管理提供宏观决策依据
以县(市)为单元的地质灾害调查评价工作	《中国典型县(市)地质灾害易发程度分布图集》	推进了全国地质灾害监测预警体系的建设和地质环境管理、保护工作
	制订县(市)灾害预案、编制灾害规划	
	建设了县(市)地质灾害调查与区划信息系统	
	2020个县(市)1:10万比例尺地质灾害调查图	县域地质灾害调查评价提高了公众对地质灾害的认识程度和防范意识,为维护我国社会稳定,保护重点生态区自然景观、保障重大工程区的建设起到了较大的促进作用
	汶川、玉树地震灾区以及西南山区、西北黄土区等450个县(市)的1:5万比例尺地质灾害详细调查图	

三、地质灾害监测预警工作建设现状

地质灾害监测预警体系是防灾减灾的重要手段。运行良好的地质灾害监测预警体系能够及时捕捉地质环境条件变化信息,适时发出防灾减灾警示信息,为避险决策和应急处置提供关键性依据。当前,我国地质灾害监测预警工作正在逐步建设完善过程中,这里我们主要介绍地质灾害监测预警的机构和体系、地质灾害监测预警机构的主要工作内容、地质灾害监测预警体系服务我国生态文明建设的内容,具体见表9-4。

表9-4 地质灾害监测预警的机构和体系及服务生态文明建设的内容

	机构名称	主要工作内容
地质灾害监测预警机构	各省(自治区、直辖市)地质环境监测院	组织指导地质灾害应急处置,组织、协调、指导和监督地质灾害防治工作
	国土资源部地质环境司(地质灾害应急管理办公室)	组织监测、监督防止地下水过量开采引起的地面沉降和地下水污染造成的地质环境破坏
	中国地质调查局地质环境监测院	服务全国地质环境监测网的建设与管理和全国地质灾害的监测、预报、预警,以及相关调查研究工作,开展水文地质、工程地质、环境地质的信息服务,为我国地质灾害防治提供制度保障
	中国地质灾害防治工程行业协会	地质灾害防治已经进入产业化阶段
	《中国地质灾害与防治学报》	促进地质灾害防治工作的技术进步

续表 9-4

二	体系名称	服务我国生态文明建设的内容
地质灾害监测预警体系	县-乡-村三级群测群防监测体系	促进了地质灾害防灾减灾的科学知识,增强了地方各级人民政府和民众的防灾减灾能力,是具有中国特色和创新性的地质灾害监测预警的一部分
	突发性地质灾害专业监测预警系统	对突发性地质灾害滑坡、泥石流、崩塌进行监测,为我国重点地区、重大工程建设区的建设做出了突出贡献
	缓变性地质灾害监测预警系统	对缓变性地质灾害地面沉降、地裂缝进行监测,提升我国长三角、华北平原、汾渭盆地和珠三角等经济发展重点地区的社会稳定、经济可持续发展
	地质灾害气象预警预报机制	对未来可能发生的地质灾害进行预警预报,提前撤离,避免人员伤亡,维护了社会的稳定

四、"十五""十一五""十二五"期间我国地质灾害防治工作的成效分析

文献检索结果显示,《中共中央国务院关于加快林业发展的决定》(2003),是"生态文明"概念第一次写入我们党中央和国务院的正式文件;党的十七大报告(2007)中第一次提出了"生态文明""建设生态文明""树立生态文明观念"的概念和要求,党的十八大报告(2012)对"生态文明建设"首次做出了全面部署,并对生态文明理念首次做出了科学概括。所以,研究地质矿产工作促进地质灾害防治工作,我们要对"十五"(2001—2005 年)、"十一五"(2006—2010 年)、"十二五"(2010—2015 年)3 个时期的地质灾害防治现状进行对比,具体如下。

1. 地质灾害防治项目个数及投资金额

这里我们将"地质灾害防治项目个数"与"地质灾害防治投资"作为衡量地质灾害防治工作量的两个指标,由图 9-6 与图 9-7 可以得出如下结论:

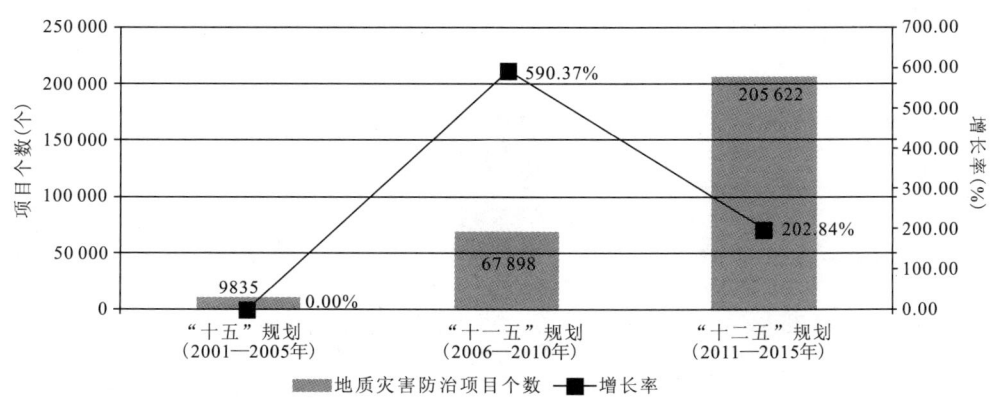

图 9-6 "十五""十一五""十二五"期间我国地质灾害防治项目个数与增长率

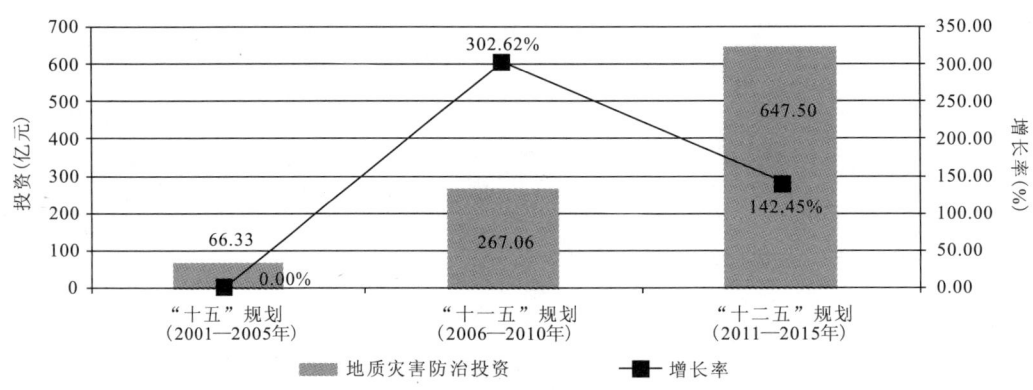

图9-7 "十五""十一五""十二五"期间我国地质灾害防治投资金额与增长率

(1)我国地质灾害防治项目个数与防治投资在"十五"(2001—2005年)、"十一五"(2006—2010年)、"十二五"(2011—2015年)3个时期是逐年递增的,表明我国地质灾害防治工作力度加大效果较为明显。

(2)我国地质灾害防治项目个数与防治投资额增长率在"十一五"期间达到峰值,说明我国地质灾害防治工作的防治在"十一五"期间得到了国家的重视。由于生态文明这一概念主要在"十一五"期间被正式提出,我们将重点关注此阶段的地质灾害防治促进生态文明建设状况。

2. 地质灾害发生频率及造成的损失

地质灾害防治促进生态文明建设最直接的表现形式就是灾害发生的频次、灾害造成的伤亡与经济损失,如图9-8~图9-10所示,经过"十五""十一五"期间的地质灾害治理,"十一五"期间,我国地质灾害发生起数由195 998次下降到"十二五"期间的64 983次,下降幅度高达66.85%;同理,地质灾害致人伤亡数由8238人次下降到3021人次,下降幅度为63.30%。但是,地质灾害直接经济损失却呈现反方向变动,由"十五""十一五"时期的212.9亿元人民币、183.5亿元人民币提升到"十二五"期间的287.2亿元人民币,增加幅度为56.54%。这说明,随着我国经济发展水平的提升,城市化水平提升,城市人口密度加大,我国地质灾害的危害性越来越大,地质灾害损失逐步加大。尤其体现在城市基础设施建设、重大工程区建设、铁路公路建设过程中。

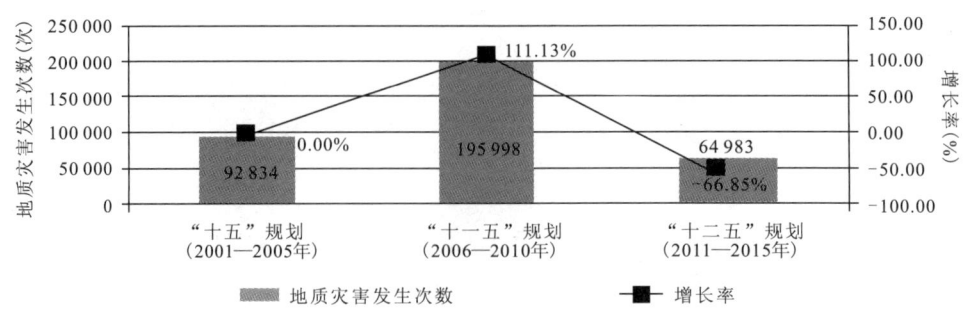

图9-8 "十五""十一五""十二五"期间我国地质灾害发生次数与增长率

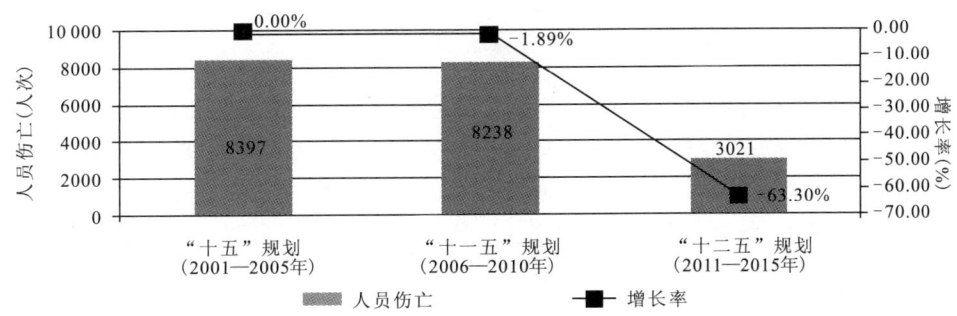

图 9-9 "十五""十一五""十二五"期间我国地质灾害造成人员伤亡数与增长率

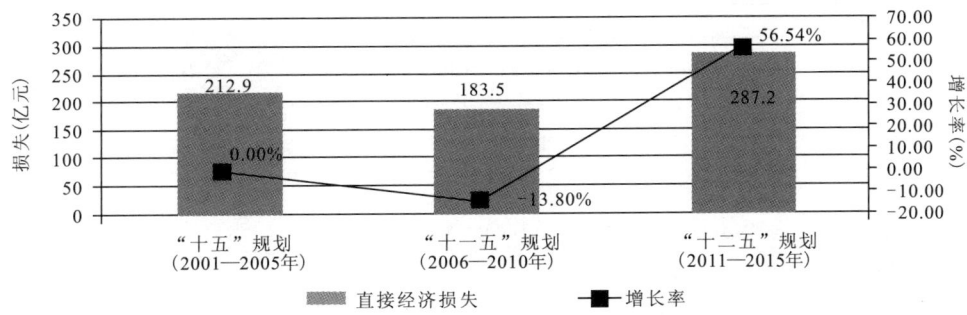

图 9-10 "十五""十一五""十二五"期间我国地质灾害直接经济损失与增长率

总体来看,地质灾害发生频率与伤亡率的下降说明我国地质灾害防治工作取得了成效,但是随着地质灾害危害性的加大,我国地质灾害防治工作的重心应调整为如何降低灾害损失。

3. 地质灾害预告数量

地质灾害预告数量既可以体现地质灾害预警预报工作的成效,也能够体现我国地质灾害防治所取得的成效,如图 9-11 所示,"十五"期间、"十一五"期间、"十二五"期间,我国地质灾害预告总量分别为 2838 次、3251 次、6544 次,增加幅度分别为 14.55%、101.29%,"十一五"期间我国地质灾害防治投资增幅高达 500%,地质灾害预告水平也得到了较大的提升,随着我国对地质灾害监测网络的完善、监测技术的创新,地质灾害监测预警工作对促进我国地质灾害防治水平起到了催化剂的作用。

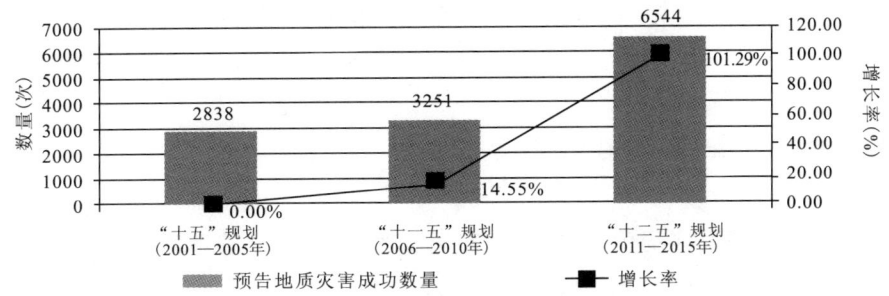

图 9-11 "十五""十一五""十二五"期间我国预告地质灾害成功数量与增长率

4. 地质灾害防治避免伤亡人数、经济损失状况

地质灾害防治避免伤亡人数与避免经济损失是衡量地质灾害防治成效指标,如图9-12、图9-13所示,经过"十一五"期间我国地质灾害防治的资金投资与治理,"地质灾害避免经济损失"这一项增加的幅度较大,分别为63.04%、154.67%,"地质灾害避免人员伤亡"这一项的增幅也达到77%、65%;统计区间内,避免伤亡总人数达6万左右,避免经济损失共达90多亿元人民币,这说明地质灾害防治取得了卓有成效的经济效益与社会效益,我国地质灾害防治工作促进了经济发展、维护了社会稳定。

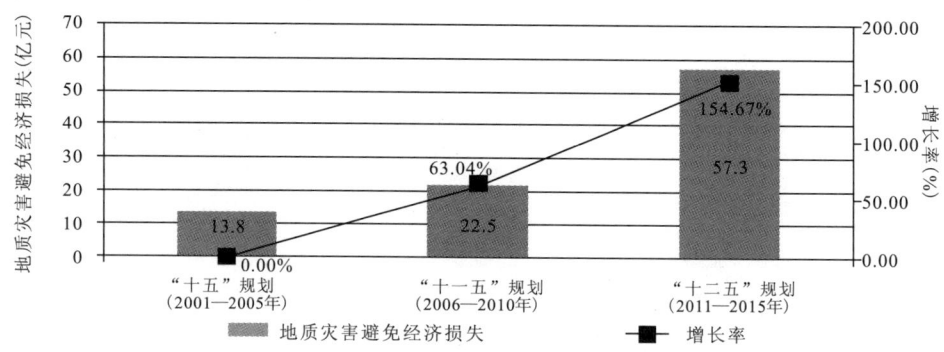

图9-12 "十五""十一五""十二五"期间我国地质灾害避免经济损失状况与增长率

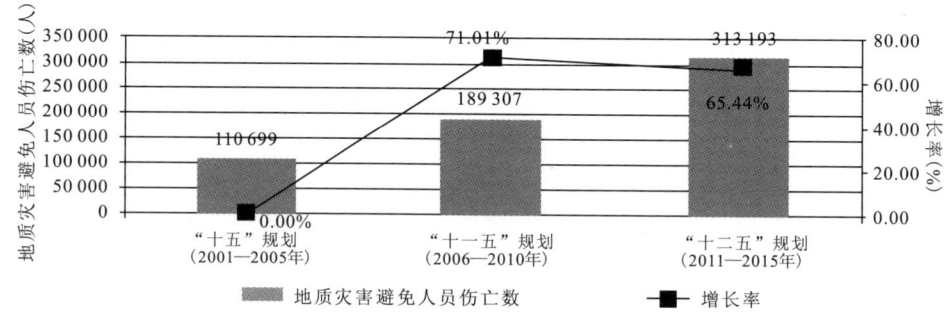

图9-13 "十五""十一五""十二五"期间我国地质灾害避免人员伤亡数与增长率

第三节 生态文明视角下我国地质灾害防治工作的未来需求分析与战略部署

一、地质灾害防治工作的未来需求分析

1. 服务国土空间开发格局优化,推进生态国土建设,需要完善地质灾害防治工作体系

优化国土空间开发格局,推进生态国土建设,对地质灾害防治工作提出了新的要求。服务国土空间开发规划编制,要求加强地质灾害综合调查与编图,有针对性地编制地质灾害单要素

图件和综合性图件。服务水土资源开发、工程建设与城市管理,要求开展更大比例尺的地质灾害调查,建立三维地质灾害防治框架模型。服务地质灾害防治与环境健康维护,要求加强地质灾害问题专题调查研究,提出地质灾害防治对策与解决方案。服务地质灾害精细化管理,要求加强地质灾害数据库与信息平台建设,实现地质灾害预报预警体系的完善。

地质灾害调查评价,是减少地质灾害损失、促进人与自然和谐的基础。近些年来,突发性灾害呈现区域致灾态势,对国家开展重大工程建设产生了较大的影响,同时,重要经济区、生态环境脆弱区等地区的地质灾害严重影响了区域经济社会的发展;这就要求地质工作者加强对重大工程建设区范围内、重点经济区辖区、生态脆弱区的地质灾害调查评价工作,提高地质灾害预报预警能力,减少灾害损失,服务于社会主义基础设施建设。

2. 服务于社会经济发展与生态文明建设,需要加大地质灾害防治工作的成果转化

地质灾害防治工作是社会经济可持续发展,解决人口、资源、环境矛盾的重要保障。随着经济社会的发展,重大工程布局与建设、生态文明建设和环境保护、地质资源开发规划、地质科学发展等都迫切需要加强地质灾害防治工作。通过区域地质灾害调查、地质环境和地质灾害监测系统建立以及地质灾害预警和应急响应中心建成,将取得一批服务于我国经济社会发展需求的基础地质灾害调查成果、一批服务于各级政府决策的专题性成果和一批破解重大地质问题的技术创新示范性成果,这些成果将对我国生态文明建设起到促进作用。

经济社会发展对防灾减灾提出了更高要求。《中共中央关于制定国民经济和社会发展第十二个五年规划的建议》和《中华人民共和国国民经济和社会发展第十二个五年规划纲要》明确提出了加快建立地质灾害易发区调查评价体系、监测预警体系、防治体系、应急体系的基本要求。这是贯彻落实"以人为本"的生态文明发展观,最大限度地减少或避免群死群伤事件,加快建设资源节约型、环境友好型社会,提高生态文明水平,实现可持续发展的重要决策,也是提高地质灾害多发区人民群众生存生活质量的必然要求。

二、地质矿产工作促进地质灾害防治工作的未来战略部署

1. 提升地质灾害防治法律法规制度建设的战略部署

党的十八大报告提出的有关推进生态文明建设中很重要的一条,就是要加强生态文明制度建设。也就是说,制度建设是推进生态文明建设的重要保障。对于地质灾害防治,首先,要进一步建立与完善有利于节约能源资源和保护生态环境的地质灾害防治法律和政策体系。其次,要把生态文明建设纳入依法治理轨道,建立和完善职能有机统一、运转协调高效的生态环保综合地质灾害管理体制。再次,要加强规划和政策引导,综合运用财税等经济杠杆,建立体现生态文明要求的目标体系、考核办法、奖惩灾害反馈机制。最后,将灾害防治的资源消耗、环境损害、生态效益纳入经济社会发展评价体系,并纳入各级党委、政府的绩效考核。

具体是从经济、政治、文化、社会、科技等领域全方位审视和应对地质灾害防治时面临的资源、环境方面的严峻挑战。同时,站在更高层次上,决定从法律、法规及顶层的制度设计上着手,大力推进生态文明建设。

2. 加强以人为本的地质灾害治理战略部署

地质灾害治理主要针对威胁生命和财产安全的灾害隐患点。采取削坡、锚固、挡墙、护坡、排水、加固、绿化等一系列工程措施,消除危害,人与地质环境系统建立新的平衡和协调,一定程度恢复人与地质环境系统的调节功能。地质灾害治理必须文明治灾,友好治灾,避免凭借强大的人工系统去"改造"自然,"改善"地质环境,使人与地质环境的关系由对立型、破坏型转向恢复型、协调型。

地质灾害治理应遵循顺应自然、利用环境、因地制宜、因势利导的原则,必须对地质环境灾害隐患点及周边地质环境条件进行详细调查后,制定地质灾害治理方案;地质灾害治理方案必须综合考虑地质环境条件、地质灾害与地质环境之间关系、地质灾害成因及工程治理费用、施工条件等因素,并且对各种治理方案进行比选,选择最优方案。

3. 依靠科技进步,全面提高地质灾害防治能力的战略部署

(1)科学开展地质灾害防治。适应我国经济社会快速发展的时代要求,要重点加强地质灾害防治新理论、新技术和新方法的研发与应用,增强地质灾害综合防治能力,提高地质灾害的综合勘查评价和监测预报水平,提升信息采集处理和防灾减灾应急处置能力。积极参与防灾减灾领域的国际合作,及时吸收先进的地质灾害防治理论和技术方法。加强地质灾害防治技术培训和技术服务工作,及时将实用、先进的技术方法应用于防灾减灾实践。对一时难以实施搬迁避让的地质灾害隐患点,各地区要加快开展工程治理,充分发挥专家和专业队伍的作用。

(2)科学设计,精心施工,保证工程质量,提高资金使用效率。各级国土资源、发展改革、财政等相关部门,要加强对工程治理项目的支持和指导监督,重点加强地质安全隐患识别探测技术、地质灾害成因机制与破坏模式分析和灾害风险判别等方面的研究,整合集成地质灾害信息平台、监测预警与应急处置集成和防治工程组合化技术。

第十章　生态文明视角下我国地质矿产工作结构转化与空间布局的建议

改革开放近 40 年来,压缩式的工业化、城市化进程,在推动我国经济社会快速发展的同时也给资源、环境和生态造成了巨大压力——资源约束趋紧、环境污染严重、生态系统退化、气候变化问题突出、地质灾害频发等。当前,地质科学研究更加注重地球系统科学的理论与方法,更加强调自然科学与社会科学的战略融合,突出为生态文明、社会可持续发展服务的宗旨。为保护地球我们共同的家园,世界上许多国家在积极开展节约资源能源、提高资源能源效率的同时,也在积极开发利用高效洁净的新兴能源和低碳新材料,最大限度地优化能源结构和产业结构。

第一节　我国地质矿产工作的未来定位与定向分析

地质矿产工作要更加紧密地与国民经济和社会发展相结合,贯彻落实"创新、协调、绿色、开放、共享"五大发展理念,强化市场、全球化理念,以全球视野、地球系统科学理念谋划地质矿产工作。加强面向整个生态系统的地球系统科学理论与应用创新,重点通过多学科、跨领域联合攻关,强化对地球系统包括无机和有机组分及其相互影响规律的整体把握,倒逼地质矿产工作转型升级;统筹考虑资源地质工作、环境地质工作与生态地质工作的协调平衡,为新型城镇化、工业化、信息化、农村现代化建设提供基础支撑;加强并拓展环境地质工作,以自然生态系统和环境保护为核心,优化地质矿产工作结构和布局,推动地质矿产工作绿色发展;加强国际合作与国际接轨,以提出全球性资源环境问题的中国解决方案为重点,提升地质矿产工作的国际化水平;加强地质调查基础数据共享平台的建设,构建高效的地质调查成果服务体系;加强体制机制创新,以地质矿产工作业务管理体系调整与优化为参照做好人才保障和智力支持。

根据地质矿产工作的定位,结合十八大报告建设生态文明的要求,未来地质矿产工作的发展方向如下:

(1)大力推动能源、矿产资源找矿突破,为国家资源安全和低碳发展作贡献。全力配合国家找矿突破战略行动,加强能源、重要矿产资源地质调查,特别要加强页岩气、天然气水合物、地热等非常规清洁能源和"三稀"矿产、重要非金属等新兴产业矿产资源的调查。

(2)加强"一带一路"基础地质调查与信息服务,为推动中国与周边国家的经贸合作和资源合作作贡献。深入做好国内相关区域的地质调查工作,摸清、掌握相关区域的相关地质信息。同时,还要采集重要矿业投资目标国地质矿产信息,逐步建立、完善综合信息服务平台。

(3)优化地质矿产工作资源配置,为区域发展、产业发展和主体功能定位作贡献。我国各省域发展程度不同,面临的资源环境问题不一样;县域是主体功能区的基本单元,资源环境承载力、开发强度、未来发展潜力和功能定位不一样;不同产业资源消耗和污染强度也不一样。地质矿产工作要根据不同区域和不同产业的特点,投入不同的工作任务、经费和时间,提升服务能力。对于城市化地区、农业主产区、生态保护区、海洋等不同区域,工作重点不一样。

(4)提高土地、矿产等国土资源节约利用水平。对于矿产资源,地调工作可以通过对不同种类矿山相关基础信息的调查、评价,分门别类的制定相关政策、法规,引导矿山企业提高矿产资源回采率、选矿回收率和综合利用率,提高资源利用效率和资源开发利用的社会经济效益。对于土地资源,通过规模引导、布局优化、标准控制、市场配置、盘活利用等手段,达到节约土地、减量用地、提升用地强度、促进低效废弃地再利用、优化土地利用结构和布局。

(5)加强自然资源与生态环境的综合调查和管理。运用地球系统科学等综合手段和技术,加强土地、水、森林、矿产等自然资源和生态环境的综合调查与监测,加强自然资源和生态空间确权管理,建立有偿使用机制和统一有效的不动产产权市场,加强核算与考核。

(6)大力推进生态修复与生态重建。强化绿色矿山建设、强化土地复垦等环境保护和重建工作,不断提高矿山绿色文明和废弃地土地复垦治理,促进国土资源优化利用、促进矿地和谐。

(7)建立资源环境、生态和数量、质量、效益多位一体的地质矿产工作技术支持体系和地球系统科学与学科体系。

第二节 我国地质矿产工作结构转化的建议

对当前国内外矿业和地勘市场严重萎缩的形势,地勘单位必须做出相应的调整,延伸产业链条,加快转型升级步伐,才能在未来的发展中赢得主动。要调整找矿方向,避开产能过剩的矿产资源领域,加强非常规能源(如页岩气、煤层气、页岩油、天然气水合物等)和新型资源(如锂、锗、铟、石墨等)的矿产勘查。向"大地质、大国土"拓展,主动适应经济社会发展需要,拓宽专业服务领域,在做优传统地勘产业的同时,不断向城市地质、农业地质、环境地质、旅游地质、灾害地质等方面延伸,在城市地下综合管廊建设、环境治理、地质灾害应急排查等领域发挥专业技术作用。同时,大力发展新兴产业,坚持勘查开发一体化,不仅要加强地质找矿工作,同时也要进行矿业开发,这样才能为地勘经济长远发展提供有力支撑。结合前文论述及我国地质矿产工作面临的形势,具体的地质矿产工作结构转化建议如下。

一、地质矿产工作观念和地质科学学科体系的转化

温家宝在中国地质学会80周年纪念大会讲话时强调,必须实现传统地质矿产工作向以"地球系统科学"为核心内容的现代地质矿产工作转变。地质矿产工作要牢固树立"为生态文明建设服务"的核心观念,为保障资源供给、控制环境污染和保护生态作贡献。要积极践行"创新、协调、绿色、开放、共享"五大发展理念,主动实现地质矿产工作理念向"大地质观、大资源观、大生态观"转化。即从传统地质矿产工作思想向以"地球系统科学"为核心内容的现代大地质矿产工作理念转化;从以资源保障为主的理念,向资源、环境、灾害防治并重的多目标、多功能的地质矿产工作理念转化;由狭义资源观、资源产业观的资源利用理念向资源生态观转化,由数量管理、质量管理的资源管理理念向生态管理理念转化。

目前,我国地质教育体系完整,规模扩大,实现了由单一学科向多学科转化,由主要面向行业向立足行业面向社会办学转化,由规模较小向规模较大实力增强转化;未来的转化方向为建

立以"创新能力"和服务社会公众为核心的地质人才培养体系,即围绕创新能力,建立起大学前、大学间、大学后、社会层面完整的地质人才培养体系。

地学学科转化要围绕地学领域的国际前沿问题、重大基础地质问题、重大地质找矿问题和制约经济社会发展的重大地质问题开展;20世纪80年代到21世纪初的20年间,地质学科已由矿床地质、工程地质、岩溶地质、探矿工程、勘探地球物理、勘查地球化学向环境地质、旅游地质、农业地质、地质灾害、数学地质、城市地质等一大批新兴学科转化;未来地质学科将不紧紧围绕社会经济发展需求转化,还围绕服务生态文明建设转化,具体向大陆动力学、洁净煤地质、核地质、地热地质、纳米地质、灾害地质、非常规油气等紧跟世界地质学科发展潮流又关乎民生的学科领域转化。

二、地质矿产工作内容的转化

基础地质工作领域,由以基岩填图为主的"单一"调查内容拓展到森林、沼泽、湿地、海岛、海岸带等特殊地质地貌区填图的全覆盖转化;调查方式由以"网格式"为主向以"目标式"为主转化;调查手段和用途由单一向综合转变;地质成果表达与服务由二维向三维、四维转化。

矿产地质工作领域和工作重心逐步由铁、铜、铝等大宗矿产逐步向"三稀"、重要非金属等优势矿产、新兴矿产转化;由常规油气调查向非常规、清洁能源调查转化,重点加强页岩气、地热、天然气水合物、地热能等的调查评价;由单矿种、单元素调查评价向多矿种、多元素兼探和综合评价、节约和综合利用调查评价转化;加强矿床、矿山生态地球化学调查研究和监测,加强自然资源不动产确权统一登记,加强自然资源有偿使用,加强矿产资源资产负债表管理考评。

水工环地质工作领域,在加强传统水工环调查研究的同时,要着力拓展与人类生存密切相关的城市群、重要经济区带和生态功能区等领域的调查评价。开展水循环、荒漠化、石漠化、湿地等与生态环境的相关性研究,加强全球气候演化与变化规律研究等。加强地下水、地质灾害监测预警体系建设,由事后应急向事前预警转化,由被动治理向主动预防转化。

三、地质矿产工作对象的转化

传统的地质矿产工作对象主要是矿藏,主要目的是保障国家资源能源供给;新形势下,要求地质矿产工作对象由传统的矿藏向大气、水、海洋、土地、森林、草地、湿地、野生生物、自然遗迹、人文遗迹、自然保护区、风景名胜区、城市和乡村等影响人类生存和发展的各种天然或经过人工改造的自然因素对象转化,通过对这些对象的调查、监测、评价,提供真实资料数据,服务国家宏观决策、服务国家经济建设、服务社会公众需求。为"保护国土资源、节约集约利用国土资源、尽心尽力维护群众利益"提供坚实的基础支撑,为保障经济社会可持续发展做出贡献。

四、地质矿产工作组织结构的转化

由原来以地质找矿为主的企业、事业单位发展为地质找矿、城市地质、农业地质、环境地质、生态地质、海洋地质等并重的多业务企业、事业单位;由原来的以基础地质工作、矿产地质工作、水文地质工作、工程地质、环境地质、地球物理、地球化学、地质测量、地质钻探等为主要业务的工作队伍向以农业工程、地理工程、生态工程、水利工程、环境工程、市政工程和计算机工程等为主要业务的工作队伍转化。

五、地质矿产工作技术方法的转化

（1）地质矿产工作技术创新式转化。积极落实地质科技体制改革各项政策，推进体制机制创新；精心组织实施地质科技支撑计划和"一带一路"基础地质调查计划，培养高层次优秀科技人才；围绕项目实施、科技创新、联合攻关、实验室建设等开展务实合作；加强对地球系统科学计算、信息获取、地理信息系统技术、空间定位技术、地球系统数字等技术方法的应用；加强科研实验基地、重点实验室、工程技术中心、野外观测基地、科普基地等科技平台建设，促进地质科技创新发展。

（2）地质矿产工作技术开放式转化。加强国际科技合作与交流，重点推进天然气水合物勘探开发、三维地质填图、监测预警、大数据云计算等国际合作，引进国外先进技术方法，组织开展国际地球化学填图、境外数字化填图、无人机航空物探、中俄蒙哈韩五国编图等地学合作。

（3）地质矿产工作技术绿色式转化。积极推进"绿色勘查""绿色开发"。积极采用新技术新方法，尽最大努力减少勘查活动对生态环境的破坏，比如推广应用浅钻取样技术替代地表槽探，避免地表开挖对山体、草场、树木、农作物等的破坏。勘查活动后，加强对工作场地的及时恢复治理。采用先进开采技术，加强对矿山矿产资源的综合利用，努力做到矿渣、废水的零排放、零污染，建设"绿色矿山""和谐矿区"。

（4）地质成果协调、共享式转化。信息技术正快速渗透进地质矿产工作的各个领域，并开始发挥重要作用，这为实现跨部门信息共享和业务协同化发展，全面推进地质矿产工作的现代化提供了机遇。以社会化服务为目标，以实现地质调查主流程信息化为主线，以基础地质数据库建设为核心，以信息化基础设施建设为保障，全面推进地质调查信息化与资料服务工作，为经济社会发展提供重要支撑；随着网络互联不断延伸，地质调查信息化标准体系初步形成，传统地质资料信息服务体系进一步完善，现代地质资料信息服务加速发展。

（5）建立信息集群服务体系。建设国家地质信息资源一站式服务门户及服务结点网站集群，形成以中国地质调查局发展研究中心（全国地质资料馆）为主结点，大区中心和专业中心为骨干结点，省级地质资料馆藏机构、省级公益性地质调查单位、行业部门为基础结点的地质资料信息服务集群体系。结合各单位职能和业务发展方向，建立互联共享机制，制定集群服务政策，形成信息资源合理布局、分级服务、上下联动的地质资料信息服务新局面。

六、地质矿产工作管理模式的转化

地质矿产工作管理模式企业化转化，遵循市场经济规律，深化地勘单位改革，建立企业化管理体制和模式。

推动公益性地质矿产工作与商业性地质矿产工作融合发展，建立由政府主导、社会参与的管理模式。

在工作机制创新方面，建立专家咨询和科技议事制度，成立局、队两级专家库，完善重大科技立项、重大科技投入、重点项目评优的决策机制；建立科技人员贡献与报酬挂钩的分配机制；建立科技项目联合攻关机制，加强和大专院校、科研院所的合作。

第三节　我国地质矿产工作空间布局的建议

地质矿产工作空间布局要以服务于国家经济建设为目标,依据国家出台的相关建设规划,按照主要经济区、主体功能区、城市群等进行地质矿产工作空间布局优化。同时,还要针对各区域地质矿产工作的区情,结合各区域的资源禀赋、地质环境,进行地质矿产工作的空间布局,相应安排地质矿产工作的重点。

一、我国主要经济区域地质矿产工作的空间布局建议

1. 东部地区以加强生态环境保护、增强可持续发展能力为基本任务,加强基础地质调查

东部地区经济发达、人口密集,工业化、城镇化程度高,环境受损严重。长期高强度的经济活动使东部地区已经接近或超过其资源环境承载力,资源环境问题已经成为影响经济社会可持续发展的重要因素,传统高消耗、高污染行业向内陆和腹地转移遗留下来的资源环境问题逐步显现,需要加强地质调查与环境污染治理修复;东部发达地区居民生活水平的提高,对生态环境和宜居程度有更高的要求。

因此,东部地区地质矿产工作空间布局的重点是要以加强生态环境保护、增强可持续发展能力为基本任务,加强基础地质调查。

2. 中部地区要以加强矿产资源调查评价为主,同时开展地下水、地质灾害等多目标地质环境调查评价与监测

中部地区是我国重要的能源与原材料基地,由于长期不科学、过度开采,矿区普遍产生了地表沉陷、环境污染、地下水干枯等矿山环境问题,不仅影响矿区的可持续发展,而且严重影响周边地区的发展。中部地区存在着由争夺土地资源和水资源引发的城镇化建设和粮食供给之间的矛盾。中部地区是我国大江大河和湖泊的密集区,河流、湖泊、土壤污染较为严重,区域环境问题突出,中部地区的主要发展特点为经济发展较快,资源消耗增长快,人地关系较为紧张。

因此,中部地区地质矿产工作的主要布局为:以矿产资源调查评价为主,同时开展多目标地球化学调查与环境调查评价、地质灾害调查评价与监测,包括矿山城市、生态地质环境调查及缺水地区地下水调查评价。

3. 西部地区以生态屏障建设和自然资源开发为重点,加强地质找矿突破,成为我国资源接替区与矿产资源后备勘查基地

西部地区位于我国地理第一级和第二级阶梯,是我国重要的生态屏障和水源涵养区,但是生态环境非常脆弱,崩塌、滑坡、泥石流等地质灾害严重威胁着当地居民生命财产和交通运输的安全,成为制约当地经济发展的重要因素;西部地区近年来发现了很多大型、特大型矿产地,是我国重要的资源矿产接替基地。西部地区的主要地质特点为资源相对富集,缺水严重,生态脆弱。

因此,西部地区的地质矿产工作布局为:全面加强提高基础地质调查,加快矿产资源调查

评价,提供一批资源接替区和重要矿产资源后备勘查基地,推进地质找矿突破;加强地质灾害监测与预警、干旱和缺水地区水资源调查评价。

二、我国地质矿产工作主体功能区的空间布局建议

我国地质矿产工作主体功能区空间布局的总体思路:贯彻落实区域发展总体战略与主体功能区战略,按照区域主体功能定位和发展内容,确定城市化地区、农产品主产区和生态功能区地质矿产工作的服务方向与重点任务,形成与城市化、农业发展和生态安全格局相适应的地质矿产工作空间布局,推动制约各类主体功能区建设的重大地质环境问题的解决,推进各地区主体功能的强化和提升,具体如下。

1. 城市化地区地质矿产工作布局

东部地区[①]城市化水平最高,城市化面积占行政区域土地面积的30%左右;中部地区城市化水平其次,城市化面积占行政区域土地面积的20%左右;西部地区城市化水平较低,只有10%左右。

在东部城市化地区,地质矿产工作要以服务环境污染治理与生态修复、提升城市资源环境承载力为重点,为建设生态宜居城市提供基础地质资料。具体为京津冀、长三角、珠三角城市群等城市化地区,服务国家东部优先开发战略,重点开展水土污染调查,摸清地下水和土壤污染状况,推进地下水和土壤污染治理,提高区域地质环境承载力;开展城市适宜性评价,服务城市地下空间优化与城市土地资源节约集约利用,为重大工程建设提供保障;完善地面塌陷与地面沉降、地裂缝、海水倒灌等地质灾害的监测网络,提高城市地质灾害防治与监测水平;开展城市资源环境承载力调查评价,以提升城市宜居水平为主要目标,服务城市化建设与城市生态文明建设。

中部城市化地区,地质矿产工作要以服务城市化建设与找矿突破战略为重点,加强矿区地质环境治理与修复、地质灾害防治,服务国家中部崛起战略;中部地区的长江中游地区,包括安徽省、江西省、湖南省、湖北省4个省的主要城市与地区岩溶塌陷、湖泊生态退化、矿山环境问题突出,需要对活动断裂、岩溶塌陷等地质问题进一步开展地质勘查,合理确定地铁线路、过江通道位置和过江方式,支撑过江通道、高铁的规划和建设;太原经济圈、中原经济区等老矿山或资源枯竭型城市面临资源枯竭和绿色转型问题,传统资源开发利用方式带来的地质环境问题突出,固体废弃物存量巨大,矿山环境污染严重,迫切需要加强矿山环境地质调查,促进矿区或资源枯竭型城市绿色转型;长株潭城市群核心区工程地质条件以及存在的岩溶塌陷、砂土液化等工程环境地质问题,需要加强对工程建设、核心区地下空间开发的适宜性进行评价并提出对策建议。

西部城市化地区,贯彻国家西部大开发战略,要以工程地质和地质灾害调查为重点,保障城市经济可持续发展和城镇安全建设。其中,成渝、黔中、滇中地区,包括重庆市、四川省、云南省、贵州省4个省(直辖市)崩塌、滑坡、泥石流点多面广、高发频发,局部地壳稳定性差,活动断

[①] 东部地区包括:北京市、天津市、河北省、山东省、江苏省、上海市、浙江省、福建省、广东省、海南省、辽宁省、吉林省、黑龙江省;中部地区包括:山西省、安徽省、江西省、河南省、湖北省、湖南省;西部地区包括:云南省、贵州省、四川省、重庆市、广西壮族自治区、甘肃省、青海省、宁夏回族自治区、西藏自治区、新疆维吾尔自治区、陕西省、内蒙古自治区。

裂发育,需加强工程适宜性评价与地质灾害调查评价,以减少重大工程建设对脆弱地质环境的再破坏;继续加强成渝、黔中地区非常规页岩气的地质勘查与开发评价,服务我国能源结构优化,践行绿色发展理念;呼包鄂榆、天山北坡地区重点开展煤炭富集区生态地质调查和环境地质调查,加强新发现矿产地煤炭开发主体功能适应性评价。

2. 农产品主产区地质矿产工作布局

东部农产品主产区[①],要以土壤地球化学调查和水土污染防治为重点,保障粮食主产区生产安全,保障18亿亩耕地"生态保护红线"政策的实施,服务城镇化与生态文明建设。具体为:①东北平原主产区部分黑土区水资源短缺、长期大面积耕种导致水土流失和土壤肥力退化现象较为严重,地质矿产工作要加强东北地区部分粮食主产区的水文地质勘查工作,助力水库等水利设施的升级改造,建立并完善地下水、地表水、土壤污染防治监测网,开展土壤地球化学调查,推动东北粮食主产区耕地质量的修复与提升,服务粮食生产安全;②黄淮海平原主产区水资源匮乏,地下水开发超采现象突出,土壤盐碱化较为严重,地质矿产工作需要加强黄淮海粮食主产区水文地质扶贫工作与土壤地球化学调查工作,为解决粮食生产用水、土壤恢复治理提供基础地质资料;黄淮海地区是南水北调工程的终点,要加强开展南水北调对流域地下水的影响评价;③长江下游平原主产区,继续发展绿色农业和特色农业,需要加强土地质量地球化学调查工作,寻找富硒土壤,服务地方农产品生产;④华南沿海主产区,是我国主要水产品产业带,地质矿产工作要加强对海水入侵地下水的调查评价,加强海水倒灌等海洋地质灾害防治。

中部地区农产品生产区[②],主要包括长江中游、汾渭平原农产品主产区,要重点开展土壤地球化学调查和水土污染保护与修复。在湘鄂农产品生产地区需要加强地质灾害调查,开展土壤地球化学调查,助力特色农业;在山西、安徽等煤炭资源富集区要加强资源开发对农产品生产的调查评价。

西部地区农产品生产区[③],河套灌区主产区的土壤盐碱化问题突出,水资源较为匮乏,地质矿产工作要加强土壤盐碱化调查,为土壤盐碱化修复提供基础地质资料,同时加强水文地质找水扶贫工作,保障粮食生产、人畜饮水量与饮水质量;甘肃、新疆主产区,地理位置特殊,位于干旱与半干旱地区,农业种植区主要分布于准格尔盆地、河西走廊的边缘绿洲地带,地质矿产工作要致力于沙漠绿洲的环境保护,加强土壤荒漠化防治,加强地下水污染防治与保护,保障农作物生长与人畜饮水的安全。

3. 生态功能区地质矿产工作布局

东部地区的三江平原湿地生态功能区,需要加强水文地质工作调查,开展湿地固碳工作调查评价,加强工业开发、农业开发、城市开发对湿地环境影响评价调查;在东北地区的大小兴安岭、长白山森林生态功能区,加强工程地质工作、农业地质工作,评估重大工程建设、农业开发对森林资源的环境影响;加强林区矿产资源勘查开发管理,开展林区矿产资源开发适宜性评价,助力林业资源与矿产资源的协调发展。

---

① 主要包括东北平原主产区、黄淮海平原主产区、长江下游平原主产区、华南主产区。
② 主要包括汾渭平原农产品主产区、长江中游农产品主产区。
③ 主要包括河套灌区主产区、甘肃新疆主产区。

中部地区，在黄土高原生态区，水土流失严重，草场退化，土地荒漠化较为严重；为保持土壤，延缓草场退化，地质矿产工作需加强对黄土高原生态区地质环境调查评价，同时开展防风固沙重要性评价，保障生态功能区生态系统稳定；在长江中游生态区，洪涝灾害较为严重，需加强对地表水，如湖泊、江河水资源承载力调查与评价，保障地区生态安全，为地区制定洪水调蓄政策提供基础地质资料。

西部地区地处我国地理第一级和第二级阶梯，是我国重要的生态屏障和水源涵养区，但是生态环境脆弱，泥石流、滑坡等地质灾害严重威胁着当地居民的生命财产安全和交通运输安全；在重要河流的水源地，加强水环境保护与治理，促进水源涵养，加强长江上游流域包括四川岷江上游、嘉陵江干流中下游、金沙江干流等的主要环境地质问题调查，对生态环境质量等级存在的问题进行分析评价；在主要生态旅游区，需要加强旅游资源调查评价，建立并完善地质遗迹调查保护与规划，服务地质公园、湿地建设。在生态自然保护区，地质矿产工作要加强对生态保护区地质环境脆弱性评价，加强对生态保护区水土资源的环境监测，为促进物种多样性，维护生态系统稳定提供地质资料；在少数民族聚居的贫困山区，加强地质扶贫工作，解决人畜饮水困难，保障地方粮食生产；在生态功能区找矿方面，需要加强对生态功能区矿产资源勘查开发的适应性评价，在服务我国资源能源供给稳定的前提下，保证生态功能区生态系统和环境的稳定。

三、我国地质矿产工作在水资源方面的空间布局建议

聚焦中西部贫困地区，尤其是西南少数民族聚居地，加强水文地质扶贫工作，围绕精准脱贫战略，解决好农田灌溉"最后一千米"问题，为实施"农村饮水安全巩固提升工程"战略提供地质资料。地下水勘查需紧紧围绕农村饮水安全、农田灌溉保障、防洪抗旱减灾、水资源开发利用与节约保护、水土保持生态建设与农村水电开发，补齐贫困地区水利基础设施短板。

在水污染治理方面，"十三五"规划期间的主要任务是推进东北三江治理、进一步治淮、太湖水环境综合治理骨干工程等大江大河大湖治理。加强大江大河大湖等地表水监测，完善水污染防治网络与体系，对已污染水域进行修复治理。

在水利工程建设方面，"十三五"规划期间的主要任务是加快西江大藤峡、淮河出山店等控制性枢纽建设，新开工一批骨干控制性工程、重点水源工程，在中西部地区建设一批跨流域、跨区域引调提水工程。地质矿产工作要加强对水域重大控制枢纽性建设的适应性评价，减少工程对生态环境的破坏。针对跨流域引调提水工程，水文地质工作要着力加强引调水对当地地质环境的影响调查评价。

在防洪涝灾害方面，水利"十三五"规划明确要开展海绵城市建设，统筹城市蓄水设施、排水管网、排涝泵站、堤防护岸建设，合理布局建设一批重点水源工程和重大城镇供水工程，开展城市节水综合改造示范，加大截污控源、中水利用、雨污分流、清淤保洁和岸线整治力度。地质矿产工作在服务国家海绵城市建设方面，需要加强城市地质工作，开展土地资源节约集约利用、城市地下空间适宜性评价，加强城市地质环境调查评价，通过测绘，建立并完善、更新城市地质信息库，加强三维地质结构调查与评价，助力"海绵城市"建设。

四、我国地质矿产工作在土壤方面的空间布局建议

在土壤污染防治方面，《全国土壤污染公报》显示，从污染分布情况来看，南方土壤污染重

于北方;长三角、珠三角、东北老工业基地等部分区域土壤污染问题较为突出,西南、中南地区土壤重金属超标范围较大;镉、汞、砷、铅4种无机污染物含量分布呈现从西北到东南、从东北到西南方向逐渐升高的态势。依据土壤污染空间布局,地质矿产工作要采取点面结合方式促进土壤污染治理修复,防治土壤污染。具体为:

(1)南方地区优先加强土壤地球化学调查,开展土壤污染修复,针对土地资源的不同用途,以地球化学工程为主,研究土壤污染修复机理和方法,研究制定经济、有效和适用的地球化学治理技术及修复标准。

(2)在长三角、珠三角、东北老工业基地等重金属污染严重的区域,加强基础性、公益性地质矿产工作,应用生态地球化学理论和方法,加大土壤重金属污染治理,为建设生态文明提供坚实支撑。

(3)西南、中南地区土壤重金属超标区域,主要是由于重金属矿山开采的尾矿及废水、废渣进入土壤,地质矿产工作要研究不同类型矿床矿石矿物、围岩、土壤、水体、水系沉积物、尾矿坝等不同地质体中有害元素含量、组合特征及其赋存状态,研究采冶过程中元素的迁移转化规律,查明影响元素活化的主控因素,评价有害元素由内生作用到表生作用、从自然过程到矿山采冶等不同阶段的环境效应,建立监测预警体系,为矿产资源的科学利用提供科学依据。

(4)其他重金属污染较轻的地区,要继续加强开展土地质量与生态地球化学评价,主要研究影响土地质量和生态安全的地球化学因素,建立不同尺度的评价方法技术体系,为土地资源科学规划利用与保障耕地质量安全提供依据。

总体上,在土壤方面,地质矿产工作布局要继续加大生态地球化学监测及预测预警体系研究,研究土壤重金属元素时空演化规律及控制因素,建立环境质量评价、生态风险评估和预测预警模型,提出降低土壤重金属生态风险和阻断危害措施。

五、我国地质矿产工作在森林资源方面的空间布局建议

《林业发展"十三五"规划》中将林业布局如下:以国家"两屏三带"生态安全战略格局为基础,以服务京津冀协同发展、长江经济带建设、"一带一路"建设三大战略为重点,综合考虑林业发展条件、发展需求等因素,按照山水林田湖生命共同体的要求,优化林业生产力布局,以森林为主体,系统配置森林、湿地、沙区植被、野生动植物栖息地等生态空间,引导林业产业区域集聚、转型升级,加快构建"一圈三区五带"的林业发展新格局。

地质矿产工作以服务森林保护为基础,以促进林业生态文明建设为目标,依据林业发展规划具体的空间布局如下:

(1)"一圈"为京津冀生态协同圈,因地处北方农牧交错带前缘的生态过渡区,生态极为脆弱,长期的过度开发、地下水超采,造成生态空间严重不足,生态承载力已临近或超过阈值,大气污染、土地退化、人口资源环境矛盾凸显。地质矿产工作布局的主要建议为:①以扩大环境容量和生态空间为目标,开展生态承载力调查评价;②加强水源地、风沙源区和环渤海盐碱地生态治理,积极开展"一圈"内地质环境调查监测;③服务首都国家公园、森林公园、湿地公园建设,需要加强区域地质遗迹、地质公园建设规划,加大区域旅游资源调查评价。

(2)"三区"为东北生态保育区、青藏生态屏障区、南方经营修复区,作为我国国土生态安全的主体,是全面保护天然林、湿地和重要物种的重要阵地,也是保障重点地区生态安全和木材安全的战略基地。在东北生态保育区、青藏生态屏障区,要加强对矿产资源勘查与开发利用适

应性的评价;针对保育区、生态屏障区已开发的矿区,要加强矿区地质环境调查,加强地质灾害防治;开展矿区地下水与土壤防污染监测,减少矿产资源开发对林地地质环境的影响。南方经营修复区,主要任务是加快退耕还林,治理水土流失,防治石漠化。地质矿产工作要着力加强水土流失调查监测,开展土地石漠化调查监测。

(3)"五带"为北方防沙带、丝绸之路生态防护带、长江(经济带)生态涵养带、黄土高原-川滇生态修复带、沿海防护减灾带。

北方防沙带主要地质环境为干旱缺水,土壤瘠薄、次生盐渍化严重,林草植被覆盖率低,生态非常脆弱,是我国主要的风沙策源区和灾害严重区。重点开展水文地质工作,致力找水扶贫,保障农业生产与人畜用水;开展土壤盐渍化调查,采用生态地球化学方法进行土壤修复;加强生态脆弱性评价,地质灾害调查监测,保障地方经济发展。

丝绸之路生态防护带,东段以湿地保护为重点,保护和修复淮河中下游河湖湿地;中段侧重山地水土流失治理和水源地保护,加强山地生态修复,增加森林植被,提高森林质量;西段以防沙治沙和绿洲防护为重点,构建乔灌草相结合的防护林体系。服务区域国家公园、自然保护区、森林公园、湿地公园、沙漠公园建设,需要建立并完善地质遗迹数据库,编制了地质公园总体规划和年度计划,并以此为指导开展园区内地质遗迹保护与管理工作;开展土壤地球化学调查评价,为利用充足的土地、光热条件发展特色林果业提供地质资料。

长江(经济带)生态涵养带主要地质环境为坡耕地多,人均耕地少,森林、湿地、山地草场、生物物种和水资源极为丰富,武陵山地是我国乃至全球生物多样性最丰富的地区之一,长江中下游湖泊群是我国重要的淡水湖泊湿地集中分布区和候鸟栖息地与驿站。在全面提高自然保护区管理系统化、精细化、信息化水平,优化保护区空间布局的基础上,要加强对自然保护区地质环境的调查与评价,为保护生物多样性、筑牢生态安全屏障、确保生态系统安全稳定和改善生态环境质量提供基础地质资料。长江上游各省、自治区,生态系统比较脆弱,地质矿产工作要对这些地区生态系统脆弱性进行调查与评价研究,尤其是对西部及西南部地区自然保护区的研究。

黄土高原-川滇生态修复带的黄土高原东西长千余千米,是世界上黄土覆盖面积最大的高原,气候干旱,降水集中,植被稀疏,水土流失非常严重;横断山脉南北纵贯900余千米,是全球生物多样性热点地区,东西骈列,江河并流,山高谷深,古冰川侵蚀与堆积地貌广布,重力作用致山崩、滑坡、泥石流乃至地震频繁,水土流失严重,生态十分脆弱。要加大生态区水土流失综合治理,开展重要生态区域的水、土保护治理工作,实施了点(面)源污染控制、生态恢复,实现生态区旅游开发与生态保护双赢。

沿海防护减灾带纵贯我国热带、亚热带、温带3个气候带,主要地质环境自然条件多变,生态系统多样,灾害性台风、赤潮、海啸和风暴潮频发。地质矿产工作要开展海洋地质灾害防治,针对海水入侵地下水、赤潮等地质灾害进行监测;开展湿地生态系统碳容留量及增汇固碳的调查与评价研究,尤其是红树林生长茂盛、固碳能力相对较高的沿海地区,对于积极保护与合理利用湿地资源、降低全球碳排放含量、促进区域经济发展具有重要意义。

六、我国地质矿产工作在大气资源方面的空间布局建议

当前,我国大气污染形势严峻,以可吸入颗粒物(PM_{10})、细颗粒物($PM_{2.5}$)为特征污染物

的区域性大气环境问题日益突出,损害人民群众身体健康,影响社会和谐稳定。随着我国工业化、城镇化的深入推进,能源资源消耗持续增加,大气污染防治压力继续加大。地质矿产工作在大气污染防治的进程中发挥着重要的作用。地质矿产工作支持大气污染防治的原则,应贯彻《大气污染防治行动计划》的文件精神,从矿产能源结构优化、大气污染物控制等方面进行空间布局。

(1)矿产能源结构优化方面。在新常态下,国家对能源资源保障的需求变化,对矿种的需求倾向性更加明显,为减少大气等环境污染,减少对煤炭资源的依赖,加大特别是页岩气、煤层气等非常规清洁能源勘查开发的支持力度,加大对铀矿、地热、浅层低温地热等新型能源的地质勘查。东部地区,如京津冀、长三角、珠三角等经济发达人口密集的城市群,应大力推进清洁能源的开发和利用,限制或禁止一些传统高污染、高碳能源的使用,从根本上防止大气污染物排放在东部人口稠密地区。中部地区,如山西、河南、湖北、湖南、江西等矿产资源开发大省,应根据国家当前的矿产需求形势制订矿产开采计划,控制矿山的开采强度,防止开采后堆积的粉尘大面积污染大气。西部地区,如川渝、贵州、新疆、西藏等有着开发潜力的地区,大力推进低碳清洁能源的使用,推进西南山区页岩气的开采,同时优化矿产的开采模式,在开采过程中加强尾矿的无害化处理,防止大气污染物污染风源地。

(2)大气污染物控制方面。对于城市化地区,应以服务城市建设、重大工程施工为主要任务,结合施工区域的地理地质环境,合理布置工程的区域位置,保持大气污染物的有效疏通。对于矿区,应完善矿区大气污染物的监测系统,同时加强矿区废弃物的处理工作,避免矿区大气的污染及扬尘的扩散。对于荒漠化地区,应加强动态监测与调查评价,为加速荒漠化过程逆转提供基础地质资料。对于湿地地区,应针对CO_2、CO等温室气体及污染物的捕获和储存等相关工作的需求,加大对湿地增汇固碳的调查评价工作。

七、我国地质矿产工作在矿产资源方面的空间布局建议

围绕新型城镇化、工业化、信息化、农业现代化、绿色化的"五化"国家战略,依据区域资源禀赋、经济社会发展、资源环境承载力等,进行地质矿产工作在矿产资源方面的空间布局。

(1)东部地区。加大市场需求旺盛的铅、锌、锰、金、银、铜、石墨等矿产资源的勘查、开发与利用,保障国家资源供给。对资源丰富但需求量不大的钨、锑、锡、萤石、重晶石等优势矿产实施开采总量管控。在矿产资源开发前,对区域环境承载力及矿山环境扰动量进行评价,建立环境评价指标体系和技术标准,开展绿色矿业发展规划。通过矿山环境治理和生态恢复,实现矿产资源开发前后对生态环境扰动最小化和生态环境再造最优化。以"3S"技术、互联网以及最新的物联网技术为支撑,构建东部沿海长三角、珠三角、京津冀三大经济圈的区域矿产资源开发一体化网络,实现对区域内因矿产资源勘查开发而引发的生态环境污染的动态协同监测和联防联治。

(2)中部地区。矿产种类和储量总体比较丰富,以能源矿产和有色金属矿产为主,铁矿等非能源、非有色金属储量较少。因此,中部地区主要是发挥资源特色,攻深找盲。在矿山生态环境保护方面,研究制定区域,尤其是长株潭(长沙、株洲、湘潭)、武汉、河南中原城市圈地区的矿山生态环境保护方案;山西、河南等省,应加强采煤沦陷区治理,加强地质旅游资源建设,实现保护资源和保障发展的统一;中部地区要充分利用国家中部崛起战略和建设国家资源型经济转型综合配套改革试验区的机遇,推进绿色矿山建设,实现资源型城市或矿区经济可持续

发展。

（3）西部地区。矿产资源主要富集地区,也是生态环境承载力脆弱、经济欠发达地区。加大矿产资源勘查、勘探力度,促进西部地区资源经济发展是地质矿产工作的重点。另外,西部地区生态环境较为脆弱,在经济发展过程中,要大力发展能源矿产资源节约型的特色优势产业。在矿山生态环境保护方面,应加大对矿山生态环境保护力度,稳步推进矿山土地复垦,增加矿山地质环境治理恢复保证金的缴存基数,加强实施矿区生态补偿政策,进行和谐矿区示范基地建设;强化矿山尾矿库的无害化处理,推动西部地区绿色矿山建设,形成矿产资源开发、经济发展和生态环境保护的良性循环。

（4）在具体能源矿产方面,围绕我国工业化需求重点进行新型油气资源和铀矿资源的调查。包括南方页岩气基础地质调查、新能源等矿产地质调查、全国油气资源战略选区调查以及北方砂岩型铀矿调查评价,保障新型城镇化、工业化能源供应。

第一,常规油气。调查重点是天山-兴蒙构造带油气基础地质调查,新疆退出区块油气基础地质调查,松辽盆地外围新区、新层系油气基础地质调查,羌塘盆地油气资源战略调查。全国油气资源战略选区调查重点是围绕塔里木-准噶尔盆山结合带新区新层系,班公-怒江构造带内伦坡拉、尼玛-措勤、中仓、洞措等盆地,松辽盆地外围火山岩新区新层系以及南华北地区新区上古生界开展"三气"调查,兼顾三叠系和鲁西隆起古近系页岩油气调查评价。

第二,页岩气。地质调查将主攻评价南方海相,促进重庆、川南地区的页岩气大规模商业化开发利用。探索突破北方陆相,重点部署四川盆地、武陵山、滇黔桂地区。

第三,天然气水合物。中国成为继美国、日本、印度之后,第四个通过实施国家计划成功取得海底天然气水合物样品的国家;布局的重点:在生成机理、成藏机理、迁移途径,以及影响它成藏的物理化学条件等方面加强理论研究;主攻方向:中国南海。

八、我国地质矿产工作在海洋资源方面的空间布局建议

在近海矿产与能源区应开展矿产能源资源勘查与潜力评价,特别是油气资源和天然气水合物的勘查,对优化我国能源资源开发利用布局,提高能源资源接替能力有着重要的意义。

在港口航运区、工业和城镇用海区,海洋地质工作应该以基础地质工作和水工环综合地质调查为主;开展近海基础地质调查,为完善我国海洋基础地质信息,维护国家海洋权益,提高资源保障能力作贡献;开展海岸带水工环综合地质调查;查明海岸带地质环境演化规律和人类活动对地质环境的影响,探索海陆相互作用的机制和影响因素,提出海岸带资源开发利用与生态地质环境保护对策建议。

在农渔业区、旅游休闲娱乐区、海洋保护区等区域则要以开展海岸带地质环境监测和地质灾害预警、环境保护、海洋生态治理为主,保证该区域内第一产业和第三产业的产值,以保证该区域生命及财产安全。

总体上,加强海洋地质科研和海洋地质规划研究。逐步形成我国创新的海洋地质勘查和资源开发的技术与装备体系。立足海洋基础地质、矿产地质及水工环地质现状,研究制订我国海洋地质工作中长期发展规划。

参考文献

白春礼.科技支撑我国生态文明建设的探索、实践与思考[J].中国科学院院刊,2013(2):125-131.
白文起.生态地质调查的实践与思考[J].资源与人居环境,2015(1):21-23.
曹蕾.区域生态文明建设评价指标体系及建模研究[D].上海:华东师范大学,2014.
陈瑾.跨省流域生态补偿的理论基础与深化思路[J].企业经济,2013(9):143-149.
陈军,成金华.中国生态文明研究:回顾与展望[J].理论月刊,2012(10):140-145.
陈龙乾,邓喀中,徐黎华,等.矿区复垦土壤质量评价方法[J].中国矿业大学学报,1999,28(5):449-452.
陈政治.当代水工环地质及岩土工程理论体系应用与发展[J].工程勘察,2010(S1):739-746.
成金华,陈军,李悦.中国生态文明发展水平测度与分析[J].数量经济技术经济研究,2013,30(7):36-50.
成金华,陈军,易杏花.矿区生态文明评价指标体系研究[J].中国人口·资源与环境,2013,23(2):1-10.
成金华,李悦,陈军.中国生态文明发展水平的空间差异与趋同性[J].中国人口·资源与环境,2015,25(5):1-9.
刁尚东,刘云忠,成金华.广州市生态文明建设评价研究[J].统计与决策,2013(17):61-63.
杜勇.我国资源型城市生态文明建设评价指标体系研究[J].理论月刊,2014(4):138-142.
鄂州市国土资源局.2006—2015年鄂州市矿产资源总体规划[EB/OL].(2014-11-12)[2016-12-08].http://www.ezlr.gov.cn/static_html/guotuguihua/kuangchanziyuanguihua/2014/1212/906.html.
樊杰,周侃,陈东.生态文明建设中优化国土空间开发格局的经济地理学研究创新与应用实践[J].经济地理,2013,33(1):1-8.
樊杰.主体功能区战略与优化国土空间开发格局[J].中国科学院院刊,2013(2):193-206.
范继涛,赵玉凤,张弘钧.矿产资源节约与综合利用助力生态文明建设[J].中国国土资源经济,2013(5):16-19.
范振林.矿产资源核算研究[J].中国矿业,2014(S1):20-23,86.
方创琳.中国城市发展格局优化的科学基础与框架体系[J].经济地理,2013,33(12):1-9.
方克定.不同时空条件的地质工作与经济发展需求[J].地质通报,2003,22(11):845-849.
冯聪.新形势下对于加强西藏地质工作几点建议[J].中国矿业,2015,24(S1):58-60,80.
高光大,王永志,屈红刚,等.矿产资源领域三项基本国情调查成果数据的综合集成与应用[J].吉林大学学报:地球科学版,2013,43(4):1292-1300.

耿殿明,姜福兴,谢从刚.综合评价矿区可持续发展的指标体系[J].中国煤炭,2003,29(3):25-28.

关凤峻.不断提高地质环境工作水平切实增强服务生态文明建设能力[C]//中华环保联合会,联合国环境规划署.第十届环境与发展论坛论文集.北京:中华环保联合会,2014.

关凤峻.加强地质环境保护服务生态文明建设[J].中国国土资源经济,2013(5):4-9.

管颖智,周进生.土地评价中地质灾害问题初探[J].资源与产业,2009,11(1):51-53.

郭佳,易继宁,李永胜,等.新常态下找矿突破面临的形势与对策建议[J].中国矿业,2015(9):13-16.

国家质量技术监督局.GB/T 17766—1999 固体矿产资源储量分类[S].北京:中国标准出版社,1999.

国土资源部.国土资源部关于推进土地节约集约利用的指导意见[N].中国国土资源报,2014-09-26(2).

国土资源部关于贯彻落实全国矿产资源规划发展绿色矿业建设绿色矿山工作的指导意见[J].国土资源通讯,2010(16):29-32.

国土资源部关于加强地质灾害危险性评估工作的通知[J].国土资源通讯,2004(6):4-11.

国土资源部关于进一步完善地质灾害报告制度的通知[J].国土资源通讯,2003(7):17-19.

国土资源部关于印发《矿产资源节约与综合利用"十二五"规划》的通知[J].国土资源通讯,2012(2):28-34.

国土资源部关于印发《全国地质灾害防治"十二五"规划》的通知[J].国土资源通讯,2012(21):21-31.

中华人民共和国国务院.国发〔2006〕4号 国务院关于加强地质工作的决定[J].中华人民共和国国务院公报,2006(7):27-32.

胡锦涛.高举中国特色社会主义伟大旗帜 为夺取全面建设小康社会新胜利而奋斗——在中国共产党第十七次全国代表大会上的报告[M].北京:人民出版社,2007.

胡锦涛.坚定不移沿着中国特色社会主义道路前进 为全面建成小康社会而奋斗——在中国共产党第十八次全国代表大会上的报告[M].北京:人民出版社,2012.

胡勇.优化国土空间开发格局的区域政策分析及绩效评价[J].国土资源科技管理,2015,32(4):72-76.

黄敬军,倪嘉曾,赵永忠,等.绿色矿山创建标准及考评指标研究[J].中国矿业,2008,17(7):36-39.

黄敬军,宋云飞,王玉军,等.金坛盐矿绿色矿山创建的主要考评指标研究[J].中国矿业,2010,19(2):79-81.

黄铿杰,梅金凤,王轲,等.煤炭矿区生态承载力评价指标及评价方法的探讨[J].资源与人居环境,2009(4):60-63.

黄勤,曾元,江琴.中国推进生态文明建设的研究进展[J].中国人口·资源与环境,2015,25(2):111-120.

黄秋香.矿区资源环境承载力评价指标体系及评价方法[J].矿业研究与开发,2009(1):62-64.

江泽民.全面建设小康社会 开创中国特色社会主义事业新局面——在中国共产党第十六次全国代表大会上的报告[M].北京:人民出版社,2002.

姜大明.土地公有制不改变 耕地红线不突破[N].中国县域经济报,2015-01-19(1).
姜大明.做好新常态下的土地督察工作[J].华北国土资源,2014(5):11.
姜大明.找准工作定位助推找矿突破[J].华北国土资源,2014(2):7.
蒋家振,冯怡.地质工作在生态文明建设中大有可为[J].中国国土资源经济,2014,27(9):15-17.
孔含笑,沈镭,钟帅,等.关于自然资源核算的研究进展与争议问题[J].自然资源学报,2016,31(3):363-376.
蓝庆新,彭一然,冯科.城市生态文明建设评价指标体系构建及评价方法研究——基于北上广深四城市的实证分析[J].财经问题研究,2013(9):98-106.
雷晓力,胡永达,张福良,等.新形势下我国矿产勘查工作的对策建议[J].中国矿业,2014(12):9-13.
黎敏,许群,周进生.会计与统计一体化视角下的矿产资源价值核算[J].中国国土资源经济,2012,25(9):37-39.
李金发.夯实地质工作基础服务生态文明建设[N].中国国土资源报,2015-05-19(5).
李金发.为生态文明服务的地质调查工作[J].资源环境与工程,2014,28(1):1-4.
李茜,胡昊,李名升,等.中国生态文明综合评价及环境、经济与社会协调发展研究[J].资源科学,2015,37(7):1444-1454.
李堂军,曹靖宇.矿区可持续发展评价指标体系与方法[J].山东矿业学院学报:社会科学版,1999(2):48-51.
李涛,廖和平,潘卓,等.主体功能区国土空间开发利用效率评估——以重庆市为例[J].经济地理,2015,35(9):157-164.
林燕华.生态文明助推国土资源工作[J].中国国土资源经济,2013(5):20-23.
刘传正,杨冰.三峡库区地质灾害调查评价与监测预警新思维[J].工程地质学报,2001,9(2):121-126.
刘海龙,潘运伟.我国地质公园的空间分布与保护网络的构建[J].自然资源学报,2010(9):1480-1488.
刘惠君,闫旭骞,林大泽.矿区生态系统健康现状模糊综合评价方法[J].中国安全科学学报,2009,19(12):154-158.
刘俊.地质工作在推进云南生态文明建设中的地位和作用[J].云南地质,2015(1):159-162.
刘明福,王忠远.习近平民族复兴大战略——学习习近平系列讲话的体会[J].决策与信息,2014(Z1):8-157.
刘孝斌.搞好矿山生态环境恢复治理建设宁武秀美家园[J].华北国土资源,2013(6):116-119.
刘焱序,王仰麟,彭建,等.基于生态适应性循环三维框架的城市景观生态风险评价[J].地理学报,2015,70(7):1052-1067.
刘云忠,成金华,陈军.中国地质工作发展与未来需求分析[J].中国地质大学学报:社会科学版,2006,2:28-32.
龙花楼,刘永强,李婷婷,等.生态文明建设视角下土地利用规划与环境保护规划的空间衔接研究[J].经济地理,2014,34(5):1-8.
楼小东.优化国土空间开发格局促进资源节约集约利用[J].政策瞭望,2013(1):27-29.

卢耀如,张凤娥,刘琦,等.建设生态文明保障新型城镇群环境安全与可持续发展[J].地球学报,2015,36(4):403-412

落志筠,王永新.生态文明视角下的矿产资源内涵及其价值追求[J].财经理论研究,2013(6):1-8.

倪琳,成金华,李小帆,等.中国生态消费发展指数测度研究[J].中国人口·资源与环境,2015,25(3):1-11.

齐心.生态文明建设评价指标体系研究[J].生态经济,2013(12):182-186.

乔丽.矿区生态文明理论、方法与实证研究[D].北京:中国地质大学(北京),2010.

全国矿产资源潜力评价总体实施方案[J].国土资源通讯,2009(13):13-36.

陕亮,张万益,姚晓峰,等.丝绸之路经济带地质调查规划与部署研究[J].华南地质与矿产,2015(2):194-198.

施俊法,唐金荣,周平,等.世界地质调查工作发展趋势及其对中国的启示[J].地质通报,2014,33(10):1465-1472.

施文泼,贾康.中国矿产资源税费制度的整体配套改革:国际比较视野[J].改革,2011(1):5-20.

石菊松,吴树仁,张永双,等.应对全球变化的中国地质灾害综合减灾战略研究[J].地质论评,2012,58(2):309-318.

寿嘉华.走绿色矿业之路——西部大开发矿产资源发展战略思考[J].中国地质,2000(12):2-3.

寿嘉华.新形势下地质调查工作的责任与任务[J].中国地质,2001,28(4):1-5.

孙剑功.地质环境工作助力生态文明建设——国土资源部地质环境司司长关凤峻谈新时期地质环境工作[J].地球,2014(11):48-51.

孙静芹,朱文双.现代矿区生态环境质量评价指标体系的构建[J].矿产保护与利用,2010(3):45-47.

孙楠,秦沛,潘雪婷,等.SoftGIS在京津冀地质环境管理中的应用[J].资源与产业,2015,17(4):25-33.

索永录,姬红英,辛亚军,等.采煤引起的矿区生态环境影响评价指标体系探析[J].煤矿安全,2010,41(5):120-122.

汤万金,李祥仪.矿区可持续发展指标体系与评价方法研究[J].系统工程理论与实践,1999,19(12):114-119.

唐常春,孙威.长江流域国土空间开发适宜性综合评价[J].地理学报,2012,67(12):1587-1598.

唐金荣,杨宗喜,周平,等.国外关键矿产战略研究进展及其启示[J].地质通报,2014,33(9):1445-1453.

唐金荣,张涛,周平,等."一带一路"矿产资源分布与投资环境[J].地质通报,2015,34(10):1918-1928.

汪民.以矿产资源可持续利用促进生态文明建设[J].中国科学院院刊,2013,28(2):226-231.

汪民.发挥地质工作先行作用为全面建成小康社会提供基础支撑——全国地质调查工作会议工作报告[J].国土资源通讯,2013(4):16-22.

汪民.以矿产资源可持续利用促进生态文明建设[J].中国科学院院刊,2013,28(2):226-231.

王灿发.论生态文明建设法律保障体系的构建[J].中国法学,2014(3):34-53.

王广成,闫旭骞.矿区生态系统健康评价指标体系研究[J].煤炭学报,2005,30(4):534-538.

王广成. 基于绿色核算的矿产资源定价方法研究[J]. 中国煤炭经济学院学报,2001,15(1):48-52.
王广成. 矿产资源纳入国民经济核算体系的定价方法研究[J]. 软科学,2001,15(3):13-16.
王琼杰. 加强地质环境保护服务经济社会发展——访国土资源部地质环境司司长关凤峻[J]. 国土资源,2015(1):19-21.
王润生. 遥感地质技术发展的战略思考[J]. 国土资源遥感,2008(1):1-12.
王世宇,赵成,董抗甲,等. 甘肃省水工环地质调查部署研究[J]. 甘肃地质,2012(3):1-5.
王文清. 生态文明建设评价指标体系研究[J]. 江汉大学学报:人文科学版,2011,30(5):16-19.
王向东,刘卫东. 中国空间规划体系:现状、问题与重构[J]. 经济地理,2012,32(5):7-15,29.
王玉君. 发展生态型地矿经济的战略思考[J]. 中国党政干部论坛,2015(8):96-98.
魏民,姚永慧. 推广无废工艺发展绿色矿业[J]. 中国地质,1999(1):27-29.
魏娜,唐倩. 采煤塌陷区土地质量评价指标体系探讨——以徐州矿区为例[J]. 山东国土资源,2011,27(3):35-37.
吴耕云. 用地质工作推动生态文明先行示范区建设[N]. 中国矿业报,2014-12-09(A01).
习近平. 关于《中共中央关于全面深化改革若干重大问题的决定》的说明[J]. 求是,2013,34(22):19-27.
习近平. 携手追寻民族复兴之梦[N]. 人民日报,2014-09-19(3).
习近平. 生态优先绿色发展 让母亲河永葆生机活力[J]. 杭州(周刊),2016(2):6.
肖金成,欧阳慧. 优化国土空间开发格局研究[J]. 经济学动态,2012(5):18-23.
肖金成,申兵. 我国当前国土空间开发格局的现状、问题与政策建议[J]. 经济研究参考,2012(31):15-26.
新华社. 中共中央关于制定国民经济和社会发展第十三个五年规划的建议[EB/OL].(2015-10-29)[2016-12-02]. http://www.gov.cn/xinwen/2015-11/03/content_5004093.htm.
新华社. 中共中央关于全面深化改革若干重大问题的决定[EB/OL].(2015-11-15)[2016-12-02]. http://www.gov.cn/jrzg/2013-11/15/content_2528179.htm.
胥勤勉,袁桂邦,辛后田,等. 平原区1∶5万区域地质调查在生态文明建设中的作用——以渤海湾北岸为例[J]. 地质调查与研究,2014(2):85-89.
徐保根,陈佳骊,赵建强. 基于生态文明的宜耕后备资源评价研究——以浙江省岱山县为例[J]. 中国国土资源经济,2014(11):42-45,69.
徐君,曾旗. 矿区城市可持续发展指标体系研究[J]. 中国煤炭,2003,29(5):25-27.
徐绍史. 以十八大精神统领国土资源工作 为全面建成小康社会做出新贡献——在全国国土资源工作会议上的报告[J]. 国土资源通讯,2013(2):6-14.
徐振坤. 湖北省地质灾害防治工作现状及对策[J]. 资源环境与工程,2015,29(b9):5-8.
许和连,邓玉萍. 外商直接投资导致了中国的环境污染吗?——基于中国省际面板数据的空间计量研究[J]. 管理世界,2012(2):30-43.
杨建峰,王尧,齐亚彬,等. 生态文明视角下地质环境调查战略研究[M]. 北京:地质出版社,2015.

杨建锋,张翠光.地球关键带:地质环境研究的新框架[J].水文地质工程地,2014,41(3):98-104,110.

杨胜元.生态文明视域下的贵州环境地质工作[C]//中国地质矿产经济学会,中国国土资源经济研究院.中国地质矿产经济学会2013年学术年会论文集.北京:中国地质矿产经济学会,2013.

姚震,周鑫.国土资源领域生态文明建设面临的问题及对策[J].资源与产业,2014,16(1):117-120.

易杏花,成金华,陈军.生态文明评价指标体系研究综述[J].统计与决策,2013(18):32-36.

尹国胜,衷存堤,马逸麟,等.江西省农业地质调查工作主要进展[J].江西地质,2005,16(2):146-153.

于德福.中国地质工作新的里程碑——国土资源大调查巡礼[J].国土资源,2010(9):4-15.

余振国.珍惜地球资源,推动生态文明建设与可持续发展[J].中国国土资源经济,2012,25(4):22-27,55.

喻忠磊,张文新,梁进社,等.国土空间开发建设适宜性评价研究进展[J].地理科学进展,2015,34(9):1107-1122.

袁博,李钟山,柳群义,等.我国青藏高原矿产地储备战略思考[J].资源与产业,2015,17(5):30-34.

袁晓玲,景行军,李政大.中国生态文明及其区域差异研究——基于强可持续视角[J].审计与经济研究,2016(1):92-101.

张德明,贾晓晴,乔繁盛,等.绿色矿山评价指标体系的初步探讨[J].再生资源与循环经济,2010,3(12):11-13.

张高丽.大力推进生态文明 努力建设美丽中国[J].环境保护,2014,42(2):3-11.

张欢,成金华,陈军,等.中国省域生态文明建设差异分析[J].中国人口·资源与环境,2014,24(6):22-29.

张景奇,孙萍,徐建.我国城市生态文明建设研究述评[J].经济地理,2014,34(8):137-142.

张丽君,董益铭,韩石.西部民族地区空间贫困陷阱分析[J].民族研究,2015(1):25-35,124.

张樑.21世纪中国地质灾害防治形势与减灾战略思考[J].中国地质灾害与防治学报,2004,15(2):19-24.

张润丽,王文,罗晓玲.2013年地质调查工作供需分析与展望[J].中国国土资源经济,2014(3):33-37.

张润丽.中国地质调查科学发展途径与战略研究[D].武汉:中国地质大学(武汉),2014.

张训华,鲁静,印萍,等.我国海岸带地质工作面临的形势与任务[J].海洋地质前沿,2011(1):1-7,41.

张训华,孙晓明,印萍,等.推进海岸带综合地质调查,为社会经济持续发展提供支撑[J].海洋地质前沿,2015,31(1):1-8.

张彦英,樊笑英.矿产资源开发与生态保护协调发展问题研究[J].中国国土资源经济,2015(10):4-7.

张意翔,成金华,王菁.基于能源问题区域差异的生态文明评价指标体系研究[J].中国地质大学学报:社会科学版,2014,14(3):78-85.

张宇,王文. 现代地质调查业务体系建设研究[J]. 科研管理,2013(S1):175-180.

郑娟尔,袁国华,贾立斌,等. 资源环境承载力与生态文明建设学术研讨会总结——国土资源管理面临保障发展、保护资源、保障生态建设的机遇与挑战[J]. 中国国土资源经济,2013(8):69-72.

中共中央国务院关于加快推进生态文明建设的意见[N]. 人民日报,2015-05-06(1).

中国版本图书馆月度CIP数据精选[J]. 全国新书目,2013(1):100-300.

中华人民共和国国家发展和改革委员会,水利部,卫生部,等. 全国农村饮水安全工程"十二五"规划[EB/OL]. (2012-11-07)[2016-12-10]. http://zfxxgk.ndrc.gov.cn/PublicItemView.aspx?ItemID={677585d2-a9d3-483a-9394-6725bd6c4c65}.

中华人民共和国国家质量监督检验检疫总局,中国国家标准化管理委员会. GB/T 19492—2004 石油天然气资源、储量分类[S]. 北京:中国标准出版社,2004.

中华人民共和国国土资源部. 中华人民共和国矿产资源法[EB/OL]. (2008-01-05)[2016-12-02]. http://www.mlr.gov.cn/zwgk/flfg/kczyflfg/200406/t20040625_292.htm.

中华人民共和国国务院. 国务院令第152号 中华人民共和国矿产资源法实施细则[EB/OL]. (1994-03-26)[2016-12-02]. http://www.mlr.gov.cn/zwgk/flfg/kczyflfg/200406/t20040625_293.htm.

中华人民共和国环境保护部. 生态县、生态市、生态省建设指标(修订稿)[EB/OL]. (2008-01-05)[2016-12-10]. http://sts.mep.gov.cn/stsfcj/ghyzb/200801/t20080115_116249.htm.

中华人民共和国农业部. NY/T 391-2013 绿色食品产地环境质量[S]. 北京:中国农业出版社,2013.

钟自然. 地调百年传薪火砥砺奋进谱新篇[J]. 水文地质工程地质,2016,43(4):3.

周飞飞. "一带一路",点燃地质工作新梦想[N/OL]. 国土资源报,(2015-01-04)[2017-09-21]. http://www.cgs.gov.cn/xwtzgg/jrgengxin/28872.htm.

周进生,潘习平,吴青,等. 矿业经济区发展建设情况评价指标体系设计[J]. 中国矿业,2014(8):67-70.

卓弘春,余振国,吴莲花,等. 地质灾害防治投入机制初探[J]. 中国国土资源经济,2014(9):18-21.

邹利林,王建英. 中国农村居民点布局优化研究综述[J]. 中国人口·资源与环境,2015,25(4):59-68.